国家出版基金项目
NATIONAL PUBLICATION FOUNDATION

主编 徐海
副主编 钱兴奇

曹培根 著

江苏出版史

A
HISTORY
OF
JIANGSU
PUBLISHING

清代卷

江苏人民出版社

图书在版编目(CIP)数据

江苏出版史.清代卷/曹培根著.一南京:江苏
人民出版社,2023.5
ISBN 978-7-214-27521-9

Ⅰ.①江… Ⅱ.①曹… Ⅲ.①出版事业-文化史-江
苏-清代 Ⅳ.①G239.275.3

中国版本图书馆 CIP 数据核字(2022)第 176053 号

书 名	江苏出版史·清代卷
著 者	曹培根
封面题签	徐 海
策划编辑	卞清波
责任编辑	康海源
特约编辑	阚海阳
装帧设计	周伟伟
责任监制	王 娟
出版发行	江苏人民出版社
地 址	南京市湖南路 1 号 A 楼,邮编:210009
照 排	江苏凤凰制版有限公司
印 刷	江苏凤凰新华印务集团有限公司
开 本	652 毫米×960 毫米 1/16
印 张	13.75 插页 4
字 数	196 千字
版 次	2023 年 5 月第 1 版
印 次	2023 年 5 月第 1 次印刷
标准书号	ISBN 978-7-214-27521-9
定 价	68.00 元

(江苏人民出版社图书凡印装错误可向承印厂调换)

前　言

　　出版是人类文明传承的重要载体之一，出版史因此也是人类文明历史的重要组成部分。在中国文明历史研究的版图之中，出版史占有相当之地位。近年来，出版史研究领域的确涌现一大批新的成果，尤其出现一些颇有分量的著作。其中，由中国出版科学研究所组织编写的9卷本《中国出版通史》堪称集大成式的力作。该书全面梳理和揭示了中国出版事业的源流、变迁和发展脉络，深刻总结了中国出版事业发生、发展和演变的规律，充分展示了中华民族对世界文明所作出的伟大贡献。此外，万安伦《中外出版史》在充分吸收和继承前人已有成果的基础上，大量使用新材料、新观点，将中外出版史分为开启文明的硬质出版、以柔克刚的软质出版、有容乃大的虚拟出版三个出版阶段，并引入硬质出版、软质出版、虚拟出版等概念，既具有开阔视野，也体现出较强的学术创新性。

　　江苏自古就是全国出版的一块高地。在古代，江苏出版业在全国居于极其重要的地位，产生过非常重大的影响。尤其在明清时期，文化底蕴深厚、城市经济繁荣的江苏地区出现了极为发达的刻书业。这既是江苏古代文明发展的成果，也对江苏文明的进一步发展提供了文化基础。现代出版事业兴起于民国，江苏作为民国时期政治、文化活动非常活跃的地区，在出版方面也发生了很多重大事件和重大变化。1949年，随着中华人民共和国的成立，出版业的发展迎来全新发展时期。当然，其后也历经坎坷、曲折、折腾甚至倒退；1978年改革开放后，我国出版业的发展进入了一个高速发展的新阶段。在这过程中，江苏出版成绩斐然，表现突出,为我们社会主义出版强国建设持续作出非同寻常的积极贡献,受到中央有关领导、国家有关部门和省委省政府的高度肯定,我本人也见证并参与了这段时间大部分的重要活动。

令人遗憾的是,迄今为止,系统介绍江苏出版历史的著作还付之阙如。以严谨的学术态度和科学的研究方法,全面系统地阐述先秦至今江苏地区出版活动的发展全貌,填补迄今没有一部著作集中反映江苏地区出版活动历史的空白,不但具有较高的学术创新价值,更对今日江苏出版战线干部职工增进文化自信,从而为未来全国出版作出更多更好贡献,具有极强的现实意义和深远的历史意义。

本书的写作与编辑出版,正是出于这样的问题意识。2013年,时任江苏省新闻出版局局长周琪同志向我提出这一选题构想,正戳中我的"痒"处,我热切予以响应。当时,我正在江苏人民出版社担任总经理。很快,由我牵头,江苏人民出版社组成《江苏出版史》项目小组,时任社领导府建明、编辑卞清波等人共同参与。我们一起起草了选题立项书及写作大纲,在得到周琪局长认可后,又专门向高斯、蒋迪安、王於良、李景端、缪咏禾等老领导、老社长、老专家,以及黄海宁、张辉冠、钱兴奇、何民胜等一批资深的出版专家请教,形成了具有可操作性的《江苏出版史》工作方案。

《江苏出版史》在编写之初的想法是,以严谨的学术态度和科学的研究方法,全面系统地阐述先秦以来江苏地区出版活动的发展全貌,包括发生在江苏地区的出版大事、诞生于江苏地区的精品著作,也包括活跃在江苏地区的一代又一代出版人;最初想要实现的目的是,这套书既会为我们展示江苏这片土地上文化的多彩和出版的魅力,也会推动全国出版史及相关领域的研究进一步走向深化。

在多方协助下,我们找到了对江苏地区编辑出版历史素有研究的几位专家,召开多次选题会、立项会以及统稿会,最终组成由苏州大学文学院教授黄镇伟、江苏省方志办研究室原主任缪小咏、常熟理工学院教授曹培根、南京师范大学图书馆研究员袁华、江苏省出版工作者协会编审钱兴奇,以及凤凰出版传媒股份有限公司出版部副编审陈欣组成的创作团队。国内知名的出版史专家缪咏禾先生欣然担任本书学术顾问。其中钱兴奇编审不但自始至终地与我和府建明参与整体构想、全部会议和文稿统筹等工作,在选择作者、确定风格和提供资料方面也作出了重要贡献。陈欣副编审是我后来邀请参与当代卷撰写的。他曾长期在原省新闻出版局工作,对相当一段时期我省出版的宏观状况和政策变化十分熟悉,除撰写了当代卷第五章外,还与我一起承担了该卷的统稿工作。他不顾新冠肺炎感染,坚持不辍地写作,让我为之感动。卞清波、史雪莲耐心细心,无怨无悔,坚定坚守,可赞可敬。

根据我们对江苏地区出版历史的整体认知,《江苏出版史》共分先秦至宋元卷、明代卷、清代卷、民国卷及当代卷(1949—2008)五卷,其创作分工情况如下:

《江苏出版史·先秦至宋元卷》,作者黄镇伟

《江苏出版史·明代卷》,作者缪小咏

《江苏出版史·清代卷》,作者曹培根

《江苏出版史·民国卷》,作者袁华

《江苏出版史·当代卷(1949—2008)》,作者钱兴奇、陈欣

各位作者的一大共识,是在历史叙事的同时,力求学术创新、力求有所发明。学术思想方面,在继承前人研究成果的基础上,全面把握中国出版史特点,以江苏地区出版典型案例的文化样本来进行剖析研究,以此展示中国出版文化的丰富多样性,挖掘江苏地区出版文化特点及其当代价值。研究方法方面,注重广泛搜集各类相关文献,包括研究专著、论文和史料,并注意搜集没有公布过的第一手材料;注重运用历史学、社会学、目录学、版本学、考据学、校勘学、谱牒学等专业理论及方法,结合政治史、思想史、文化史等专门史研究,综合开展有关专题研究。

作为第一部以江苏地区出版活动为记录和研究对象的通史性著作,我们深度聚焦古代以来江苏地区的出版活动,试图描述其主要历程,评述其中重大事件,总结其规律,分析出版活动与江苏地区文化、经济社会发展之间的关系,努力体现江苏出版史的全貌,凸显江苏出版史的脉络,形成体系化、学理性的认知,以对今后全国的出版及思想文化活动提供镜鉴与参考。但在创作过程中,我们也感到困难与挑战多多,颇有"筚路

蓝缕,以启山林"之慨。因此,在实际推进过程中,我们也本着做"务实的理想主义者"精神,不断完善写作策略、优化实施路径,既要求全书具有相对统一的规模体例、前后接续的叙事线索,也允许各自提出富有特色的问题,论有所据,成一家之言。

"千淘万漉虽辛苦,吹尽狂沙始到金。"经过长达近10年的"联合攻关",《江苏出版史》从豪迈的愿景,变为坚韧的携手前行,如今终于成为沉甸甸的心智结晶。本套书见证了时光的有情与无情:说有情,是因为只要我们不放弃,只要我们无休止地付出,她总会给我们回报;说无情,是因为她无法等待、不容拖沓,时光流逝绝不回头,为本著作作出很大贡献的几位恩师、前辈和领导,包括近十年前辞世的高斯老局长、五年前去世的王於良老局长以及刚刚过去的疫情峰值时期辞世的缪咏禾总顾问都无法见到她的问世。

《江苏出版史》并不完美,而且我们知道其不完美之处,但囿于能力和精力,一时也无法使之变得更完美。纵观出版史,出版本身,或许就是"遗憾"的艺术吧。我们诚恳接受读者的批评,并期待在今后适当的时机,将她不断完善。

徐 海

2023 年 3 月 1 日

目　录

导　论

　　江苏物产富庶,人文荟萃,是中国经济、文化最发达地区之一。作为多朝政治中心的南京是中国南方经济、政治、文化中心,大运河开凿后的扬州是东南财赋、漕运、盐铁转运枢纽,明代中叶以来苏州成为中国资本主义萌芽发祥地区之一,晚清开埠后的上海从海滨县城渐渐发展成为中国对外贸易中心。江苏特殊的地区优势、经济地位和政治影响,确立了清代江苏作为中国的文化大省和出版中心地的地位。

　　清代江苏官府、私刻、书坊三个系统并驾齐驱,各有特色。清政府在江苏区域实施的编撰出版活动,如康熙二十九年(1690)至三十三年(1694)四月徐乾学奉命在苏州洞庭东山设书局修纂《大清一统志》,康熙四十四年(1705)曹寅奉旨在扬州创办扬州诗局校刻《全唐诗》,康熙五十一年(1712)至五十二年曹寅、李煦、孙文成等奉旨于扬州书局刊刻《佩文韵府》,嘉庆二十三年(1818)阿克当阿奉旨在扬州刻成《全唐文》等,从一个方面反映江苏在全国的出版水平。江苏官刻地方志品种多,门类全,列全国之冠。江苏设立的官书局江南书局等也较早,所刻《隋书》等书校勘精当,超过殿本。由于江苏书院的名师多,编书、著书、刻书质量甚高,作为官府刻书重要组成部分的江苏书院刻书的"书院本"图书,如南菁书院所刻《皇清经解续编》《南菁丛书》等,也以校勘严谨、质地精良而著称。

　　清代江苏的寺观藏书刻书在我国古代藏书史、印刷史、翻译史以及教育史、学术思想史、文化交流史上具有重要的地位。江苏有经书出版机构金陵刻经处、扬州江北刻经处、无锡万松院恒记经房等,清末镇江金山寺僧宗仰主持编印的《频伽精舍校刊大藏经》为我国近代出版的第一部铅印本《大藏经》。清代江苏著名道士、道姑刊藏与著述也颇丰。

中国私家藏书,属于综合性的学术文化活动。江苏私家藏书历史悠久,数量众多,特别是清代,私家藏书楼几乎全在江苏、浙江,而江苏的藏书楼又集中在江南地区。藏书、校书、抄书、著书是藏书家生活的重要组成部分,各家藏书目录自然是必备之物,而其中亦有以己藏刊刻者。明末清初以来,江苏出现了毛氏汲古阁、席氏扫叶山房、张氏借月山房等在中国出版史上有重大影响的私人出版家。黄丕烈素有"乾嘉以来藏书之大宗""目录学之盟主""版本学之泰斗"之誉。黄氏以其丰富的藏书和在版本学、校勘学、目录学领域独到的思想与实践,使清中期乾隆、嘉庆间的收藏界出现以苏州黄丕烈藏书为中心的"百宋一廛"时期。

清代坊刻兴盛,刻书数量很大,江苏的南京、苏州、扬州又是书坊主要集中地区。坊刻版本虽不如官刻、家刻精美,但营销有方,在便民和繁荣市场、普及文化方面发挥了重要作用。

清代江苏各类出版物丰富,尤其是在丛书、总集、别集、报刊、翻译图书、科技图书、宗教图书、少数民族图书等出版方面领先全国。

在出版印刷技术方面,清代江苏官刻动员一切财力、物力、人力,将古代出版技术推向极致。扬州诗局所刻书反映出当时扬州写样、雕印艺人的高度技术水平和相当规模的生产能力;晚清江苏金陵、聚珍、江苏、淮南四家官书局所刻书也体现出江苏的出版水准。江苏大量的家刻以精校著称,坊刻以市场为导向,在出版技术的广泛应用和普及上作用甚大,版刻内容与工艺精致方面也多有亮点。江苏学者的精美写本不仅以学术性因素传世,而且在传抄形式和技术上多有创新。上海开埠后,江苏领风气之先,使用现代出版技术,特别是报刊业形成现代新的出版业态。

清代江苏出版物的经营、流通也在全国领先,江苏又是清代出版物对外交流的重要窗口。书目丰富多彩,尤其是藏书家的书目和题跋详细著录的藏书、刻书情况,在中国目录学史上有重要地位。

第一章　清代江苏出版业概貌

清代是中国古代出版业鼎盛时期,刻书数量多,质量高,官府与民间刻书相得益彰。

江苏自古以来为中国较富庶的地区,明清时,江苏经济文化达到巅峰,位居中国最前列。清顺治二年(1645),清军攻占扬州、南京,俘虏南明弘光皇帝,随即将南直隶改为江南省。随后又析江南省为江苏、安徽两省。江苏省辖江宁府、苏州府、淮安府、扬州府、徐州府、常州府、镇江府、松江府(今上海市)、太仓州、通州、海州、海门厅。清代江苏巡抚衙门驻苏州,南京设节制江苏、安徽、江西三省的两江总督。江苏、安徽两省乡试共用江南贡院(在南京)。江苏特殊的地区优势、经济地位和政治影响,确立了清代江苏作为中国的文化大省和出版中心地的地位。

第一节　政治、经济和文化

按照马克思主义经典作家的观点,人类创造历史的实践是在具体经济、政治、文化条件下进行的。其中,包括出版活动在内的一切文化活动与经济活动、政治活动相互作用、相互影响,共同构成社会发展的基本内涵,而文化有其特殊性,既是一定社会经济、政治等条件的产物,又反作用于经济和政治。清代江苏在全国的政治、经济、文化地位高,在此政治、经济环境中和文化土壤上产生的出版业必然高于全国的水平,成为当时中国出版业的高地。同时,出版业发展,特别是读物和读书人口的

图 1-1 《姑苏繁华图》

增多、人才的支撑，必然反作用于经济和政治。

一、清代江苏的政治地位

中国经济重心从汉代开始逐渐向江南地区转移，到宋代才算完成。因而明清时期，江苏在全国的政治地位很高。

清朝入关初，基本沿用明代行政区划和建制。

清顺治二年(1645)6月8日，清军攻入南京城(应天府城)，即考虑南京和应天府等建置。8月16日，清廷下令以明南京的辖区为范围，设省一级地方政权建置："南京着改为江南省。设官事宜，照各省例行。但向来久称都会，地广事繁，诸司职掌，作何分任，听总督大学士洪承畴到时酌妥奏闻。"①三天后，又下令："改应天府为江宁府，府尹为知府。"②

顺治三年(1646)二月，大学士洪承畴拟定出江南改京为省的具体方案。顺治三年3月23日，清廷批准江南省的机构设置：设操江都御史一员，左、右布政使各一员，其部院等衙门俱应裁去，惟户、兵、工三部应从北京三部中派满、汉侍郎各一员驻扎江南省城。改应天府为江宁府，府尹为知府。卫、所改为州、县。

为强化对江南省的管理，顺治皇帝决定将江南省分而治之。顺治十八年(1661)，江南省左、右布政使司划片对治。左布政使司分管上江，驻江宁；右布政使司分管下江，驻苏州。此为江南分省的第一步。康熙四年(1665)，将上江分管的淮安、扬州、徐州划归右布政使司管理。政区的调整奠定了苏、皖二省的省域，这是建省的第二步。康熙六年，全国除江南、湖广、陕西三省仍保留二员布政使外(布政使以驻地名命名)，其余各省均裁去一员，此项规定为江南分省保留了行政机构。这是苏、皖建省的第三步。乾隆二十五年(1760)10月6日，为便于地域管理，将原江宁布政使迁往安庆办公，专办上江事务；江宁增设一员布政使，驻江宁，江宁布政使司辖江宁、淮安、扬州、徐州四府及海州、通州二直隶州和海门一直隶厅；江苏布政使驻苏州，江苏布政使司辖苏州、松江、常州、镇江四

①《清世祖实录》卷18，顺治二年闰六月乙巳，北京：中华书局，1985年影印版。
②《清世祖实录》卷18，顺治二年闰六月戊申。

府及太仓直隶州。至此,江南省才彻底分为苏、皖二省。①

康熙中晚期以后,清政府在江苏省驻一织造(江宁、苏州)、一巡抚、一总督、一将军,织造、巡抚、总督往往兼都察院御史职,可密折奏事、互相纠劾。这一方面是为了加强对江苏的治理,另一方面也可见江苏在清代政治中的地位。

康熙二十三年(1684)至四十六年(1707),康熙南巡六次,途经江苏,笼络汉族士绅,缓和江南地区的阶级与民族矛盾。六次南巡分别是:1684 年九月至十一月,1689 年正月至三月、1699 年二月至五月、1703 年正月至三月、1705 年二月至闰四月、1707 年正月至五月。② 康熙南巡均至江宁城,其中五次以织造府为行宫。

乾隆十六年(1751)3 月 5 日,乾隆渡黄河(今淮安市旧黄河渡口),至今江苏境内。乾隆自 1751 年至 1784 年,六次南巡至江苏,时间分别是:1751 年正月至五月,1757 年正月至四月,1762 年正月至四月,1765 年正月至四月,1780 年正月至五月,1784 年正月至四月。③ 乾隆首次南巡至江宁府,扩江宁织造府而为江宁行宫,又称"大行宫",此后五次南巡均驻江宁。

无论是设"江南省",还是江南分省,南京仍是清代江南的政治中心,政治地位仅次于北京。清朝两江总督、江宁布政使司驻江宁,江苏巡抚、江苏布政使司驻苏州,因清代江苏实际上有两个"省会",一为江宁(南京),另一为苏州。太平天国在咸丰三年至同治三年(1853—1864)间还建都南京,称天京;还曾在苏州、常州、松江三府设苏福省,省会苏州;在江浦县设天浦省;以天京为中心设天京省。光绪三十一年(1905)一月,朝廷颁旨要将江苏拆成两个省,以长江为界,北为江淮省,南为江苏省。江淮省省名取江宁、淮安两府首字。江苏省省会仍为苏州,新建江淮省省会清江浦。原江宁布政使改为江淮布政使,仍驻江宁。但光绪三十一年三月十七日(1905 年 4 月 21 日)发布裁撤江淮省上谕,江淮省旋

① 江苏省地方志编纂委员会编:《江苏省志·大事记》,清朝,南京:江苏古籍出版社,2001 年,http://www.jssdfz.com/book/dsj/index.htm。

② 江苏省地方志编纂委员会编:《江苏省志·大事记》,清朝。

③ 江苏省地方志编纂委员会编:《江苏省志·大事记》,清朝。

即废。

二、清代江苏经济地位

江苏经济繁荣,是全国的重赋地区。明代后期以来的资本主义萌芽,推动江苏经济大发展。明后期苏州、松江、常州三府地域面积仅占全国 0.33%,耕地面积仅占全国 2.85%,而农业财政贡献率却占全国财政总收入的 23.96%。其中,苏州府洪武二年(1369)向朝廷缴纳的粮食竟占全国总额的 11%。清代苏州、南京与浙江的杭州成为全国三大丝织业中心,扬州成为淮盐运销中心,无锡成为全国四大米市之一。清代江苏的粮、盐产量位居全国之首,田赋和税分别占全国的 30% 和 70%。两淮盐商集团为全国最有经济实力的三大商业集团(山西的票商、广东的行商)之一。

江南省在清朝一代的国家政治经济生活中占有极其重要的地位。康熙《江南通志》称:"国之大计,以财用为根本,而江南田赋之供当天下十之三,漕糈当天下十之五,又益以江淮之盐荚、关河之征催,是以一省当九州之半未已也","仕宦科名皆为诸省之冠","国家鼎建两京之外,分省一十有四而江南最为重地"。[1]

江苏经济活跃,市场体系发达,小城镇空前繁盛,这是商品经济的产物。据《清史稿·地理志》载,清代江苏省县以下的小城镇约 2000 个,其中,清政府设置小城镇 69 个,农村乡镇兴起的小城镇约 1400 个,70%集中在太湖周围。明清时期的大中城市大部分集中于东南沿海一带,江浙两省的大中城市差不多占了全国的 1/3,而整个北方仅占 1/4。宋代苏州、松江、常州、杭州、嘉兴、湖州六府有 71 个市镇,明代增至 316 个,清代增至 479 个,平均每县分布 8—9 个市镇,构成四通八达、商品流通的市镇网络。经济发达,市镇发展,带来人口集中,规模增大。至清道光年间,全国 10 万人以上的城市有苏州、杭州、南京、上海、宁波、扬州、镇江、芜湖、无锡、绍兴、湖州,占总数的 40.7%。[2] 其中,江苏 10 万人以上的

---

① 余国柱:《〈江南通志〉序》,于成龙、王新命等:《江南通志》,清康熙二十三年(1684)江南通志局刻本,第 1 函,第 1 册,第 2 页 a。
② 高峻、邵振华、冯翔、朱红兵:《建设世界级旅游目的地 长三角区域旅游发展规划研究》,北京:中国旅游出版社,2013 年,第 73 页。

城市占了一半以上。

江苏是清政府重要的对外通商口。康熙二十三年(1684),为管理与海外的贸易交往,清政府在云台山(今连云港)设立江海关,次年迁往上海。

三、清代江苏文化地位

江苏教育昌盛,人文荟萃,文化发达,有楚汉文化、吴文化、金陵文化、淮扬文化等"四主区"和镇江文化(京口文化)、淮安文化、南通文化(江海文化)、盐城文化(海盐文化)"四亚区"的地域文化优势。

明清鼎革后,江南文化重创,在相当长的时期没能恢复至明代末年的水平,江南士人对清政府长怀异心。清政府用莫须有的"文字狱"加强对文人的思想钳制。

例如,康熙二年(1663),吴江名士吴炎、潘柽章因《明史辑略》案牵连,被处死。

乾隆四十三年(1778)11月4日,已故东台县举人徐述夔一柱楼诗案结,徐全部遗著均被列为禁书焚毁,徐父子被开棺戮尸。除株连家族外,此案还殃及许多官员。如江苏布政使陶易遭斩,扬州知府谢启昆、东台知县涂跃龙被革职,已故礼部尚书沈德潜被撤出乡贤祠。①

同时,清政府自康熙十七年(1678)开始,武功结合文治,稽古右文,笼络江南士人,重点在江南,特别是处于江南中心的江苏省。清政府通过各种方式,来实现对江南士大夫的"柔性控制"。②

清代全国共有书院4365所,其中3757所是历朝官绅士民所建造的,608所为兴复重建。③ 王炳照《中国古代书院》统计,清代书院达3622所,超过明代的1701所。其中,北方有941所,南方有2681所。④而清代江苏的教育极盛,书院多,并多有全国影响的书院。例如,康熙五十二年(1713),江苏巡抚张伯行在苏州府学尊经阁后创建紫阳书院,沈

① 江苏省地方志编纂委员会编:《江苏省志·大事记》,清朝。
② 余福海:《康熙朝中晚期江南政策初探——以江苏巡抚宋荦的施政为中心》,《北京社会科学》2014年第8期,第109—117页。
③ 邓洪波:《中国书院史》,上海:东方出版中心,2004年,第405页。
④ 王炳照:《中国古代书院》,北京:商务印书馆,1998年,第202—203页。

德潜、钱大昕、朱珔、俞樾等经学、史学大师曾执教于此,盛时生徒达千人以上;雍正二年(1724),两江总督查弼纳创办钟山书院,院址在上元县治以北钱厂桥。书院有门二重、堂二进、楼二层,两旁生徒学舍多达百余间。1829 年,江苏布政使贺长龄筹款对之进行扩建,新增学舍左右各五重,共平房 50 间。1853 年,太平军攻占南京,钟山书院被废。1864 年,曾国藩的湘军围攻南京时,书院建筑毁于兵燹。1881 年,两江总督刘坤一下令由江宁府等机构拨款银 15000 余两,在钟山书院旧址上重建庭院,基本恢复从前的规模。1903 年,学院改为江南高等学堂。钟山书院的首任院长是杨绳武,最后一位院长是清末民初著名的史学家、校勘目录学家缪荃孙。①

教育兴盛,其成果就是在清代科举考试中江苏取士众多。据楚江对清代举人额数的统计,清代各省举人总额约为 152 100 名,而江南在乾隆元年(1736)分开录取前 35 科乡试,录取举人达 3330 名;江南分开录取后,江苏 77 科乡试录取举人达 8558 名,安徽 73 科乡试录取举人达 4871 名。② 科举考试中进士者,江苏为取士最多的地区之一。江苏清代取中的进士约占全国的 11.1%,高居全国第一位。清代全国取中状元 112 人,其中江苏籍 49 人,占总数的 44%。

据《江苏省通志稿·选举志》统计,江苏自唐迄清共取中进士 8481 人,其中江南地区 7143 人,占全省进士总数的 84.2%;江北地区 1338 人,占总数的 15.8%。③

清代人才辈出。据梅新林统计,清代拥有著名文学家 20 人以上为 22 州府,排序依次为:1. 苏州府 178 人;2. 杭州府 173 人;3. 常州府 134 人;4. 嘉兴府 93 人;5. 扬州府 64 人;6. 松江府 60 人;7. 绍兴府 58 人;8. 太仓直隶州 49 人;9. 广州府 48 人;10. 湖州府 44 人;10. 福州府 44 人(并列);12. 安庆府 40 人;13. 长沙府 38 人;14. 济南府 35 人;15. 徽州府 32 人;16. 镇江府 27 人;17. 顺天府 26 人;18. 南昌府 25 人;19. 江宁府 24 人;20. 青州府 23 人;21. 抚州府 22 人;22. 建昌府

① 江苏省地方志编纂委员会编:《江苏省志·大事记》,清朝。
② 楚江:《清代举人额数的统计》,湖南大学历史学 2012 年硕士论文。
③ 张森材、马砾:《江苏区域文化研究》,南京:江苏古籍出版社,2002 年,第 463 页。

21 人。其他各府州为 1—19 人不等。①

清代江苏籍巡抚以上官员数量在全国各省中列第一。据黄炎培1931 年的统计,清代各省巡抚共计 574 人,其中江苏籍 76 人,占 13％；总督共 288 人,其中江苏籍 40 人,占 14％；中央宰辅共 120 人,其中江苏籍 28 人,约占 23％。②

第二节　出版业与出版物

清代江苏出版业在全国处于领先地位。

苏州、金陵、扬州、上海等地为清代的书业中心。据张秀民《中国印刷史》考证,苏州书坊有 57 家。③ 江澄波、杜信孚、杜永康等的《江苏刻书》统计,清代金陵的官刻、私刻、坊刻机构多达 20 余所。其中,较为活跃的民间书坊有三山堂、文英堂、三乐堂、芥子园、文进斋、李光明庄、聚锦堂、德聚堂等 10 多家。④ 王澄《扬州刻书考》著录古今刻书者近 900 家,刻书 2000 余种。其中,清代扬州刻书约占 80％。⑤ 杨扬的《商务印书馆:民间出版业的兴衰》统计,1911 年 5 月以前,上海出版机构达 116 家。⑥ 清朝近三百年间,从事刻书活动的中央机构刻印书总量超过千种,而设在江苏的有扬州诗局、扬州书局等中央附设机构以及一批官书局。例如,康熙二十九年(1690),徐乾学奉命出京,在苏州洞庭东山设书局修纂《大清一统志》,请山阳(今淮安市淮安区)人乾嘉学派先驱阎若璩(1636—1704)等任事,经过 3 年多时间编成清代第一部一统志。

康熙四十四年(1705),康熙皇帝令江宁织造兼两淮巡盐御史曹寅(1658—1712)奉旨在江宁扬州天宁寺开设扬州诗局,以胡震亨《唐音统签》、季振宜《唐诗》为基础,汇刻《全唐诗》,计 900 卷,共收唐、五代诗

① 梅新林:《中国文学地理形态与演变》,上海:上海人民出版社,2014 年,第 127—128 页。
② 黄炎培:《清代各省人文统计之一斑》,《人文月刊》1931 年第 1 卷,第 1 册。
③ 张秀民:《中国印刷史》,杭州:浙江古籍出版社,2006 年,第 394 页。
④ 江澄波、杜信孚、杜永康等:《江苏刻书》,南京:江苏人民出版社,1993 年,第 227—253 页。
⑤ 王澄:《扬州刻书考》,扬州:广陵书社,2003 年,第 53 页。
⑥ 杨扬:《商务印书馆:民间出版业的兴衰》,上海:上海教育出版社,2000 年,第 135 页。

49403 首。扬州诗局还刻有《佩文斋画谱》《词谱》《佩文斋咏物诗选》《历代诗余》《全唐诗录》《宋金元明四朝诗》《历代题画诗类》《渊鉴类函》《历代赋汇》《御制诗》(初、二、三集)等 10 多种书,近 3000 卷。所刻书都是工楷写刻,校勘精良。扬州诗局刻本显示了扬州精湛的雕版工艺和相当规模的生产能力。特别是,《全唐诗》工楷写刻,校勘精良,字体秀丽,纸墨精良,装帧考究,不仅是"康熙版"的典范,也是中国雕刻印刷史上的佳作。[①]

乾隆四十二年(1777),清廷为加强文禁,命两淮盐政伊龄阿于扬州设立词曲局,审查古今剧曲,总校为黄文旸,李经、凌廷堪等参与其事,历 4 年成。黄文旸辑元代至清代的杂剧、传奇 1013 种,成《曲海》20 卷。

太平天国在天京城内慧圆庵设诏书衙,主管编纂书籍,填写兵册、家册等事。又在天京城内富民坊设诏命衙,主撰写诏旨、告谕、兼编书籍等事。太平天国定都天京后还设有删书衙、镌刻衙、宣诏衙等。

至晚清,全国设官书局 17 家,江苏占其 4,即金陵、江苏、聚珍、淮南四家官书局。

同治三年(1864),两江总督曾国藩于南京设金陵书局,光绪初年,更名为江南书局,亦称江宁书局。刻书费用初创时由曾国藩私人出资,以后取自公款。该书局先后由莫友芝、欧阳兆熊总其事。分任校勘的有汪士铎、张文虎、戴望等知名文人学者。刻印的书籍,主要是传统经典,影响较大的是五家官书局(金陵、淮南、浙江、江苏、湖北)合作刊刻的"二十四史"。金陵分刻《隋书》以上的十四史,均以汲古阁本为底本,校勘精当,超过殿本。金陵书局(江南书局)共刻书 56 种,2776 卷,690 册,基本上刊于 1904 年前。

同治四年(1865),李鸿章于苏州燕家巷内杨家园创建江苏官书局,以刊刻经史读本为主。次年,江苏巡抚丁日昌扩充江苏官书局,编印《资治通鉴汇刻》等。该局又称苏州书局,先后主持书局的是刘履芬和诸可宝,总校俞樾。该局校勘谨严,刷印亦佳,后又收入苏州学古堂和存古堂

---

① 江苏省地方志编纂委员会编著:《江苏省志·出版志》,南京:江苏人民出版社,1996 年,第 30 页。

的刻书书板。在全国各大官书局中,该书局刻书时间最长,品种最多。该书局参加五局合刻的"二十四史"中,分刻辽金元三史,以翻刻宋本《通鉴目录》和翻刻胡克家本《资治通鉴》为佳。江苏书局(苏州书局)所刻书共 206 种,5047 卷,1632 册。

同治六年(1867),在同治皇帝的批准下,江苏巡抚李鸿章署两江总督任内创设聚珍书局。书局在管理上仿效金陵书局,实行提调管理制。主持书局的是江苏题候补道临川桂崧庆。聚珍书局至光绪五年(1879)裁撤,该书局先后共刊书 25 种,713 卷,包括用砌字本排印的《两汉刊误补遗》《史姓韵编》《同官录》等书,用雕版刊印的《李氏音韵》《宋名臣言行录》《历代纪元编》《皇朝舆地韵编》《曾文正公奏疏文钞合刊》等书。

同治八年(1869),两淮盐运史方俊颐在扬州琼花观街创设淮南书局,又名扬州书局。初名养贤馆,后名扬州书局,以整理旧有《盐法志》及各种官书残版刊布江淮间耆旧著述为宗旨。同治十年(1871),五局合刻"二十四史",该局分刻《隋书》,校勘精审。所刻书还有《十三经注疏》《毛诗注疏》《三国志》《白虎通疏证》《初唐四杰文集》等。至光绪二十九年(1903)并入江南书局,该书局共刻书 60 种,1071 卷,479 册。

此外,同治五年(1866),杨仁山在南京创办金陵刻经处。这是一所在国内有较大影响的私人佛学传播、研究机构。金陵刻经处刻成的佛经,以准确、清楚出名,流通于国内各地以及印度、锡兰等南亚地区。先后在此参加研究的有谭嗣同、章太炎、欧阳竟无、吕澂等人。

光绪二十七年(1901),两江总督刘坤一、湖广总督张之洞于江宁钟山书院奏设江楚编译书局,初名江鄂译书局。经费主要由江宁提供,聘缪荃孙为总纂,陈作霖、姚佩珩为分纂,兼管江南官书局局务。不同于以往的官书局,该局以编译教科书推动革新为目的,并且采用铅字印刷,因而被看作是中国近代最早的教科书编译出版兼发行机构。该局聘罗振玉、王国维等人编译东西洋书籍,特别是日本的教科书。书局除印行《国朝事略》《万国史略》《江苏师范讲义》等新式教科书外,也印行《说文通训定声》《续碑传集》《江宁金石记》等国学书籍。宣统二年(1910)四月,改为江苏通志局。辛亥革命后书局中辍,共出版书籍 70 余种。①

清代后期是传统印刷术和近代印刷术的新旧交替时期。1842 年,上海成为五口通商口岸之一,欧美传教士和商人首先在上海开办铅印和石印。光绪二十三年(1897)2 月,夏粹芳、鲍咸昌等几位印《圣经》发家的工人,于上海创设商务印书馆。商务印书馆先设印刷所,后由张元济主持商务出版工作,并聘蔡元培任编译所所长,该馆成为中国近代历史最久的出版社。以商务印书馆为代表的民族印刷业纷起竞争,终于打破了外商在上海印刷业中的垄断地位,并使上海成为全国印刷业的中心。②

一批江苏学人奉命修纂大型典籍。例如,丹徒(镇江)人、文华殿大学士兼户部尚书张玉书(1642—1711)曾奉诏编纂《康熙字典》及《佩文韵府》等。

康熙四十四年(1705),太仓人王原祁奉命编纂大型书画类书《佩文斋书画谱》100 卷,并任总裁。

康熙四十五年,无锡王云锦殿试中进士一甲第一,赐状元及第,授翰林院修撰,分任《康熙字典》修纂。

清政府征集图书并修《四库全书》,实施文化控制的同时,稽古右文,客观上也促进了藏书和出版的发展。康熙二十五年(1686),康熙皇帝给礼部、翰林院下谕旨说:"自古帝王致治隆文,典籍具备,犹必博采遗书,用充秘府,盖以广见闻而资掌故,其盛事也。"他要求"今宜广为访辑,凡经、史、子、集,除寻常刻本,其有藏书秘录作何给值采集,及借本抄写事宜,尔部、院会同详议具奏,务令搜罗罔佚,以副朕稽古崇文之至意"③。

乾隆三十八年(1773)敕修《四库全书》,在全国范围内发动长时间、大规模的征书活动,同时鼓励民间献书。乾隆还在进呈善本图书上题咏,把原书发还给原藏者以增其荣耀。对献书五六百种以上的鲍士恭、范懋柱、汪启淑、马裕等四位藏书家各赐《古今图书集成》一部,对献书一

① 江苏省地方志编纂委员会编著:《江苏省志·出版志》,第 32 页。
② 江苏省地方志编纂委员会编著:《江苏省志·出版志》,第 369 页。
③ 〔清〕永瑢等:《影印文渊阁四库全书》,台北:台湾商务印书馆,1986 年,第 384 页。

百种以上的藏书家各赐《佩文韵府》一部,以示嘉奖。①

图 1-2　镇江文宗阁

清中期后,清政府的文化政策渐趋宽松,有利于出版业发展。例如,雍正元年(1723)下令禁止民间私行选编、刊刻时文,由礼部会同翰林院拣选乡试中的好文章,经裁定后颁发刊刻。而至乾隆元年六月十六日(1736 年 7 月 24 日)下令准许:"本日,谕驰坊间刻文之禁,准许民间将乡、会试佳卷照前选刻。又命将前明及本朝诸大家时艺精选数百篇,汇为一集,颁行天下,以为举业指南,由内阁学士方苞将入选文逐一加以评点,使学者便于领会模拟。"②

清政府还鼓励地方刻书,特别是"武英殿聚珍本"书。乾隆四十二年(1777)董诰上奏:"查江南、江西、浙江、福建、广东五省,向来刊行书籍颇多,刻工版料亦较他处为便。臣愚理合仰恳皇上天恩,准将现已摆印过各书,每省发给一分,如有情愿刊者,听其翻版通行……则远近购书较易,流传益广。"乾隆批准将武英殿聚珍版图书颁发给江南、江西、浙江、

---

① 〔清〕永瑢等:《四库全书总目》,北京:中华书局,1965 年。
② 中国人民大学清史研究室:《清史编年》,北京:中国人民大学出版社,2000 年,第 18 页。

福建、广东翻刻。① 江南即翻刻了 8 种。

清代江苏最大量的是民间刻书、抄书。乾隆、嘉庆年间,家刻仅苏南地区就有百家以上。士礼居等诸家所刻丛书声誉卓著。清时,苏州书坊之多仅次于北京。

戊戌变法中,光绪帝还发布诏书奖励著书立说:"自古致治之道,必以开物成务为先。近来各国通商,工艺繁兴,风气日辟。中国地大物博,聪明才力不难杰出。只以囿于旧习,未能自出新奇,振兴庶务。富强至计,首在鼓舞人才。各省士民若有新书以及新法制成新器,果系足资民用者,允宜奖赏以为之劝。"②

① 中国第一历史档案馆:《纂修四库全书档案》,上海:上海古籍出版社,1997 年,第 767—768 页。
② 朱寿朋:《光绪朝东华录》,北京:中华书局,1958 年,第 4115 页。

第二章　清代江苏官府的出版活动

　　中央政府在江苏区域实施的编撰出版活动,从一个方面反映江苏在全国的出版水平。江苏省会设立官书局也较早,"局本"质量可称。尤其是,江苏地方官刻方志多且质量高。江苏为人才高地,学者参与了官书的编撰出版,对提高官府出版物质量做出了重要贡献。

第一节　朝廷在江苏的编撰活动

　　清政府的官刻书主要为内府刻印的"殿本",康熙十二年(1673),清政府在武英殿设立了专门的刻书机构,刻书内容以钦定书为主,以康熙、乾隆时期刻印的书籍最为精良,特别是乾隆三十八年(1773)排印的《武英殿聚珍版丛书》等书。清政府还编纂了《渊鉴类函》《子史精华》《古今图书集成》等类书。其中,雍正四年(1726),武英殿用铜活字印刷陈梦雷主编的《古今图书集成》1万卷,约1亿字,是我国现存最大的一部古代类书,也是中国古代出版史上规模最大的一次金属活字版印刷工作。

　　清廷刻书活动基本都是在京城进行的,但也有例外,在江苏就有四例由清廷主持的编刻活动。

一、苏州洞庭东山书局修纂《一统志》

　　《大清一统志》为清代官修地理总志,清政府前后修纂三次,即康熙二十五年(1686)至乾隆九年(1744)修纂历叙至乾隆八年的342卷本(外藩及朝贡诸国别附录总计凡356卷)康熙《大清一统志》;乾隆二十九年至四十九年修纂的 424 卷(合子卷为 500 卷本,俗称"乾隆《大清一统志》");嘉庆十七年(1812)至道光二十二年(1842)修纂的 560 卷本《嘉庆重修一统志》。

第一次修《大清一统志》始于康熙十一年(1672),保和殿大学士卫周祚七月一日疏请纂修《大清一统志》,康熙十一年七月二十七日御旨"依议"。康熙十二年十一月,"三藩之乱"爆发,各省通志和《大清一统志》纂修受到影响。"三藩之乱"平定后,康熙二十二年(1683)四月十二日,大学士明珠奏请纂修《大清一统志》,御旨"着礼部确议具奏"。至康熙二十四年,敕修《大清一统志》。此时《山西通志》《畿辅通志》《盛京通志》《江南通志》《浙江通志》《江西通志》《福建通志》《湖广通志》《湖南通志》《广西通志》等 10 余省通志成书,纂修《大清一统志》的资料大部分具备。是年十二月初四日,礼部提出《一统志》编纂方案,并建议将其交由内阁办理。

康熙二十五年(1686),设立一统志馆。此年三月初五,康熙帝命大学士勒德洪、明珠、王熙、吴正治、宋德宜,户部尚书余国柱,左都御史陈廷敬为总裁官,原任左都御史徐元文、内阁学士徐乾学、翰林院学士张英、詹事府詹事郭棻、翰林院侍读学士高士奇、庶子曹禾为副总裁,而以陈廷敬、徐乾学专理馆务,彭孙遹、吴任臣、姜宸英、万言、金德嘉等二十人为纂修官。一统志馆虽由陈廷敬与徐乾学共同执掌,但陈廷敬同时还担任《明史》总裁官,其主要精力在《明史》编纂,《一统志》的纂修主要由徐乾学掌管。徐乾学首先拟定《大清一统志凡例》,今载徐乾学的《澹园文集》。[①]

《大清一统志》列 22 个类目:分野、部辖、图经、建置沿革、城池、形势、里至、议论、设官、户口、田赋、风俗、山川、古迹、旧都宫阙、考订、陵墓祠庙、关隘、桥梁、土产、人物、仙释。纂修官即依据《大清一统志凡例》,分工撰写。姜宸英执笔《江防篇》《海防篇》等,其《湛园未定稿》卷 1 收录有《江防总论拟稿(大清一统志)》《海防总论拟稿(大清一统志)》和《海防

① 徐乾学:《澹园文集》卷 35《大清一统志凡例》,康熙冠山堂刻本,《四库存目丛书》影印本,集部,第 243 册,第 325 页。

篇》附录《日本贡市人寇始末拟稿（大清一统志）》。

康熙二十八年（1689）十一月，徐乾学因事被劾，上疏引疾乞归，疏请将《一统志》携归继续编辑，康熙特旨允许徐乾学"书局随身"。

康熙二十九年二月，徐乾学奉命出京，回到故乡苏州，在洞庭东山太湖畔橘庄开设书局，修纂《大清一统志》，并征请江南儒林名士参与编修，有慈溪姜宸英、裘琏，晋江黄虞稷，德清胡渭，山右阎若璩，钱塘沈佳、吕澄，无锡顾祖禹（生于无锡而顺治初随父迁居常熟）、顾士行、秦梓，太仓吴暻、唐孙华，常熟黄仪、陶元淳等14人。据裘琏《横山文集》卷7《纂修书局同人题名私记》（1914年排印本）载，赴"五湖之滨，洞庭之山"随徐乾学修《大清一统志》者有顾士行、黄虞稷、唐孙华、陶元淳、沈佳、吕澄、姜宸英、裘琏、李良年、查慎行、邵长蘅等。唐孙华的《东江诗钞》有《哭座主玉峰尚书徐公》诗，"两年书局幸从游，鹤盖成阴裹胜流"句自注："公开书局于洞庭，与余同事者姜西溟、黄俞邰、李武曾、胡朏明、查夏重、邵子湘暨同年沈昭嗣、吕山浏、陶子师、吴元朗。"[1]可知，李良年（武曾）、查慎行（夏重）、邵长蘅（子湘）等与修《大清一统志》。另外，徐善当时正在洞庭东山，也与修《大清一统志》。[2]

经过4年多的不懈努力，至康熙三十三年四月徐乾学去世，《大清一统志》并未竣工，徐乾学所遗《大清一统志》稿本送归京城。

康熙诏付有司纂定，由韩菼在徐乾学《大清一统志》遗稿基础上进行纂修。至康熙四十三年，韩菼去世，韩菼纂修本仍未能成书。

这样，在康熙年间，《大清一统志》虽未成书，但形成了徐乾学《大清一统志》遗稿、韩菼纂修本两个稿本，徐本太繁，韩本太简。至康熙去世时《大清一统志》仍未成书。雍正继位后又重加编辑，至雍正十三年（1735）仍成书。乾隆继之，至乾隆五年（1740）书成，乾隆八年十一月刻成书，俗称"乾隆旧志"，又因该志时间至康熙时为止，故世人称之为"康熙《大清一统志》"。

康熙《大清一统志》体例基本仿照《大明一统志》，共342卷，排次为

---

① 唐孙华：《哭座主玉峰尚书徐公》，《东江诗钞》卷2。
② 尚小明：《徐乾学幕府研究》，《史学月刊》1998年第3期，第77—75页。

京师、直隶,然后是各省。《凡例》称:直隶及"每省皆先立统部,冠以图表,首分野、次建置沿革、次形势、次职官、次户口、次田赋、次名宦,皆统括一省者也。其诸府及直隶州,又各立一表,所属诸县系焉。皆首分野、次建置沿革、次形势、次风俗、次城池、次学校、次户口、次田赋、次山川、次古迹、次关隘、次津梁、次堤堰、次陵墓、次寺观、次名宦、次人物、次流寓、次列女、次仙释、次土产"。其后续修、重修《大清一统志》,基本上都是沿用此例。同时,《大清一统志》的修纂影响整个清代地方志的修纂。

康熙《大清一统志》目前见之于著录的康熙年间抄本仅见国家图书馆、天津图书馆、复旦大学图书馆三家收藏。①

二、扬州诗局刊刻《全唐诗》

扬州诗局,是清政府为刊刻钦定《全唐诗》而专设的出版机构。康熙四十四年(1705)由江宁织造兼两淮盐漕监察御史曹寅在扬州创办,因其任务是奉旨校刻《全唐诗》,故名扬州诗局。

曹寅(1658—1712),字子清,一字幼清,号楝亭,又号荔轩、雪樵。清满洲正白旗人。先世为汉族,原籍奉天辽阳(今辽宁)。自其祖父起为满洲贵族的包衣(奴仆),隶属正白旗。父曹玺,工部郎中。母孙氏,为康熙帝乳母。曹寅为《红楼梦》作者曹雪芹之祖父。16岁入宫为康熙御前侍卫,一说曾做过康熙伴读。康熙二十九年(1690)以郎中出任苏州织造,三十一年又兼任江宁织造,官署在今南京。翌年专任江宁织造,连任20年之久。康熙后四次南巡均住曹寅家。曹寅为人风雅,喜交名士,通诗词、晓音律,著有《楝亭诗抄》8卷、《诗抄别集》4卷、《词抄》1卷、《词抄别集》1卷、《文抄》1卷等。

康熙四十二年起,曹寅与李煦隔年轮兼差巡视两淮盐漕监察御史,凡四次:康熙四十三年、四十五年、四十七年、四十九年的十月十三日至康熙四十四年、四十六年、四十八年、五十年的十月十二日。②

康熙四十四年初,康熙第五次南巡,曹寅正在兼任巡视两淮盐漕监察御史任内。此年三月十九日,"上发《全唐诗》一部,命江宁织造曹寅校

① 傅林祥:《复旦藏〈清一统志〉抄本的成书年代及价值》,《中国地方志》2014年第3期,第54—59页。
② 故宫博物院明清档案部:《李煦奏折》,北京:中华书局,1976年,第225页。

刊,以翰林彭定求等九人分校"①。分校 9 人为侍讲彭定求,编修沈三曾、杨中讷、潘从律、汪士铉、徐树本、车鼎晋、汪绎、查嗣琛,后康熙又命翰林院庶吉士俞梅赴曹寅处。其中,5 人为江苏学者:彭定求,吴县(今苏州)人,康熙十五年(1676)状元;潘从律,溧阳人,康熙三十年(1691)进士;徐树本,昆山人,康熙三十六年(1697)进士;汪绎,常熟人,康熙三十九年(1700)状元;俞梅,泰州人,康熙四十二年(1703)进士。

曹寅奉旨后即"期于五月初一日天宁寺开局"②。曹寅将扬州诗局设在天宁寺里,是因为天宁寺内就有巡盐御史的行署,属于两淮盐漕监察御史的房产。曹寅、彭定求等先对康熙三年至十二年季振宜据钱谦益所辑唐诗残稿重编的《全唐诗》717 卷抄本进行补校辑佚,得诗 48 900 余首、作者 2200 余人。康熙四十四年七月至十月二十二日间,由康熙钦定凡例后曹寅即交彭定求等"钦遵校刊",又试刻唐太宗及高、岑、王、孟四家诗呈康熙审定"纸张之厚薄、本头之高下"③后开刻。至七月一日,曹寅奏报:"遵旨校刊《全唐诗》集,目下刊刻只剩五百余页,大约本月内可以刻完,八月内校对错字毕,即可全本进呈。"康熙朱批:"刻的书甚好。"④至十月初一日书成,曹寅、彭定求等《全唐诗·进书表》称:"康熙四十五年十月初一日书成,谨装潢成帙,进呈圣览。"

康熙四十五年四月十六日,康熙《御制〈全唐诗〉序》写成颁发:"诗至唐而众体悉备,亦诸法毕该。故称诗者必视唐人为标准,如射之就彀率,治器之就规矩焉。盖唐当开国之初,即用声律取士,聚天下才智英杰之彦,悉从事于六义之学,以为进身之阶,则习之者固已专且勤矣,而又堂陛之赓和,友朋之赠处与燕赏之即事感怀,劳人迁客之触物寓兴,一举而托之于诗。虽穷达殊途,悲愉异境,而以言乎摅写性情,则其致一也。夫性情所寄,千载同符,安有运会之可区别,而论次唐人之诗者辄执初盛中晚,岐分疆陌而抑扬轩轾之过甚,此皆后人强为之名,非通论也。自昔唐人选唐诗,有殷璠、元结、令狐楚、姚合数家,卷帙未为详备;至宋初撰辑

① [清]宋荦:《西陂类稿》,卷 42《迎銮三纪》,清康熙刻本。
② 故宫博物院明清档案部:《关于江宁织造曹家档案史料》,北京:中华书局,1975 年,第 32 页。
③ 故宫博物院明清档案部:《关于江宁织造曹家档案史料》,第 34 页。
④ 故宫博物院明清档案部:《关于江宁织造曹家档案史料》,第 40 页。

《英华》收录唐篇什极盛。然诗以类从，仍多脱漏，未成一代巨观。朕兹发内府所有全唐诗，命诸词臣合《唐音统签》诸编，参互校勘，搜补缺遗，略去初盛中晚之名，一依时代分置次第。其人有通籍登朝岁月可考者，以岁月先后为断；无可考者，则援据诗中所咏之事与所同时之人系焉。得诗四万八千九百余首，凡二千二百余人，厘为九百卷。于是唐三百年诗人之菁华，咸采撷荟萃于一编之内，亦可云大备矣。夫诗盈数万，格调各殊，溯其学问本原，虽悉有师承指授，而其精思独悟，不屑为苟同者，皆能殚其才力所至，沿寻风雅以卓然自成其家。又其甚者，宁为幽僻奇诡，杂出于变风变雅之外，而绝不致有蹈袭剽窃之弊，是则唐人深造极诣之能事也。学者问途于此，探珠于渊海，选才于邓林，博收约守，而不自失其性情之正，则真能善学唐人者矣。岂其漫无持择，泛求优孟之形似者可以语诗也哉。是用制序卷首，以示刻《全唐诗》嘉与来学之旨，海内诵习者尚其知朕意焉。"于是曹寅补刻诗序，冠式书前。《全唐诗》刊刻全部完成，共计 9814 页（含御制序 2 页）。

扬州诗局刻印的图书，世称扬州诗局本，或称"诗局本"。其中，只有扬州诗局本钦定《全唐诗》属于清内府所刻书。在钦定《全唐诗》校刻完成后，曹寅还刻印了《栋亭藏书十二种》74 卷、《曹栋亭五种》65 卷和单行本《隶续》21 卷，书的扉页均题"扬州诗局重刊"或"扬州诗局刊"字样，各卷末除无空白处外，均题"栋亭藏本丙戌九月重刻于扬州使院"牌记两行，这 18 种书虽有"扬州诗局"牌记，即世所称"扬州诗局本"，但不属清内府所刻书范畴。①

扬州诗局今在扬州天宁寺内。韦力《书楼寻踪》有访记："扬州诗局在扬州天宁寺内，地址在盐阜西路北侧丰乐街。……扬州诗局在天宁寺院内的最后一进，殿内建筑保存完好。当年殿内雇众多书手刻匠来刊刻《全唐诗》的盛况，只能靠自己的想象去追忆了。"②

---

① 曹红军：《曹寅与扬州诗局、扬州书局刻书活动考辨》，《南京师范大学学报》2005 年第 6 期，第 151—157 页。
② 韦力：《书楼寻踪》，石家庄：河北教育出版社，2004 年，第 70—71 页。韦力：《扬州诗局》，《光明日报》2003 年 5 月 21 日。［清］宋荦：《西陂类稿》，卷 42《迎銮三纪》。

三、扬州书局刊刻《佩文韵府》

扬州书局,是清政府为刊刻钦定《佩文韵府》而专设的出版机构。

扬州诗局与扬州书局,同在扬州,二者关系等问题学术界长期探讨。陶湘《清代殿版书始末记》认为:"扬州诗局于曹寅故后,工亦中辍。"①韦力《书楼寻踪》认为:"扬州书局所刻书最有名的是《全唐诗》九百卷……《全唐诗》刊出后大受欢迎,人们便将扬州书局竟自称为'扬州诗局'了。"②潘天祯《扬州诗局杂考》提出,扬州"诗局之名既由奉旨校刻《全唐诗》而定,《全唐诗》刻成后,再用诗局的名称,就名实不副了"。认为"康熙四十六年以后,扬州诗局改名为扬州书局"。③曹红军考证,刊刻《全唐诗》成立的机构名"扬州诗局",刊刻《佩文韵府》成立的机构名"扬州书局",虽一字之差,实为两家机构,二者之间并没什么直接联系。④

《佩文韵府》106 卷是康熙十分重视并且亲自参与编撰的一部类书。查慎行《武英书局报竣奏折》载:"《韵府》一书,尤宸衷所注意。钦颁体例,御定规模。每卷每帙,排日进呈;一字一句,遵旨定夺。其间繁简去留,尽由指授;源流本末,咸奉诲言。……至有屡蒙口谕,曾发手批,某事宜删,某条宜补,……诚非末学小臣所能仰窥万一也。"⑤康熙四十三年(1704)由张玉书、陈廷敬、李光地等 76 人奉敕编撰,全书以元阴时夫《韵府群书》及明凌稚隆《五车韵瑞》等书为基础,博考群书增补而成,共收单字 10252 字,按其读音分别归入明清时通行的平水韵 106 韵部中,所收词目按最后一字归韵排列。该书初次刊刻任务由武英殿承担。康熙《御制〈佩文韵府〉序》称:"尝谓《韵府群玉》《五车韵瑞》诸书……简而不详,略而不备,且引据多误,朕每致意焉。欲博稽众籍,著为全书。爰于康熙四十三年夏六月朕与内直翰林诸臣亲加考订,证其讹舛,增其脱漏,或有某经某史所载,某字某事未备者,朕复时时面谕,一一增录,渐次成帙。

① 陶湘:《清代殿版书始末记》,见陶湘:《清代殿版书目》,《武进陶氏书目丛刊》本。
② 韦力:《书楼寻踪》,第 70—71 页。韦力:《扬州诗局》,《光明日报》2003 年 5 月 21 日。
③ 潘天祯:《扬州诗局杂考》,《图书馆学通讯》1983 年第 1 期,第 64 页。潘天祯:《潘天祯文集》,上海:上海科学技术文献出版社,2002 年,第 143—169 页。
④ 曹红军:《曹寅与扬州诗局、扬州书局刻书活动考辨》,《南京师范大学学报》2005 年第 6 期,第 151—157 页。
⑤ [清]查慎行:《敬业堂文集》,北京:中华书局,1936 年,第 6 页。

犹以故实或未极博，于十月复命阁部大臣更加蒐求，以裒益之。既有原本、增本，又有内增、外增，将付剞劂矣，名曰《佩文韵府》。……随于十二月开局武英殿，集翰林诸臣合并详勘，逐日进览，旋付梓人。于五十年十月全书告成，共一百零六卷，一万八千余页。"①

康熙五十一年（1712）三月，康熙皇帝命江宁织造曹寅、苏州织造李煦、杭州织造孙文成等于扬州开刻《佩文韵府》。此年四月初三日，曹寅奏称："《佩文韵府》已于三月十七日开工刊刻，正在遴选匠手，已得一百余人，愿来者众，好者难得。容俟遴选齐全，计工定日，务期速成，以仰副皇上普济困学之至意。"②曹寅主持扬州书局刊刻工作至此年七月二十三日身故。李煦于康熙五十一年七月十八日奏："江宁织造曹寅于六月十六日自江宁来扬州书局料理刻工，于七月初一日感受风寒，卧病数日，转而成瘵，虽服药调理，日渐虚弱。"七月二十三日又奏："曹寅七月初一日感受风寒，辗转成疟，竟成不起之症，于七月二十三日辰时身故。"③曹寅身故后，由李煦主持《佩文韵府》刊刻工作。康熙五十一年（1712）十二月二十六日李煦奏："窃奉发《佩文韵府》，选工刊刻，其上平声之一东韵已经刻完呈样，蒙我万岁御览矣。今上平声之各韵，共十七本，下平声之各韵，共十九本，业经刻完。谨将连四纸印刷上平、下平各一部，将乐纸印刷上平、下平各一部，装订成套，恭进圣览。至于上、去、入三声，现在赶紧雕镂，必至明年夏间方得完工。理合奏闻，伏乞圣鉴。"至康熙五十二年（1713）九月初十日刻成全书 106 卷、18 365 页。康熙朱批："此书刻得好的极处。南方不必订本，只刷印一千部，其中将乐纸二百部即足矣。"④康熙皇帝对《佩文韵府》的刊刻工作给予了充分肯定。至此，《佩文韵府》的刊刻工作全部结束。

扬州书局李煦手下校书者黄贯勉康熙五十二年在扬州书局刻所著《绿意词》1 卷、《秋屏词续编》1 卷，末刻"扬州书局朱云章镌"8 字，也不

① ［清］张玉书等：《佩文韵府》，上海：上海古籍书店，1983 年，卷首。
② 故宫博物院明清档案部：《关于江宁织造曹家档案史料》，第 96 页。
③ 故宫博物院明清档案部：《李煦奏折》，第 118—119 页。
④ 故宫博物院明清档案部：《李煦奏折》，第 134—135 页。

属清内府所刻书范畴。①

四、扬州官刻《全唐文》

嘉庆二十三年(1818),两淮盐政阿克当阿奉旨在扬州刻成《全唐文》1000卷,收文20 025篇,作者3035人,为唐代(包括五代)文章的总集,堪称唐文渊海,对研究有唐一代的历史、文化各方面都有重要的参考价值。

此前,海宁陈邦彦(1678—1752)在雍正至乾隆初年辑录唐文,存《全唐文》旧抄本。乾隆六十年至嘉庆元年(1795—1796),时任两淮盐政的苏楞额以重金购得此《全唐文》旧抄本,进呈朝廷,藏于内务府。嘉庆帝下诏编修的《全唐文》,即以苏楞额进呈的旧抄本为基础。

图2-1　扬州刻本《全唐文》

《全唐文纪事》卷首引《御制诗二集·读全唐文》下小注载,嘉庆皇帝以内府取出"旧有缮写唐文一百六十册"观看,觉此本"体例未协,选择不精"。《仁宗皇帝实录》卷202载,嘉庆十三年(1808)十月,嘉庆皇帝下诏编修《全唐文》:"己亥谕内阁:内府旧藏《全唐文》卷帙闳富,于有唐一代帝王以迄士庶所著各体文,采辑大备,洵为艺苑巨观。……着将此书交文颖馆,通行钞录,并详稽载籍有应补入者,一体编辑,校勘完善,进呈乙览后,刊刻颁行,用副朕崇文讲学、嘉惠士林至意。"曾任《四库全书》副总裁的文华殿大学士董诰任总裁,徐松、法式善、孙尔准、胡敬、陈鸿墀、周之琦、秦恩复、阮元、胡承珙等学者与修。其中,有多名江苏学者:秦恩复,江都(今扬州)人,乾隆五十二年

---

① 曹红军:《曹寅与扬州诗局、扬州书局刻书活动考辨》,《南京师范大学学报》2005年第6期,第151—157页。

（1787）进士；阮元，仪征人，乾隆五十四年（1789）进士；孙尔准，金匮（今无锡）人，嘉庆十年（1805）进士。全书凡六易寒暑，至嘉庆十九年（1814）闰二月，《全唐文》修成，刊刻事提到议事日程。该月二十五日，主持此事的文颖馆总裁董诰上奏，提出江南为人文渊薮，积学之彦、藏书之家堪任校雠者甚多，兼及收藏《四库全书》的文汇阁设在扬州，在扬州刊刻最宜。于是，嘉庆帝命两淮巡盐御史阿克当阿在扬州刊刻《全唐文》。

《清宫扬州御档》第13册《奏为遵旨校刊钦定〈全唐文〉完竣及装函进呈事》奏折载，嘉庆二十一年（1816）九、十月间，《全唐文》在扬州刻成。阿克当阿派员将新刻《全唐文》呈送清廷，就该书校刊完竣，装函进呈缘由，于该年十月二十七日恭折具奏。《全唐文》刊刻竣工后，嘉庆帝非常满意，十一月二十六日赏赐官员，派前馆臣、编辑《全唐文》的原任工部侍郎陈希曾充副总裁，内阁学士陈嵩庆曾充总阅官、穆彰阿曾充提调官。苏楞额因嘉庆二十一年七月初六日参与接待英国阿美士德使团受降职处分，而又因呈进《全唐文》而受褒奖，戴罪立功。[1] 嘉庆二十一年（1816）十二月十一日，两淮盐政阿克当阿在《奏为校刊钦定〈全唐文〉告成奉旨赏还顶戴谢恩事》奏折中称：“奴才遵旨校刊钦定《全唐文》，告成前经恭折奏闻，兹于十二月初十日奉到朱批‘另有旨’钦此，随折恭奉上谕阿克当阿奏校刊全唐文告成装函进呈一折，内府旧存全唐文写本，系有苏楞额呈进，朕特派馆臣续加编辑，阅定后发交两淮盐政衙门刊刻，兹该盐政覆加校对剞劂竣工，装函进呈，尚未完善。阿克当阿督办认真，应量予奖励，伊前因太监林显投书问一案，由内务府护军统领降为内务府郎中顶戴，兹着加恩，赏还三品顶戴，其捐资承办之商人等，着查明捐款较多者，奏明给予议叙。苏楞额前于英吉利贡使一事办理舛错，将伊降补侍郎仍戴三品顶戴，但其获咎较和世泰为轻，苏楞额着加恩赏还二品顶戴……”[2]同时，嘉庆帝谕旨对阿克当阿代江南官绅诉求自备纸墨工

① 陈尚君：《述〈全唐文〉成书经过》，《复旦学报》1995年第3期，第203—210，202页。李浩、赵阳阳：《清编〈全唐文〉整理研究的回顾与展望》，《文献》2014年4期，第157—172页。魏怡勤：《清代在扬州刊刻的三部古籍巨著》，《中国档案报》2010年12月10日总第2090期，第2版；又《江苏地方志》2011年第5期，第27—29页。

② 中国第一历史档案馆、扬州市档案馆编：《清宫扬州御档选编》，扬州：广陵书社，2009年，第4册，第331—332页。

价分印一事,本合情理,批准将板片留存运库,满足官绅等就便刷印,以广流传。后来,根据嘉庆二十三年十月二十九日对《全唐文》的谕旨,阿克当阿于嘉庆二十四年正月二十五日委员同该管官商恭赍赴文汇、文宗二阁各陈设《全唐文》一部,另委员恭奉《全唐文》一部赴浙赍交巡抚程国仁、盐政广泰置文澜阁。

第二节　江苏地方政府的编撰活动

清初,地方政府除修纂刻印地方志外,地方官刻很少。清政府官刻本多由武英殿承刻,后来清政府允许各省翻刻武英殿刻本,各省官刻书才逐渐增多。

一、江苏方志编刻

县级以上的地方志一般为官修官刻,而乡镇以下小范围地方志则以私纂居多。此处则官私合叙。清代是中国方志编刻数量最多的时期。康熙十一年(1672),保和殿大学士卫周柞七月一日疏请纂修《大清一统志》,七月二十七日御旨"依议"。与此同时,诏各郡县分辑志书,以备修纂《大清一统志》之需,这促进了各地普遍修志。据《中国地方志联合目录》载,存世清志 5700 多种,约占全国存世方志的 70%。除新疆、辽宁、吉林、黑龙江及西南个别省份外,其他各省几乎所有县一级行政单位都修有志书,存世县志约 3600 种,约占清代方志总数的 65%。

江苏为地方志修纂刻印大省,《江苏旧方志提要》载江苏各种志书 1170 种,其中今存志书 714 种,佚志 372 种,存目 84 种。徐复在《江苏旧方志提要·序》中指出:"现有的材料证明,江苏历代编修的各种志书超过 1000 种,位居全国前茅。……江苏方志品种繁多,门类较全。以志书记述行政区划的层次分,有省志,府、州、厅、县志,乡镇志,都邑志;以志书记述事物的属性分,有山水志、名胜志、人物志、金石志、艺文志,此外还有卫志、盐志、关志、圩志等。其中乡镇志、名胜志尤为发达,据不完全统计,仅今存各种乡镇志、名胜志就多达二三百种,为全国之冠。"①除省、府、县志外,还有州志、厅志、道志、边关志、卫所志、乡镇志等。清代江苏修纂的乡镇志达191种,②约占明清两代江苏所修乡镇志总数的88%以上。

清代江苏方志修纂最早的是《[顺治]六合县志》,始修于顺治二年(1646),次年刻成。至光绪十年,六合共修县志5次,刻成年代分别为1646年、1684年、1735年、1785年、1884年。前四次修志间隔为50年左右,而最后一次则间隔近百年。无锡县志(后来为无锡、金匮合志)也修了5次。

江苏清代通志有:

《[康熙]江南通志》76卷,(清)于成龙等修,张九征、陈焯纂,康熙二十三年(1684)江南通志局刻本。

《[乾隆]江南通志》200卷首4卷序目1卷,(清)尹继善等修,黄之隽等纂,乾隆二年(1737)刻本。

南京市清代主要方志如:

《[康熙]江宁府志》34卷,(清)陈开虞修,张怡纂,康熙七年(1668)刻本。

《[康熙]江宁府志》40卷,(清)于成龙纂修,清康熙二十二年(1683)刻本。

《[嘉庆]江宁府志》56卷,(清)吕燕昭修,姚鼐纂,清嘉庆十六年(1811)刻本。

《[同治]续纂江宁府志》15卷首1卷,(清)蒋启勋、赵佑宸修,汪士铎等纂,光绪六年(1880)刻本。

《江宁府七县地形考略》1卷附图1卷,(清)吴崧庆纂,清光绪间江楚书局刻本。

《[康熙]上元县志》24卷,(清)唐开陶等纂修,清康熙六十年(1721)刻本。

① 徐复:《江苏旧方志提要·序》,徐复、季文通主编:《江苏旧方志提要》,南京:江苏古籍出版社,1993年。
② 韩章训:《江苏乡镇志发展述略》,《江苏地方志》2018年第3期。

《[乾隆]上元县志》27卷首1卷末1卷,(清)蓝应袭修,何梦篆、程廷祚纂,清乾隆十六年(1751)刻本。

《[道光]上元县志》24卷首1卷末1卷,(清)武念祖、陈道恒修,陈栻、伍光瑜等纂,清道光四年(1824)刻本。

《[康熙]重修江浦县新志》8卷,(清)郎廷泰纂修,清康熙二十四年(1685)刻本。

《[雍正]江浦县志》8卷,(清)项维正等纂修,清雍正四年(1726)刻本。

《[光绪]江浦埤乘》40卷首1卷,(清)侯宗海、夏锡宝纂,清光绪十七年(1891)刻本。

《[顺治]六合县志》12卷,(清)刘庆运修,孙宗岱纂,清顺治三年(1646)刻本。

《[康熙]六合县志》12卷,(清)洪炜修,汪铉纂,康熙二十三年(1684)刻本。

《[雍正]六合县志》10卷首1卷,(清)苏作睿修,徐重龄纂,清雍正十三年(1735)刻本。

《[乾隆]六合县志》6卷,(清)何廷凤、廖抡升等修,戴祖启纂,清乾隆五十年(1785)刻本。

《[光绪]六合县志》8卷图说1卷附录1卷,(清)谢延庚、吕宪秋修,贺廷寿、唐毓和等纂,清光绪十年(1884)刻本。

《[顺治]溧水县志》10卷首1卷,(清)闵派鲁修,林古度纂,清顺治十五年(1658)刻本。

《[康熙]溧水县志》11卷首1卷,(清)刘登科修,谢文运、王芝藻等纂,清康熙十六年(1677)刻本。

《[乾隆]溧水县志》16卷,(清)凌世御修,方性存纂,清乾隆四十二年(1777)刻本。

《[光绪]溧水县志》22卷首1卷,(清)傅观光、施春膏修,丁维诚纂,清光绪九年(1883)刻本。

《[顺治]高淳县志》18卷,(清)纪圣训修,林古度纂,清顺治十三年(1656)刻本,康熙十八年(1679)增刻本。

《［康熙］高淳县志》25卷，（清）李斯佺修，叶楠等纂，清康熙二十二年（1683）刻本。

《［乾隆］高淳县志》25卷首1卷，（清）朱绍文修，盛业纂，清乾隆十六年（1751）刻本。

《［光绪］高淳县志》28卷首1卷，（清）杨福鼎修，陈嘉谋纂，清光绪七年（1881）学山书院刻本。

无锡市清代主要方志如：

《［康熙］无锡县志》42卷，（清）徐永言修，严绳孙、秦松龄纂，清康熙二十九年（1690）刻本。

《［乾隆］无锡县志》42卷图1卷，（清）王镐等修，华希闵等纂，清乾隆十五年（1750）刻本。

《［乾隆］金匮县志》20卷，（清）王允谦修，华希闵等纂，清乾隆七年（1742）刻本。

《［嘉庆］无锡金匮县志》40卷首1卷，（清）韩履宠等修，秦瀛纂，清嘉庆十八年（1813）无锡城西草堂刻本。

《［道光］无锡金匮续志》10卷首1卷，（清）李彭龄等修，杨熙之等纂，道光二十年（1840）刻本。

《［光绪］无锡金匮县志》40卷首1卷附6卷，（清）裴大中、倪咸生等修，秦缃业等纂，清光绪七年（1881）刻本。

《［康熙］江阴县志》22卷，（清）龚之怡修，沈清世续修，（清）陈芝英纂，朱廷鋐等续纂，清康熙二十二年（1683）刻本。

《［乾隆］江阴县志》24卷首1卷，（清）蔡澍修，罗士瓚续修，清乾隆九年（1744）刻本。

《［道光］江阴县志》28卷首1卷，（清）陈延恩修，李兆洛等纂，清道光二十年（1840）刻本。

《［光绪］江阴县志》30卷首1卷，（清）卢思诚修，冯寿镜续修，（清）季念诒纂，夏炜如续纂，清光绪四年（1878）刻本。

《［嘉庆］增修宜兴县旧志》10卷首1卷末1卷，（清）李先荣原本，（清）阮升基、唐仲冕等增修，宁楷等增纂，清嘉庆二年（1797）

刻本。

《[嘉庆]新修宜兴县志》4卷首1卷,(清)阮升基修,宁楷纂,清嘉庆二年(1797)刻本。

《[嘉庆]新修荆溪县志》4卷首1卷,(清)唐仲冕、段琦等修,宁楷纂,清嘉庆二年(1797)刻本。

《[道光]续纂宜荆县志》10卷首1卷,(清)李玫、龚润森等修,吴德旋纂,清道光二十年(1840)刻本。

《[光绪]宜兴荆溪县新志》10卷首1卷末1卷,(清)潘树辰、施惠修,钱志澄、周镡继修,吴景墙等纂,清光绪八年(1822)刻《宜兴荆溪旧志五种》本。

徐州市清代主要方志如:

《[顺治]徐州志》8卷,(清)余志明修,李向阳纂,清顺治十一年(1654)刻本。

《[康熙]续徐州志》8卷,(清)臧兴祖修,吴之元等纂,清康熙二十二年(1683)抄本。

《[康熙]徐州志》36卷,(清)姜焯纂修,清康熙六十一年(1722)刻本。

《[乾隆]徐州府志》30卷首1卷,(清)石杰修,王竣纂,清乾隆七年(1742)刻本。

《[同治]徐州府志》25卷,(清)吴世熊、朱忻修,刘庠、方骏谟纂,清同治十三年(1874)刻本。

《[乾隆]铜山县志》12卷首1卷,(清)张宏运修,田实发纂,清乾隆十年(1745)刻本。

《[道光]铜山县志》24卷首1卷,(清)崔志元修,左泉金等纂,清道光十年(1830)刻本。

《[顺治]新修丰县志》10卷,(清)阎昭修,张逢宸等纂,清顺治十三年(1656)刻本。

《[乾隆]丰县志》16卷首1卷,(清)卢世昌纂修,清乾隆二十四年(1759)刻本;清道光三年(1823)德丰增修本。

《[光绪]续修丰县志》16 卷首 1 卷,(清)姚鸿杰等纂修,清光绪二十年(1894)刻本。

《[乾隆]沛县志》10 卷首 1 卷,(清)李棠修,田实发纂,清乾隆五年(1740)刻本。

《[光绪]沛县志》16 卷,(清)侯绍瀛纂修,清光绪十六年(1890)年刻本。

《[康熙]邳州志》10 卷,(清)孙居湜修,孟安世纂,清康熙三十二年(1693)刻本。

《[嘉庆]邳州志》18 卷首 1 卷,(清)丁观堂修,陈燮纂,清嘉庆十八年(1813)刻本。

《[咸丰]邳州志》20 卷首 1 卷,(清)董用威、马轶群修,鲁一同纂,清咸丰元年(1851)刻本。

《[康熙]睢宁县志》10 卷,(清)葛之莫修,陈哲等纂,清康熙二十二年(1683)刻本。

《[康熙]睢宁县志》12 卷,(清)刘如宴修,李杰纂,清康熙五十七年(1718)刻本。

《[光绪]睢宁县志稿》18 卷,(清)侯绍瀛修,丁显纂,清光绪十二年(1886)刻本。

常州市清代主要方志如:

《[康熙]常州府志》38 卷首 1 卷,(清)于琨修,陈玉璂纂,清康熙三十四年(1695)刻本。

《[康熙]武进县志》44 卷等修,(清)武俊等修,陈玉璂纂,清康熙二十三年(1684)刻本。

《[乾隆]武进县志》14 卷首 1 卷,(清)王祖肃等修,虞鸣球等纂,清乾隆三十年(1765)刻本。

《[乾隆]阳湖县志》12 卷,(清)陈廷柱等修,虞鸣球等纂,清乾隆三十年(1765)刻本。

《[道光]武进阳湖合志》36 卷首 1 卷,(清)孙琬、王德茂修,李兆洛等纂,清道光二十三年(1843)刻本。

《［光绪］武进阳湖县志》30 卷首 1 卷,(清)王其淦、吴康寿修,汤成烈等纂,清光绪五年(1879)刻本。

《［光绪］武阳志余》12 卷首 1 卷,(清)桐译修,庄毓鋐等纂,清光绪十四年(1888)活字本。

《［康熙］金坛县志》16 卷,(清)郭毓秀纂修,清康熙二十二年(1683)刻本。

《［乾隆］金坛县志》12 卷首 1 卷,(清)杨景曾修,于枋纂,乾隆十五年(1750)刻本。

《［光绪］金坛县志》16 卷首 1 卷,(清)夏宗彝修,汪国风纂,清光绪十一年(1885)活字本。

《［康熙］溧阳县志》14 卷首 1 卷,(清)徐一经纂修,清康熙六年(1667)刻本。

《［乾隆］溧阳县志》12 卷首 1 卷,(清)吴学濂纂修,清乾隆八年(1743)刻本。

《［嘉庆］溧阳县志》16 卷,(清)李景峄、陈鸿寿修,史炳等纂,清嘉庆十八年(1813)刻本。

《［光绪］溧阳县续志》16 卷末 1 卷,(清)朱畯、王祖庆等修,冯煦等纂,清光绪二十五年(1899)活字本。

苏州市清代主要方志如:

《［康熙］苏州府志》82 卷首 1 卷,(清)宁云鹏、卢腾龙等修,沈世奕、缪彤纂,清康熙三十年(1691)刻本。

《［乾隆］苏州府志》80 卷首 1 卷,(清)雅尔哈善、傅椿修,习寯、王峻等纂,清乾隆十三年(1748)刻本。

《吴门补乘》10 卷首 1 卷,(清)钱思元撰,清嘉庆二十五年(1820)吴门钱氏刻本。

《［道光］苏州府志》150 卷首 10 卷,(清)宋如林、额腾伊修,石韫玉等纂,清道光四年(1824)刻本。

《［同治］苏州府志》150 卷首 3 卷,(清)李铭皖、谭钧培修,冯桂芬纂,稿本,清光绪八年(1882)江苏书局刻本。

《［光绪］吴郡志略》2卷，（清）陆基撰，清光绪末年抄本。

《［康熙］吴县志》60卷首1卷，（清）吴愚公修，孙佩纂，清康熙三十年（1691）刘汝洁刻本。

《［乾隆］吴县志》112卷首1卷，（清）姜顺蛟、叶长扬修，施谦纂，清乾隆十年（1745）刻本。

《［康熙］常熟县志》26卷首1卷末1卷，（清）高士、杨振藻修，钱陆灿等纂，清康熙二十六年（1687）刻本。

《［康熙］常熟县志》8卷，（清）章曾印修，曾倬纂，稿本，清康熙五十一年（1712）刻本。

《［雍正］昭文县志》10卷首1卷，（清）劳必达修，陈祖范等纂，清雍正九年（1731）学爱堂刻本。

《［乾隆］常昭合志》12卷首1卷，（清）王锦等修，言如泗纂，清嘉庆二年（1797）刻本。

《［光绪］常昭合志稿》48卷首1卷末1卷，（清）郑钟祥、张瀛修，庞鸿文等纂，清光绪三十年（1904）木活字本。

《［嘉庆］直隶太仓州志》65卷，（清）鳌图、汪廷防修，王昶等纂，清嘉庆七年（1802）刻本。

《［光绪］太仓直隶州志》40卷，（清）吴承潞修，叶裕仁等纂，清光绪四年（1878）稿本。

《杨舍堡城志稿》14卷首1卷，（清）叶长龄等纂，清光绪九年（1883）江阴叶氏活字本。

《［康熙］昆山县志》20卷，（清）董正位修，叶奕苞纂，稿本。

《［乾隆］昆山新阳合志》38卷首1卷末1卷，（清）邹召南、张予介修，王峻纂，清乾隆十六年（1751）刻本。

《［道光］昆新两县志》40卷首1卷末1卷，（清）张鸿、来汝缘修，王学浩等纂，清道光六年（1826）刻本。

《［光绪］昆新两县续修合志》52卷首1卷末1卷，（清）金吴澜、丁廷鸾、李福沂、王芝年等修，汪堃、朱成熙、李绅纂，清光绪六年（1880）敦善堂刻本。

《［顺治］续吴江县志》，（清）陈季衍、董尔基纂修，清康熙三年

（1664）刻本。

　　《［康熙］吴江县志》46 卷首 1 卷，（清）郭琇修，叶燮等纂，清康熙二十三年（1684）刻本。

　　《［康熙］吴江县志》16 卷首 1 卷，（清）郭琇修，屈运隆纂，清康熙二十四年（1685）刻本，康熙三十九年屈培增补本，康熙五十六年屈文珩增补本。

　　《［康熙］吴江县志续编》10 卷，（清）王前修，包咸、钱霈纂，清康熙六十年（1721）刻本。

　　《［乾隆］吴江县志》58 卷首 1 卷，（清）陈荀纕、丁元正修，倪师孟、沈彤纂，清乾隆十二年（1747）刻本。

　　《［光绪］吴江县续志》40 卷首 1 卷，（清）金福曾、金吴澜修，熊其英、凌淦、凌泗同纂，清光绪五年（1819）刻本。

　　《［乾隆］震泽县志》38 卷首 1 卷，（清）陈和志修，沈彤、倪师孟纂，清乾隆十一年（1746）刻本。

南通市清代主要方志如：

　　《［康熙］通州志》15 卷，（清）王宜亨修，王效通、王兆升纂，清康熙十三年（1674）刻本。

　　《［乾隆］直隶通州志》22 卷，（清）王继祖修，夏之蓉纂，清乾隆二十二年（1755）刻本。

　　《［道光］江南直隶通州志》17 卷，（清）顾鸿修，李琪、杨廷撰纂，清道光年间刻本。

　　《［光绪］通州直隶州志》16 卷首 1 卷末 1 卷，（清）梁悦馨、莫祥芝修，季念诒、沈锽纂，清同治十三年（1874）稿本；光绪元年（1875）刻本。

　　《［康熙］如皋县志》16 卷，（清）卢綖修，许纳陛等纂，清康熙二十二年（1623）刻本。

　　《［乾隆］如皋县志》32 卷附录 1 卷，（清）郑见龙修，周植等纂，清乾隆十五年（1750）金陵徐尔章刻本。

　　《［嘉庆］如皋县志》24 卷附录 1 卷，（清）杨受廷、左元镇等修，马汝舟、江大键纂,清嘉庆十三年(1808)刻本。

《[道光]如皋县续志》12 卷,(清)范仕义修,吴铠纂,清道光十七年(1837)刻本。

《[同治]如皋县续志》16 卷,(清)周际霖等修,杨泰瑛、吴开阳等纂,清同治十二年(1873)民坊木刻本。

《[顺治]海门县志》8 卷,(清)庄泰弘修,李兆星纂,清顺治十三年(1656)刻本。

《[道光]海门县志》3 卷首 1 卷,(清)丁鹿寿纂,清道光十一年(1831)刻本。

连云港市清代主要方志如:

《[顺治]海州志》10 卷,(清)刘兆龙修,赵昌祚等纂,清顺治十七年(1660)刻本。

《[嘉庆]海州直隶州志》32 卷首 1 卷,(清)唐仲冕修,许桂林、许乔林等纂,清嘉庆十三年(1808)刊本。

《[道光]海州文献录》16 卷,(清)许乔林撰,清道光二十五年(1845)刻本。

《[康熙]赣榆县志》4 卷,(清)俞廷瑞修,倪长犀等纂,清康熙十二年(1673)刻本。

《[嘉庆]增修赣榆县志》4 卷,(清)王诚修,周萃元等纂,清嘉庆元年(1975)刻本。

《[光绪]赣榆县志》18 卷,(清)特秀、王豫熙修,王文炳、张睿纂,清光绪十四年(1888)刻本。

淮阴市清代主要方志如:

《[康熙]淮安府志》13 卷首 1 卷,(清)高成美修,胡从中纂,清康熙二十四年(1685)刻本。

《[乾隆]淮安府志》32 卷,(清)卫哲志等修,叶长扬、顾栋高等纂,清乾隆十三年(1748)刻本。

《[光绪]淮安志》40 卷首 1 卷,(清)孙云锦修,吴昆田、高延第纂,清光绪十年(1884)刻本。

《[乾隆]山阳县志》22卷首1卷,(清)金秉祚修,丁一焘、周龙官等纂,清乾隆十四年(1749)刻本。

《[乾隆]山阳志遗》4卷,(清)吴玉搢撰,乾隆稿本,清光绪二十六年(1900)刻本。

《[同治]重修山阳县志》21卷图1卷,(清)张兆栋、文彬修,丁晏、何绍基纂,清同治十二年(1873)刻本。

《[康熙]清河县志》4卷,(清)邹兴相修,汪之藻纂,清康熙十二年(1673)刻本。

《[康熙]清河县志》4卷,(清)管钜修,汪之藻等纂,清康熙三十四年(1695)刻本。

《[乾隆]清河县志》14卷,(清)朱元丰、孔传楷修,吴诒恕纂,清乾隆十五年(1750)刻本。

《[咸丰]清河县志》24卷首1卷,(清)吴棠修,鲁一同纂,清咸丰四年(1854)刻本,同治元年(1862)补刻。

《[同治]清河县志再续编》2卷,(清)刘咸修,吴昆田纂,清同治十二年(1873)刻本。

《[光绪]清河县志》26卷,(清)文彬修,吴昆田、鲁蕡纂,清光绪五年(1879)刻本。

《[康熙]沭阳县志》4卷,(清)张奇抱修,胡简敬纂,清康熙十三年(1674)刻本。

《[康熙]宿迁县志》9卷,(清)胡宗鼎原修,练贞吉原纂,(清)林昆翰增修,曹增补,清康熙二十二年(1683)增补刻本。

《[康熙]宿迁县志》12卷,(清)张尚元撰,王道校,蔡日劲编次,清宿迁张氏学量堂抄本。

《[嘉庆]宿迁县志》6卷,(清)丁堂修,臧鲁高纂,清嘉庆十八年(1813)刻本。

《[同治]宿迁县志》19卷,(清)李德溥修,方骏谟纂,清同治十三年(1874)刻本。

《[康熙]桃源县志》4卷,(清)萧文蔚纂辑,清康熙二十六年(1687)刻本。

《[乾隆]重修桃源县志》10卷首1卷,(清)眭文焕纂修,清乾隆三年(1738)刻本。

《[雍正]安东县志》17卷,(清)余光祖修,孙超宗等纂,清雍正五年(1727)刻本。

《[光绪]安东县志》15卷首1卷,(清)金元烺修,吴昆田、鲁蕡纂,清光绪元年(1875)刻本。

《[康熙]盱眙县志》32卷,(清)朱弘祚修,周洙纂,清康熙十一年(1672)刻本。

《[乾隆]盱眙县志》24卷首1卷,(清)郭起元修,秦懋绅、徐方高纂,清乾隆十二年(1747)刻本。

《[康熙]泗州志》18卷,(清)莫之翰、张怿等纂修,清康熙三十七年(1698)刻本

《[同治]盱眙县志》6卷,(清)崔秀春、方家藩修,傅绍曾纂,清同治十二年(1873)刻本。

《[光绪]盱眙县志稿》17卷首1卷,(清)王锡元修,高延第等纂,清光绪十七年(1891)刻本,光绪二十九年(1903)盱眙县志局增刻本。

盐城市清代主要方志如:

《[乾隆]盐城县志》16卷,(清)黄垣修,沈偑纂,清乾隆十二年(1747)刻本。

《[光绪]盐城县志》17卷首1卷,(清)刘崇照修,陈玉树纂,清光绪二十一年(1895)刻本。

《[乾隆]阜宁县志》8卷,(清)冯观民纂修,抄本。

扬州市清代主要方志如:

《[康熙]扬州府志》27卷首1卷,(清)雷应元纂修,清康熙三年(1664)刻本。

《[康熙]扬州府志》40卷,(清)金镇纂修,清康熙十四年(1675)刻本。

《[康熙]扬州府志》40卷,(清)张万寿修,崔华纂,清康熙二十

四年(1685)刻本。

《[雍正]扬州府志》40 卷,(清)尹会一修,程梦星等纂,清雍正十一年(1733)刻本。

《[嘉庆]扬州府图经》8 卷,(清)阮元修,焦循、江藩纂,清嘉庆抄稿本,清嘉庆十一(1806)刻本(书名页题《广陵图经》)。

《[嘉庆]重修扬州府志》72 卷首 1 卷,(清)阿克当阿修,姚文田、江藩等纂,清嘉庆十五年(1810)刻本,同治十三年(1874)补刻本。

《[同治]续纂扬州府志》24 卷,(清)方浚颐修,晏端书、钱振伦、卞宝第纂,清同治十三年(1874)刻本。

《[康熙]江都县志》16 卷,(清)李苏纂修,清康熙五十六年(1717)刻本。

《[雍正]江都县志》20 卷首 1 卷,(清)陆朝玑修,程梦星等纂,清雍正七年(1729)刻本。

《[乾隆]江都县志》32 卷首 1 卷,(清)五格、黄湘修,程梦星等纂,清乾隆八年(1743)刻本。

《[嘉庆]江都县续志》12 卷首 1 卷,(清)王逢源修,李保泰纂,清嘉庆二十四年(1819)刻本。

《[光绪]江都县续志》30 卷首 1 卷,(清)谢延庚修,刘寿曾纂,清光绪十年(1881)刻本。

《[乾隆]甘泉县志》20 卷首 1 卷,(清)吴鹗峙、王熙泰修,厉鹗等纂,清乾隆八年(1743)刻本。

《[嘉庆]甘泉县续志》10 卷首 1 卷,(清)陈观国修,李保泰纂,清嘉庆十五午(1810)刻本,光绪七年(1881)至十一年重刻本。

《[光绪]增修甘泉县志》24 卷首 1 卷图 1 卷,(清)徐成敟、桂正华修,陈浩恩等纂,清光绪七年(1881)活字本。

《[康熙]泰州志稿》6 卷,(清)宫伟镠、陆廷抡撰,《海陵丛刻》本。

《[雍正]泰州志》10 卷首 1 卷,(清)褚世暄修,陈九昌等纂,清雍正六年(1728)刻本。

《[道光]泰州志》36卷首1卷,(清)王有庆、刘铃等修,梁桂等纂,清道光七年(1827)刻本,光绪三十四年(1908)胡维藩、朱枚补刻本。

《[道光]泰州新志刊谬》2卷首1卷,(清)任钰等撰,清道光十年(1830)刻本,光绪三十四年(1908)重刻本。

《[光绪]续修泰州志》34卷首1卷,郑辅东修,高尔庚、王贻牟纂,民国十年(1921)石印本。

《[宣统]续纂泰州志》35卷,胡维藩修,卢福保纂,清宣统间稿本。

《[康熙]重修仪真县志》12卷,(清)胡崇伦、舒文灿修,汤有光、陈邦桢等纂,清康熙七年(1668)刻本。

《[康熙]增修仪真县志》12卷,(清)马章玉纂修,清康熙三十二年(1693)刻本。

《[康熙]仪真县志》22卷,(清)陆师纂修,清康熙五十七年(1718)采碧山堂刻本。

《[嘉庆]仪征县续志》10卷,(清)颜希源、邵光铃纂修,稿本,清嘉庆十三年(1808)刻本。

《[道光]重修仪征县志》50卷首1卷,(清)王检心修,刘文淇、张安保纂,清光绪十六年(1890)刻本。

《[康熙]兴化县志》14卷,(清)张可立纂修,清康熙二十三年(1684)刻本。

《[咸丰]重修兴化县志》10卷,(清)梁园棣修,郑之侨、赵彦俞纂,清咸丰二年(1852)刻本。

《[康熙]高邮州志》10卷,(清)孙宗彝原本,李培茂增修,余恭增纂,清康熙二十三年(1684)刻本。

《[雍正]高邮州志》12卷,(清)张德盛修,邓绍焕、汪士璜等纂,清雍正二年(1724)刻本。

《[乾隆]高邮州志》12卷首1卷,(清)杨宜仑修,夏之蓉、沈之本纂,清乾隆四十八年(1783)刻本。

《[嘉庆]高邮州志》12卷首1卷,(清)杨宜仑原修本,(清)冯馨增修,夏味堂等增纂,清嘉庆十八年(1813)刻本。

《［嘉庆］高邮州志》12卷首1卷,(清)冯馨增修,王念孙增纂,清嘉庆二十年(1815)刻本。

《［道光］续增高邮州志》6册,(清)张用熙、左辉春纂修,清道光二十三年(1843)刻本。

《［光绪］再续高邮州志》8卷首1卷,(清)金元烺、龚定瀛修,夏子纂,清光绪九年(1883)刻本。

《［康熙］宝应县志》24卷图1卷,(清)徐翙修,乔莱纂,清康熙二十九年(1690)刻本。

《宝应图经》6卷首2卷,(清)刘宝楠撰,清道光三年(1823)稿本,道光二十九年王国宾刻本,光绪九年(1883)淮南书局刻本。

《［道光］重修宝应县志》28卷首1卷,(清)孟毓兰修,乔载颢等纂,清道光二十年(1840)汤氏沐华堂刻本。

《［康熙］靖江县志》18卷,(清)郑重修,袁元、朱凤台纂,清康熙八年(1669)刻本。

《［康熙］续增靖江县志》18卷首1卷,(清)胡必蕃修,金敞纂,清康熙二十二年(1683)刻本,康熙四十年增补本。

《［咸丰］靖江县志稿》16卷首1卷,(清)于作新等修,潘泉纂,清咸丰七年(1857)活字本。

《［光绪］靖江县志》16卷首1卷,(清)叶滋森修,褚翔等纂,清光绪五年(1879)刻本。

《［康熙］泰兴县志》4卷,(清)钱见龙、吴朴纂修,清康熙二十七年(1688)刻本。

《［康熙］泰兴县志》4卷,(清)宋生纂修,清康熙五十五年(1716)刻本。

《［嘉庆］续修泰兴县志》8卷,(清)凌坮、张先甲修,张福谦纂,清嘉庆十八年(1813)刻本。

《［光绪］泰兴县志》26卷首1卷末1卷,(清)杨激云修,顾曾烜纂,清光绪十二年(1886)刻本。

镇江市清代主要方志如：

《［康熙］镇江府志》54 卷首 1 卷，（清）高得贵修，张九征等纂，清康熙十三年（1674）刻本。

《［乾隆］镇江府志》55 卷首 1 卷，（清）朱霖等纂修，清乾隆间刻本。

《［康熙］丹徒县志》10 卷首 1 卷，（清）鲍天钟修，何絜、程世英纂，清康熙二十二年（1682）刻本。

《［嘉庆］丹徒县志》47 卷首 4 卷，（清）贵中孚、万承纪修，蒋宗海、王文治等纂，清稿本，嘉庆十年（1805）刻本。

《［光绪］丹徒县志》60 卷首 4 卷，（清）何绍章、冯寿镜修，吕耀斗等纂，稿本，光绪五年（1879）刻本。

《［乾隆］丹阳县志》22 卷，（清）邹廷模、贺祥珠修，荆泽永、贺沈采纂，清乾隆十五年（1750）刻本。

《［光绪］重修丹阳县志》36 卷首 1 卷，（清）刘诰、陈丙泰等修，徐锡麟、林福源等纂，清光绪十一年（1885）鸿凤书院刻本。

《［顺治］句容县志》10 卷，（清）葛翊宸、丛大为修，胡岳、江五岳纂，清顺治十四年（1657）刻本。

《［乾隆］句容县志》10 卷首 1 卷末 1 卷，（清）曹袭先纂修，清乾隆十五年（1750）刻本。

《［光绪］续纂句容县志》20 卷首 1 卷末 1 卷，（清）张绍棠修，萧穆等纂，清光绪三十年（1904）刻本。

清代各府及直隶州志均经各省最高长官督抚监修及审查，各州县志由各省学政负责，形成逐级地方官主修一域方志的文化现象和文化传统。政府官员、州府县学教授、教谕、训导、乡进士、乡贡进士、举人、太学生、贡士等无不参与地方志编刻。不少著名学者特别是乾嘉时期的朴学家参加了地方志的修纂，如钱大昕、姚鼐、阮元、江藩、焦循、刘文淇、刘宝楠、李兆洛、方骏谟等，他们在志书编纂理论与方法等方面多有建树，推动了江苏的方志编刻事业。

第三节　晚清江苏官书局

晚清官书局是在晚清内忧外患的历史背景下出现的地方官刻机构，它是中国近现代出版的先声，主要刊刻了大量传统经史书籍；为了适应时代的需要，也印制了一些西方书籍和新式教科书。

清末统治者在镇压太平天国农民起义之后，出于政治上的需要，于省会普遍设立官书局大量出版图书。用他们自己的话来说就是"以兴文教"（马新贻《马端敏公奏议》卷5《建复书院设局刊书以兴实学折》），"以端吏治而正人心"（丁日昌《丁中丞政书》卷1《设立苏省书局疏》）。晚清官书局最根本任务在于恢复并重建既有的文教秩序，为实施新政、变法维新等自改革运动提供传统思想资源的支持。在地方督抚及其幕僚的主持下，官书局资金较为固定和充裕，这就决定了在图书刊印、文献传播、图书发行等方面，确立了不以营利为目的的原则，通过官方、市场两大途径，使图书得以快速流布、传播。这是其迥异于其他刻书主体（尤其是坊刻）的显著特点。

江苏区域建立的官书局，其印书早于其他地区。例如，同治元年（1862）建立的京师同文馆，旨在培养外交和翻译人才，到同治十二年（1873）内设印书处，承担该馆翻译的图书和总理事务衙门印件的印制任务，至光绪二十七年（1902 年 1 月）并入京师大学堂，短短几年以聚珍版刊行内容涉及数学、物理、化学、历史、语文等方面的图书 20 余种。同治元年曾国藩幕府开始刻书，至同治二年，曾国藩一方面镇压太平天国，一方面号召知识分子维护封建文化，其进入安庆后创办书局，刻《王船山遗书》。曾国藩攻进金陵后将两江总督治所从安庆迁至金陵，在南京城设书局，刻印儒家经典，教化民众。此后有 10 多个省亦于省会设立官书局，著名如杭州浙江官书局、武昌崇文书局、广州广雅书局。各地官书局纷纷刻书，称为"局本"。地方官书局大规模兴起，取代了日渐式微的朝廷官刻，成为晚清官刻的主体，直接开创了清季官刻图书之中兴局面。据统计，晚清官书局总计有 20 余家，刻书数量约有 1000 多种。① 另据中华图书馆协会民国二十二年(1933)出版的朱士嘉编《官书局书目汇编》著录,官书局刻书总数有 2000 多种,而江苏区域建立的官书局出版的"局本"不仅数量多,而且刻书特别精好。因江苏官刻书局主其事者多为江苏学者、名士,江苏区域藏书丰富,提供的底本多为善本,加上江苏为富庶之地,地方有财力支撑图书编刊。

江苏官书局最具影响力的是金陵书局,同治三年由两江总督曾国藩设立于南京,又称江南书局,俗称江宁书局、江南官书局。该书局先后由洪全奎、莫友芝、欧阳兆熊等总其事,张文虎、戴望、冯煦、刘恭冕、汪士铎等学者分任校勘,所刻书以经史为主,诗文次之。有影响的是金陵、淮南、浙江、江苏、湖北书局合作刊刻的"二十四史",金陵书局刻《隋书》以上的十四史,均以汲古阁本为底本,校勘精当,超过殿本。还有同治二年至同治四年刻成的《王船山遗书》332 卷,同治七年刻印的《五种遗规》,还有《十三经读本》《读书杂志》《仪礼》《穀梁》《孝经》《文选》《楚辞》《曹集铨评》《唐人万首绝句选》等书。所刻医学、农学书如《白喉治法》《蚕桑辑要》等,西方科技著作如《几何原本》《重学》《圆曲线说》《则古昔斋算学》等。金陵书局刻书很多,朱宝元以《中国古籍总目》《中国丛书综录》等公藏书目、《官书局书目汇编》等发行书目以及《书目答问补订》等推荐书目的著录为基础,梳理出题金陵书局和江南书局牌记的书 112 种、3046 卷(重刻重印者不计)。其中,用牌记"金陵书局"刻书 95 种,重刻者 6 种;用牌记"金陵官书局"刻书《圣门名字纂诂》1 种;用牌记"江南书局"刻书 33 种,新刻印者 23 种,重刻金陵书局本者 10 种。同治四年至同治十三年集中刻印经史书籍,共刻印书籍 61 种;光绪元年(1875)至光绪十六年以刊刻史地和钦定义疏为主,新刻印书籍 26 种,重刻同治间金陵书局本经部书籍 10 种;光绪十七年至宣统元年(1909)刻印书籍涉及史、子、集三部,新刻印 20 种,重刻同治金陵书局本经部书籍 11 种;宣统元年后至民国十四年不再刻书,只售卖同、光年间刻印的书籍。② 金陵书局所刻

① 韦力:《〈寻访官书局〉序》,《寻访官书局》,南昌:江西高校出版社,2018 年。
② 朱宝元:《金陵书局刻印书籍考论》,《现代出版》2017 年第 6 期。据李志茗统计,金陵官书局前后刻印图书 76 种,其中,47 种刊于同治十三年前,占总数的 61%。见李志茗:《金陵书局考辨——以晚清同光时期为中心》,《史林》2011 年第 6 期。

书字体较扁,横轻直重,方、粗、清、匀,字之大小近于今之一、二号字,书求校雠精审,刊本质量上乘。

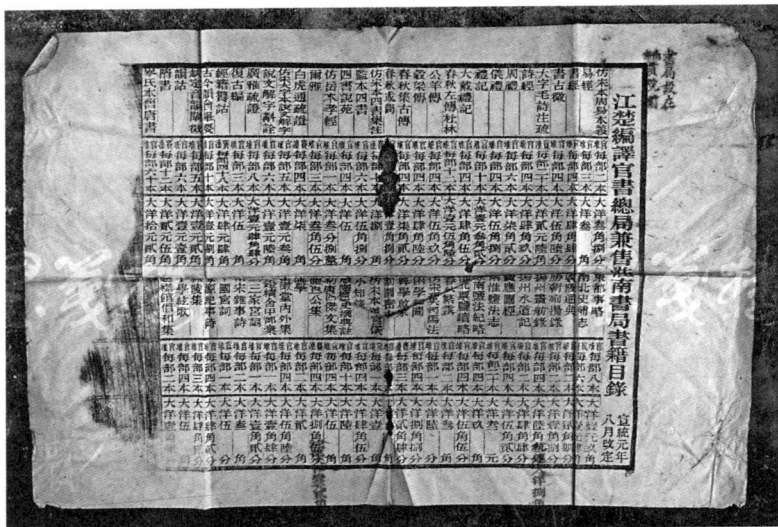

图 2-2 宣统元年木刻《江楚编译官书总局兼售淮南书局书籍目录》

同治四年,李鸿章于苏州燕家巷内杨家园创建江苏官书局,同治七年江苏巡抚丁日昌上《设立苏省书局疏》奏章,得到同治帝谕令扩充江苏官书局,该局又称苏州书局,共刻经、史、子、集各类图书 206 种,计 5047 卷、1632 册,所刻书多用雕版印刷,还曾用泥盘活字排版工艺印书,并置备铅活字印刷机印有少量铅印本图书。

同治六年(1867),江苏巡抚李鸿章署两江总督任内创设聚珍书局,至光绪五年(1879)裁撤,共刊书 25 种,713 卷。

同治四年曾国藩、李鸿章等在上海建立江南机器制造总局,称"江南制造总局""江南制造局""上海机器局""上海制造局",至同治七年内设"翻译馆",又名"翻译书馆""译书处""编译处""印书处",翻译和印刷出版涉及自然科学和机器工艺等方面的书籍。早期翻译的图书以雕版印刷,后来使用铅活字版、钢版、雕刻铜凹版等多种工艺印书,所印书籍涉及历史、政治、经济、军事、算学、物理、化学、光学、电学、天文学、工业、地质学、医学等类近 200 种。

同治八年建立的淮南书局,盐运使方浚颐议设,由两淮盐运使署管理。其前身是养贤馆,《光绪江都县续志》载:"同治四年,署盐运使李宗羲开养贤馆,以收恤寒峻。八年,盐运使方浚颐议设书局,整理旧存盐法志及各种官书残板,刊布江淮间耆旧著述,即延馆中士人至局校理。其经费仍于裁减成本项下开支。书成,平其值售之。九年,署盐运使庞际云请于盐政马端敏公,分刊江宁书局《隋书》,并厘订章程,添拨书院余存经费以充局用。自后,刊布书籍益多。光绪五年,盐运使洪汝奎更访求善本传刻之。"淮南书局刻书60余种,以经部、史部为主,以扬州地方文献、扬州学者著述等为特色,所刻书质量上乘,如经部就有《孝经》《四书说苑》《说文解字》《春秋繁露》《广雅疏证》《说文复古篇》《钦定音韵阐微》《大戴礼记补注》《春秋集古传注》《说文解字校论》《古今韵会举要》等,集部有光绪四年所刻魏源的《古微堂集》。曾国藩、方浚颐、洪汝奎、何绍基、莫友芝、莫绳孙等人对书局的建立与发展起了重要作用。[1] 莫友芝同治九年任淮南书局主校刊。

光绪二十七年(1901)九月,江苏、湖北二省联合设立江鄂编译局,又名江楚编译局,设于南京。由两江总督刘坤一、湖广总督张之洞共同创建,总办刘世珩,总纂缪荃孙,分纂陈作霖、姚佩珩、陈汝恭、柳诒徵等,编译出版《伦理学教科书》《高等国文教科书》《蒙学课本》《算学歌诀》《算法初步》等教科书,宣统元年(1909)裁撤。

第四节　南京太平天国印书

太平天国政权出版了多种书籍,统称"诏书",又称"圣书",也称"天书"。后代学者称之为"太平天国官书",或称"印书"。[2] 鉴于此,南京太平天国印书列于"官书"在这里一并概述。

---

① 曾学文:《淮南书局刻书考述》,《中国典籍与文化》2018年第3期。
② 祁龙威:《"太平天国印书"史略》,《苏州大学学报》1982年第1期。

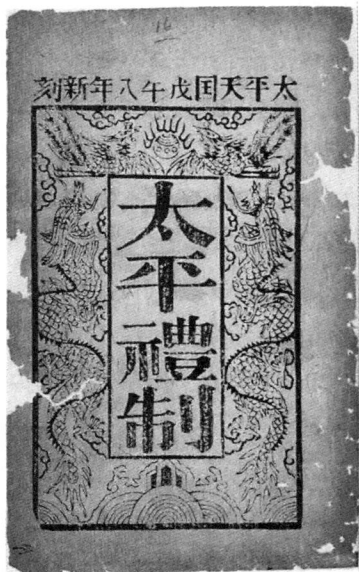

图2-3 太平天国刻印《太平礼制》

太平天国重视宣传,为了政治斗争、军事斗争和文化建设的需要,太平天国在戎马倥偬之际编写、刊刻了大量的书籍。早在道光二十四年(1844),洪秀全游广西时即作《劝世真文》《百正歌》等宣传品向百姓散发。金田起义后,太平军在行军中刻印信、布告,散发宣传品。① 从辛开元年(1851)起,太平天国开始刻书,《太平礼制》《幼学诗》封面题"太平天国辛开元年新刻"字样。咸丰三年、太平天国癸好三年(1853),太平天国建都天京(今南京)后,为适应文化宣传的需要正式成立出版机关,在复成仓大街设立"镌刻营",在文昌宫后檐成立"刷书衙",并设"典镌刻"的官员负责。太平天国建立了"旨准颁行诏书总目"制度,所刻印之书卷首均印有至该书刻印时的"旨准颁行诏书总目"。这个"总目"后出转多,庚申十年(1860)所刊《王长、次兄亲目亲耳共证福音书》附"旨准颁行诏书总目",列出29部已刊"诏书"书目:《天父上帝言题皇诏》、《天父下凡诏书》(二部)、《天命诏旨书》、《旧遗诏圣书》、《新遗诏圣书》(庚申十年后称《前遗诏圣书》)、《天条书》、《太平诏书》、《太平礼制》、《太平军目》、《太平条规》、《颁行诏书》、《颁行历书》、《三字经》、《幼学诗》、《太平救世诰》(早期刻本称《太平救世歌》)、《建天京于金陵论》、《贬妖穴为罪隶论》、《诏书盖玺颁行论》、《天朝田亩制度》、《天理要论》、《天情道理书》、《御制千字诏》、《行军总要》、《天父诗》、《钦定制度则例集编》、《武略书》、《醒世文》、《王长、次兄亲目亲耳共证福音书》。

太平天国失败后,清朝统治者将太平天国印书销毁殆尽,以上29种也就成了"存目",流行于世的太平天国印书极少。后来梁启超、程演生、俞大维等人陆续从荷兰、英国、法国、德国等国的博物馆、图书馆搜访发

---

① 张秀民:《太平天国的刻书》,《文物》1961年第1期。

现并抄录了不少太平天国印书归国。梁启超是抄录太平天国印书回国的第一人，[①]1919 年 8 月 1 日至 7 日，梁启超访问荷兰，应邀于 8 月 4 日至来丁大学藏书楼（即今荷兰莱顿大学图书馆）参观，发现了《天条书》《太平条规》《太平礼制》等 5 种太平天国印书，于是委托随其参观的中国驻荷兰公使唐在复派人将 5 种印书缮录归国，抄本后附梁启超文，记载其发现太平天国印书的经过。1924 年，程演生从法国巴黎国立东方语言学校图书馆摄影、抄录太平天国印书携带回国，1926 年印行《太平诏书》，实有 8 种。

南京太平天国历史博物馆编的《太平天国印书》，1961 年由江苏人民出版社出版，凡当时国内能得到的太平天国官书均编入，计 45 种，赘录于下：

《天父上帝言题皇诏》1 卷，洪秀全撰；

《天父下凡诏书》（第一部）1 卷，杨秀清撰；

《天父下凡诏书》（第二部）1 卷，杨秀清撰；

《天命诏旨书》1 卷；

《旧遗诏圣书：创世传》1 卷；

《旧遗诏圣书：出麦西国传》1 卷；

《旧遗诏圣书：利未书》1 卷；

《旧遗诏圣书：户口册纪》1 卷；

《天条书》1 卷；

《天条书》（重刻本）1 卷；

《太平诏书》1 卷，洪秀全撰；

《太平诏书》（重刻本）1 卷；

《太平礼制》（辛开元年新刻）1 卷；

《太平礼制》（戊午八年新刻）1 卷；

《太平军目》1 卷；

《太平条规》1 卷；

《颁行诏书》1 卷，杨秀清、萧朝贵撰；

---

① 张铁宝：《梁启超是抄录太平天国印书回国的第一人》，《学术研究》1988 年第 6 期。

《三字经》1卷,洪秀全撰;

《幼学诗》1卷,洪秀全撰;

《太平救世歌》1卷,杨秀清撰;

《建天京于金陵论》1卷,何震川等撰;

《贬妖穴为罪隶论》1卷,何震川等撰;

《诏书盖玺颁行论》1卷,吴容宽等撰;

《天朝田亩制度》1卷;

《天理要论》1卷,(英国)麦赫斯(Medhurst)撰;

《天情道理书》1卷,佚名撰辑;

《御制千字诏》1卷,洪秀全撰;

《行军总要》1卷,杨秀清颁布;

《天父诗》5卷,洪秀全、杨秀清、萧朝贵撰;

《醒世文》1卷,佚名撰;

《王长次兄亲目亲耳共证福音书》1卷,洪仁发、洪仁达撰;

《幼主诏书》1卷,洪秀全撰;

《太平天日》1卷,洪秀全撰;

《太平天国癸好三年新历》1卷;

《太平天国甲寅四年新历》1卷;

《太平天国戊午捌年新历》1卷;

《太平天国辛酉拾壹年新历》1卷;

《资政新篇》1卷,洪仁玕撰;

《天父天兄天王太平天国己未九年会试题》1卷,洪仁玕撰;

《开朝精忠军师干王洪宝制》1卷,洪仁玕撰;

《诛妖檄文》1卷,洪仁玕撰;

《钦定英杰归真》1卷,洪仁玕撰;

《钦定士阶条例》1卷;

《钦定军次实录》1卷;

《钦定敬避字样》(抄本)1卷。①

---

① 南京太平天国历史博物馆编:《太平天国印书》,南京:江苏人民出版社,1961年。

其中,《太平礼制》有辛开元年初编本和戊午八年续编本两种,《颁行历书》有癸好三年、甲寅四年、戊午八年、辛酉十一年四种,《天条书》《太平诏书》重刻本各一种。"旨准颁行诏书总目"所列《新遗诏圣书》《钦定制度则例集编》《武略书》3 种因未发现原书而阙如。

1984 年,王庆成在英国图书馆发现太平天国《天父圣旨》《天兄圣旨》2 部刻书,1986 年辽宁人民出版社以《天父天兄圣旨》为书名排印出版。王庆成等收集编定的《影印太平天国文献十二种》,2004 年由中华书局影印出版,12 种太平天国文献为:《天父圣旨》、《天兄圣旨》、《天父诗》、《天父下凡诏书》(第二部)、《建天京于金陵论》、《贬妖穴为罪隶论》、《新遗诏圣书》(第一卷为马太传福音)、《武略》、《天王"御照"、诏旨等文书》、《军中档册》、《干王洪仁玕亲笔文书》、《幼天王洪天贵福亲书述》。其中,《天父圣旨》《天兄圣旨》见于 1986 年辽宁人民出版社出版的《天父天兄圣旨》,《天父诗》、《天父下凡诏书》(第二部)、《建天京于金陵论》、《贬妖穴为罪隶论》4 种不同于《太平天国印书》版抄录本而为影印原刻本,《新遗诏圣书》《武略》为不见于《太平天国印书》的原刻本,《天王"御照"、诏旨等文书》《军中档册》《干王洪仁玕亲笔文书》《幼天王洪天贵福亲书述》4 种非太平天国当时刻书而为太平天国档案文书汇编。

澳大利亚国家图书馆藏有太平天国原刻官书,系当时由太平天国赠送给法英外交官、传教士,后为"伦敦会藏书"。澳大利亚国家图书馆编《澳大利亚藏太平天国原刻官书丛刊》(全 3 册,国家图书馆出版社 2014 年 4 月)收录澳大利亚国家图书馆所藏太平天国原版刻书和原抄本 23 种,原版布告 3 种,原抄布告 6 种。太平天国原版刻书和原抄本包括:

《幼学诗》;

《太平诏书》;

《太平诏书》(重刻本);

《太平礼制》;

《太平条规》;

《太平军目》;

《天父下凡诏书》(第一部);

《颁行诏书》;

《天命诏旨书》；

《天条书》（重刻本）；

《三字经》；

《太平救世歌》；

《旧遗诏圣书》四卷（卷一《创世传》、卷二《出麦西国传》、卷三《利未书》、卷四《户口册纪》）；

《新遗诏圣书》卷一《马太传福音书》；

《天父上帝言题皇诏》；

《天朝田亩制度》（重刻本）；

《建天京于金陵论》；

《贬妖穴为罪隶论》；

《天父下凡诏书》（第二部）；

《太平天国癸好三年新历》；

《太平天国甲寅四年新历》；

《天理要论》；

《诏书盖玺颁行论》（抄本）。

附录《太平天国原版布告和原抄布告》，原版布告包括：

《东王杨、西王萧致天京四民诰谕》（癸好三年五月初一日）；

《东王杨、西王萧致天京四民诰谕》（癸好三年五月初二日）；

《东王杨、西王萧奉天诛妖救世安民谕》（癸好三年五月廿八日）。

原抄布告包括：

《东王杨、西王萧致天京四民诰谕》（癸好三年）；

《东王杨致朝内军中大小官员兄弟姊妹人等诰谕》（甲寅四年三月二十七日）；

《东王杨致天京城厢内外兄弟姊妹诰谕》（甲寅四年四月）；

《东王杨致朝内军中大小官员兄弟姊妹人等诰谕》（甲寅四年五月）；

《北王韦招延良医诫谕》（甲寅四年四月初七日）；

《顶天侯秦及侯、相等官的赞颂词》。

其中,《天父下凡诏书》(第二部)为存世孤本,《太平天国甲寅四年新历》为存世唯一重刻本,附录原版布告2件为存世孤本。

近年,国内也发现少数太平天国印书原刻本。例如,南京太平天国历史博物馆2017年征集于安徽省安庆市的太平天国《建天京于金陵论》原刻印书,扉页题"太平天国癸好三年新镌",上书口镌"建天京于金陵论",封面1页,诏书总目1页,正文29页,共31页,此书集中阐述太平天国建都问题,另有甲寅四年、戊午八年本。

据罗尔纲著、三联书店1956年出版的《太平天国史料考释集》和张秀民、王会庵编,上海人民出版社1957年出版的《太平天国资料目录》载,太平天国刻书还有《天命真圣主诏书》《天道诏书》《待百姓条例》《太平官制》《天朝诏命》《律文六十二条》《太平军书》《太平军制》《大小兵法》《水旱战法》《行军号令书》《练兵要览》《忠王会议辑略》《真圣主御笔改正四书五经》《字义》《诗韵》《钦命记题记》《三国史》《义诏诰》等。

上述文献从一个侧面反映了当时太平天国的所谓政府出版物,存世太平天国印书大多为太平天国文件,内容涉及宗教、典制、文告,少数是翻印旧籍。例如,《太平诏书》为文件汇编,太平天国壬子二年(1852)刊行,包括洪秀全于道光二十四年(1844)至二十六年所撰《原道救世歌》《原道醒世训》《原道觉世训》和《百正歌》,第二年重刊修订本,删《百正歌》及原文内孔孟之道内容,并分别改名为《原道救世诏》《原道醒世诏》《原道觉世诏》。《天父下凡诏书》分第一部、第二部,第一部记录太平天国辛开元年(1851)十月二十九日,由杨秀清以天父下凡形式,与洪秀全、冯云山、韦正、石达开等在永安会审周锡能,揭露和诛灭周等叛徒的经过;第二部记录太平天国癸好三年(1853)十一月二十日,杨秀清借天父下凡谏劝天王记录。《钦定士阶条例》1卷,封面题"天父天兄天王太平天国辛酉十一年新镌",是太平天国科举制度文献,载有洪仁玕等拟议《试士条例敬献圣裁奏》等,分条记载科场士阶条例。该书1957年在江苏常熟梅李区珍门乡收购废纸中发现,今藏南京太平天国历史博物馆。《幼学诗》1卷,为少儿读物,载五言诗34首,每首4句,宣传"敬上帝""敬耶稣"和太平天国奉行的伦常道德观念。太平天国对儒学经典从杂用儒家经籍变为摒弃一切圣经贤传,癸好三年太平天国在南京焚毁、禁绝孔孟儒书,之前出的太平天国印书还引用儒学经典,后出的无儒学经典语句。[1]

太平天国印书的封面,一般均刊初版年份,后来有修订再版或重印的仍刊初刻年月不变。例如,《天条书》重刻本封面题"太平天国壬子二年新刻",而卷首"旨准颁行诏书总目"所列书目中有太平天国癸好三年所刻《天父上帝言题皇诏》《旧遗诏圣书》《新遗诏圣书》等书,可知该书为重刻本,而非壬子二年所刻。太平天国印书中,癸开十二年(1862)所刊《太平天日》封面有"钦遵旨准刷印,铜板颁行"字样,表明为铜版印刷,其余印书均为木刻本。太平天国印书字体多为横轻直重的明体字,俗称宋字。用纸多为毛边纸,装订多为线装或黄丝线装。印书封面多为红色或黄色,个别为草绿色。癸好三年(1853)前的印书用红纸封面,卷首无"旨准颁行诏书总目",此后的新印书和已出版各书的重刻重印本用黄色纸封面,卷首列"旨准颁行诏书总目"。[2] 书名页多有二龙戏珠或龙凤装饰图案,也有四周作简单回文图案的,栏上横书刊行年月。辛开元年(1851)至癸开十一年(1861)印书多附"旨准颁行诏书总目",下列历年已刊书籍名称,末尾有"旨准颁行共有××部"字样,书上均不著录刻工、印工和装订工姓名。太平天国专门颁布《钦定敬避字样》,印书实行避讳制度,书中凡遇"天父""天兄""天王""真王""天朝""天堂""天心""天恩""天兵""天书"等字样,还多另起抬头,以示尊崇。

---

[1] 王庆成:《太平天国和四书五经》,《历史研究》1995年第3期,第79—93页。
[2] 同上。

第三章　清代江苏书院的出版活动

　　书院是我国封建社会介于官学和私学之间独特的教育组织,对我国学术文化的发展、人才的培养起过重要的推动作用。清代书院数量多、类型多样、制度成熟,呈现出官学化、普及化、层次化及藏书、出版物丰富等特点。清代江苏书院及其出版物领先全国。

第一节　书院概况

　　清朝政权建立之初,曾禁止开设书院。顺治九年(1652)诏令"各提学官督率教官、生儒,务将平日所习经书义理,着实讲求,躬行实践。不许别创书院,群聚徒党,及号召地方游食无行之徒,空谈废业"①。但书院制度经宋、元、明,历史悠久,影响深远,难以禁止。顺治朝就新建或者修复了书院106所,江苏修建了江宁的文昌书院,丹徒的杏坛书院、三山书院,昆山的梅岩书院、安道书院等。康熙帝即位后,提倡"稽古右文""崇儒重道",对书院的发展采取了积极扶持的政策,"特命各省并建书院",还先后给全国十多所书院赐书赐匾。康熙朝共新建或者修复书院785所。雍正朝先抑后倡,并逐步规范书院。雍正十一年(1733)谕:"各省学校之外,地方大吏每设立书院,择一省文行兼优之士读书其中,使之

---

①　陈梦雷、蒋廷锡等编纂:《古今图书集成·选举典·学校部》,北京:中华书局、巴蜀书社,1984年—1988年。

朝夕讲诵,整躬励行,有所成就,俾远近士子观感奋发,亦兴贤育才之一道也。"①雍正朝共新建或者修复书院213所。乾隆更加重视书院,乾隆元年(1736)谕中提出"书院即古侯国之学也",要求"凡书院之长,必选经明行修,足为多士模范者,以礼聘请;生徒必择乡里秀异,沉潜学问者,酌仿朱子白鹿洞规条,立之仪节,以检束身心;仿分年读书之法,予之程课,使贯通经史。学臣三年任满,咨访考核,如果教术可观,人才蔚起,各加奖励,六年之后著有成效,奏请酌量议叙;诸生中材器尤异者,准荐举一二,以示鼓舞"②。乾隆朝新建或者修复书院达1298所,嘉庆朝新建或者修复书院303所,道光朝新建或者修复书院431所,书院又大发展。咸丰朝经战乱书院被毁很多,但仍新建或者修复书院133所。同治朝新建或者修复书院380所,光绪朝新建或者修复书院682所。③ 自顺治至光绪朝一共新建或者修复书院4331所,可谓中国古代书院发展史上盛期。

清代江苏新建或者修复的书院特别多。缪荃孙、冯煦、庄蕴宽、吴廷燮等纂修的《江苏省通志稿·文化志》在"第四卷书院表"中,载有《江苏

图3-1 钟山书院

①《钦定大清会典则例》卷70,影印文渊阁四库全书本,第340页。
②《钦定大清会典则例》卷70,第341页。
③ 白新良:《中国古代书院发展史》,天津:天津大学出版社,1995年,第271页。

书院表》。① 后来,江苏省地方志编纂委员会编著的《江苏省志·教育志》②又在"第一章　古代教育"的"第二节　书院"中,据《[乾隆]江南通志》等文献编制《江苏历代书院一览表》。其中,江苏清代新建或者修复的书院172所。

以上方志所记史料并不十分完备,尚有可补之处。例如,就清代苏州的书院,以上方志统计为34所,而据王坤、王卫平《清代苏州书院研究》③统计方志、碑刻、文集、笔记等资料,清代苏州区域新建书院有55所,重建书院有11所。

第二节　书院的出版活动

书院刻书也是官府刻书的重要组成部分,许多书院出版讲义、课艺、文集、试牍、课集、会艺、课士录、日记、学报等图书。清代江苏书院藏书丰富,几乎所有书院多有出版物。

藏书和刻书是古代书院的重要特征,书院藏书又是书院不可或缺的重要内容和特征。书院藏书与官府藏书、私人藏书、寺观藏书一起,构成中国古代藏书事业的四大支柱。书院本以拥书讲学为务,无书不成书院,故书院均重视藏书,多建有书楼,丰富的藏书提供师生研究学问、著书立说和培养人才。

邓洪波的《清代书院的藏书事业》,统计了清代122所书院的藏书数目,不少书院拥有数万卷藏书,一般书院也有千卷以上藏书。④

江苏的书院素有藏书传统,并有特色。雍正元年(1723),两江总督查弼纳倡建钟山书院,书院创办之初就有藏书,当时督宪颁给《易经》《春秋》《册府元龟》等书籍31种、119套。乾隆帝南巡江南时,赐钟山书院

---

① 缪荃孙、冯煦、庄蕴宽、吴廷燮等纂修,江苏省地方志编纂委员会办公室点校整理:《江苏省志·文化志》,南京:江苏古籍出版社,2003年。
② 江苏省地方志编纂委员会编著:《江苏省志·教育志》,南京:江苏古籍出版社,2000年。
③ 王坤、王卫平:《清代苏州书院研究》,《中国地方志》2009年第5期,第47—58页。
④ 邓洪波:《清代书院的藏书事业》,朱汉民、李弘祺主编:《中国书院》第1辑,长沙:湖南教育出版社,1997年,第80—89页。

武英殿刻印本《十三经》《二十二史》各一部。官员也时有赠书给钟山书院。钟山书院在咸丰年间历经兵火之后,其所藏书籍还存 32 种。钟山书院历任山长杨绳武、胡培翚、卢文弨、钱大昕、姚鼐、夏之容、陶澍、唐鉴、李联琇、梁鼎芬、缪荃孙利用书院藏书著述丰富。惜阴书院借书局,同治年间取官书局所刊图书 116 种,每种 4 部,共 464 部存院中书楼,以作劝学官书,并供江苏一省士子无书者借读。惜阴书院有《借书局章程》,载同治《上江两县志》卷十二上,制订于同治十年(1871),凡 4 条,涉及人员设置、图书保管、借阅规则等。章程规定,除文武官员之外,江苏"本籍士子无书者得诣书院借读"。

书院藏书的来源多为捐赠,或书院购置、刊刻、抄写,内容适合教育之用,多儒家经典,复本较多。书院的藏书供师生研习之用,其藏书具有公共图书馆性质,这一点不同于一般的私人藏书。书院的藏书与学习、研究活动同刻书活动互为联系,为传播文化知识,满足学子的读书需求,历代书院多刻印书籍,在宋版书中就有所谓"书院本"。明代书院刻书以白鹿洞书院、崇正书院、东林书院等为著名,特别是无锡东林书院的藏书、刻书,多是经世济国之学,为海内学人所器重。清代书院刻书达到了历史的最高潮,其中以广州的广雅书院、学海堂书院,成都的尊经书院等为著名,它们刻印的书籍,不但补充本院藏书,而且畅销全国。

江苏书院的名师多,编书、著书、刻书质量甚高。江苏书的"书院本"图书也以校勘严谨、质地精良而著称。清代江苏书院刻书最可称道者当属江阴南菁书院。南菁书院由江苏学政黄体芳创建于光绪八年(1882),仿诂经精舍课程,分经学、古学,经学附以性理,古学附以天文、算学、舆地、史论等。王先谦曾任祭酒,张文虎、黄以周、缪荃孙先后主讲。光绪十一年,江苏学政王先谦奏准在南菁书院中设刊书局,汇刊《皇清经解续编》,越两载刻成 1430 卷,体例一仿阮元刻《皇清经解》。王先谦《自定年谱》卷中,有光绪十二年正月的《奏报岁试五属情形及设局刊书事宜》一文,其中提到:"臣昔于阮元所刊经解外,搜采说经之书,为数颇多。抵任后,以苏省尤人文荟萃之区,檄学官于儒门旧族,留心搜访,时有采获,共得近二百种,都一千数百卷,类皆发明经义,为学者亟应研究之书。稔知宁、苏两书局,近来经费不甚充裕,未能刊此巨帙,因就近于江阴南菁书院设局汇刊,曾函知督抚臣在案。臣已捐银一千两鸠工缮写。"又刊《南菁丛书》144卷、《南菁札记》21卷。《南菁讲舍文集》初集至三集,光绪十五年、二十年、二十七年刊。其中,《皇清经解续编》《南菁丛书》均是解经和考订的重要著作。

江苏书院名师多强调读书、作文,学有收获,书院则多刻师生读书札记、课艺等。如建于康熙五十二年(1713)的紫阳书院,所刻课艺现今可见者为乾隆二十六年(1761),前有沈德潜序,云"甲戌岁已择文之佳者刊刻成集",则其始在乾隆十九年(1754)。后来同治十一年(1872)至光绪十八年(1892)又有《紫阳书院课艺》十七编。与前刻相距100多年,其间有无此类刊刻,未见资料。

雍正元年(1723)所建钟山书院,乾隆四十年以后,卢文弨两主院事,历时10年,刊《群书拾补》《西京杂记》《钟山札记》,《钟山札记》即卢文弨在书院校勘所积成果。姚鼐自乾隆五十五年(1790)起先后掌教主讲20年,至嘉庆二十年(1815)去世,以古文义法教生徒,门弟子知名者甚众,刻有《三传国语补注》、《文集》17卷。钟山书院光绪四年(1878)刻有《钟山书院课艺初选》等。

书院刻书的特点是讲究书的学术性,满足书院学习和研究的需要,主要刻印书院师生的研究成果,即把本院的学术成果印行出来公之于世,推动学术研究的发展,还有供师生阅读和参考的书,包括教材、参考书,主要以经、史、文集为主。

清代书院刻书亮点是多连续出版课艺,及时反映书院的学术成就。江苏书院所刻课艺数量多、文献价值高,列全国第一。徐雁平著《清代东南书院课艺提要》,著录清代江苏、浙江、安徽三省书院课艺86种,[①]其中以江苏书院课艺为主。鲁小俊撰《清代东南书院课艺补目》,补充清代江苏书院课艺31种。[②]鲁小俊著《清代书院课艺总集叙

① 徐雁平:《清代东南书院课艺提要》,见南京大学古典文献研究所编:《古典文献研究》总第9辑,南京:凤凰出版社,2006年,第225—237页。徐雁平:《清代东南书院与学术及文学》,合肥:安徽教育出版社,2007年,第485—528页。
② 鲁小俊:《清代东南书院课艺补目》,《图书情报研究》2015年第3期,又台北《书目季刊》第48卷第4期(2015年3月)。

录》,①著录现存清代书院课艺总集 196 种,其中多为江苏清代书院课艺。邓洪波主编的《中国书院文献丛刊》②也收录了江苏清代书院许多课艺(见附录)。江苏书院课艺出版物在出版周期、内容评注、版本保护、出版价格、出版广告等方面还颇有特色。例如,上海求志书院出版的季刊《上海求志书院课艺》7 种为"春季""丙子(1876)夏季""丙子秋季""丙子冬季""丁丑(1877)春季""丁丑春季""戊寅(1888)春季"。朱琦、欧阳泉选编的《正谊书院小课》道光十八年(1838)刊本,间有眉批、夹批。如所录《秧马赋》三篇,第一名洪鼎,起句:"新雨一犁,长堤短堤。草软三径,风轻四蹄。"夹批:"飒然而至,奕奕有神。"总评:"结体大方,虽缩本不至拘缚。"吴鸣镛选编的《(通州)崇川紫琅书院课艺》嘉庆二十五年(1820)刊本,在张丽文末有评语:"思清笔健,最得题情。张生性情纯笃,资识过人。绩学能文,名闻郡邑。余方以大成期之,而所如辄阻,不得志于时。英年遽别,士林惜之。遗稿甚多,聊登一二,以志瓣香云。"王嶒文末评语:"落落词高,飘飘意远,足征怀抱不凡。生孤寒力学,早岁能文,决为远到之器。乃食饩未果,修文遽召。岂真有才无命耶? 览遗篇,为之出涕。"朱琦、欧阳泉选编的《正谊书院课选二编》道光十五年(1835)刊本,卷首有监院声明:"监院正堂欧阳示:本院课选二编,奉院长朱鉴定,经诸生参校付镌。如有抽减篇数、翻刻射利者,访闻确实,立即指名移究,惩办不贷。特示。"《三编》《四编》《正谊书院小课》均有监院声明。李芝绶选编的《游文书院课艺》,收录同治十年(1871)、十一年(1872)课艺,同治十三年(1874)开雕,李芝绶序称:"(汪公耕余)甲戌(1874)季夏以书来谂,且嘱绶择辛(1871)壬(1872)两年院中课艺之尤雅者,裒辑邮寄,公将捐廉,付之手民,为学者观摩之助。"标明课艺由汪公捐资出版。《游文书院课艺》还标明定价:"板存苏州长春巷西口传文斋刻字店,每部纸张印工大钱壹佰贰拾文。"陈兆熙选编的《金陵惜阴书舍赋钞》,同治十二年(1873)刊本,陈兆熙序称:"每年终,梓人汇前列课艺刻之。"孙锵鸣选编《惜阴书院东斋课艺》光绪四年(1878)刊本及李联琇选编《钟山书院课艺

---

① 鲁小俊:《清代书院课艺总集叙录》,武汉:武汉大学出版社,2015 年。
② 邓洪波主编:《中国书院文献丛刊》第一辑,北京:国家图书馆出版社,2018 年。邓洪波主编:《中国书院文献丛刊》第二辑,上海:上海科学技术文献出版社,2019 年。

初选》光绪四年(1878)刊本,均为金陵李光明庄所刊,扉页广告称:"金陵书院课艺九种,其板永存江宁省城三山大街大功坊秦状元巷中李光明家,印订发售。"并列出《钟山初选》《续选》《惜阴东斋》《西斋》《尊经初刻》至《五刻》等9种课艺总集的价目。

书院课艺之刻盛行,是晚清时候的事。从上述引录内容看,这些课艺已不完全是书院内部所用之讲义了,商品性很浓厚了。

江苏书院刻书除了课艺外,还有书院志、条规、同学录等,如:高廷珍编《东林书院志》22卷,雍正十一年刻;叶芗、陈咏南辑《钟吾书院条规》3卷,道光二十二年(1842)刻;李殿林等撰《南菁书院改办学堂章程》1卷《南菁学约》1卷,光绪三十年(1904)刻;佚名撰《续定上海龙门书院课程章程》1卷,清刻本;清心书院编《清心书院章程》1卷,宣统元年(1909)铅印本;格致书院编《江南格致书院同学录》不分卷,光绪二十八年(1902)刻。

附　江苏清代书院所刊的主要课艺集

苏州府的《正谊书院课选》道光十四年(1834)刻,山长朱琦选定,收四书文118篇。

《正谊书院课选二编》道光十五年(1835)刻,朱琦选定,收四书文117篇。

《正谊书院课选三集》道光十六年(1836)刻,朱琦选定,收四书文129篇、五经文17篇。

《正谊书院课选四编》道光十八年(1838)刻,朱琦选定,收四书文100篇。

《正谊书院小课》道光十八年(1838)刻,朱琏选定,4卷,收经解、表、疏、论、赋,古近体诗341首、试帖诗110首。

《正谊书院赋选》光绪三年(1877)上海印书局刻,收赋59篇。

《正谊书院课作订存》同治十二年(1873)抄本,南京图书馆藏,收顾森书、王祖畬、金复兰、李文镞、潘企祉、陆庭桂6人课艺。

《紫阳书院课选》道光二十一年(1841)刻,又名《紫阳课选》,朱琦鉴定,收四书文 137 篇。

《紫阳正谊课艺合选》道光二十二年(1842)刻,雪岑氏题识,收制艺文 133 篇。

《紫阳正谊两书院课艺合选二集》道光二十八年(1848)刻,游艺轩主人编,收制艺文 70 篇。

《紫阳书院课艺》同治十二年(1873)刻,潘遵祁等编,选收同治八年至十年课艺 166 篇、试帖诗 120 首。

《紫阳书院课艺续编》同治十三年(1874)刻,潘遵祁等编,收同治十二年课艺 66 篇、试帖诗 48 首。

《紫阳书院课艺三编》光绪二年(1876)刻,收同治十三年(1874)课艺,潘遵祁等编,收四书文 70 篇、试帖诗 50 首。

《紫阳书院课艺四编》光绪三年(1877)刻,潘遵祁等编,收光绪元年(1875)年课艺四书文 63 篇、试帖诗 34 首。

《紫阳书院课艺五编》光绪四年(1878)刻,潘遵祁等编,收光绪二年课艺 78 篇、试帖诗 57 首。

《紫阳书院课艺六编》光绪五年(1879)刻,潘遵祁等编,收光绪三年课艺 62 篇、试帖诗 48 首。

《紫阳书院课艺七编》光绪六年(1880)刻,潘遵祁等编,收光绪四年课艺 71 篇、试帖诗 51 首。

《紫阳书院课艺八编》光绪七年(1881)刻,潘遵祁等编,收光绪五年课艺 77 篇、试帖诗 46 首。

《紫阳书院课艺九编》光绪八年(1882)刻,潘遵祁等编,收光绪六年课艺 63 篇、试帖诗 24 首。

《紫阳书院课艺十编》光绪九年(1883)刻,潘遵祁等编,收光绪七年课艺 63 篇、试帖诗 47 首。

《紫阳书院课艺十一编》光绪十年(1884)刻,潘遵祁等编,收光绪八年课艺 64 篇、试帖诗 40 首。

《紫阳书院课艺十二编》光绪十一年(1885)刻,潘遵祁等编,收光绪九年课艺 50 篇、试帖诗 34 首。

《紫阳书院课艺十三编》光绪十二年(1886)刻,潘遵祁等编,收光绪十年课艺56篇、试帖诗38首。

《紫阳书院课艺十四编》光绪十三年(1887)刻,潘遵祁等编,收光绪十一年课艺72篇、试帖诗35首。

《紫阳书院课艺十五编》光绪十四年(1888)刻,潘遵祁等编,收光绪十二年课艺62篇、试帖诗43首。

《紫阳书院课艺十六编》光绪十七年(1891)刻,潘遵祁等编,收光绪十三年至十五年课艺66篇、试帖诗39首。

《紫阳书院课艺十七编》光绪十八年(1892)刻,潘遵祁等编,收光绪十六年课艺33篇、试帖诗10首。

《学古堂日记》光绪十六年(1890)刻,光绪二十二年续刻,44种,雷浚、汪之昌辑。

《游文书院课艺》同治十三年(1874)刻,2卷,收四书文80篇。

太仓直隶州的《娄东书院小课》道光九年(1829)刻,庄东来选,收赋、杂文、古今体诗81篇。

《当湖书院课艺》同治七年(1868)刻,张浩选,收四书文160篇。

《当湖书院课艺二编》光绪十三年(1887)刻,杨恒福编,收四书文275篇。

《当湖书院课艺三编》光绪二十二年(1896)刻,杨恒福编,收四书文114篇。

常州府的《毗陵课艺》光绪三年(1877)刻,为常州延陵、龙城书院课艺合刊,收四书文116篇、经文2篇。

《龙城书院课艺》光绪二十七年(1901)仿聚珍版活字印刷,缪荃孙等鉴定,收"经古精舍课艺"经史词章90篇和专修的"致用精舍课艺"舆地算学86篇。

《南菁书院课艺》1卷,光绪二十三年(1897)稿本,许樾撰。

《南菁书院时务算学课艺》光绪二十五年(1899)光照书局铅印,5卷,适用斋主人编。

《南菁讲舍文集》光绪十五年(1889)刻,6卷,黄以周、缪荃孙辑,收经史考证64篇,论24篇,赋、诗、算学之作46篇。

《南菁文钞二集》光绪二十年(1894)刻,6卷,黄以周辑,收顾鸿阎、严通等人文章。

《南菁文钞三集》光绪二十七年(1901)刻,8卷,丁立钧辑,收经解、考证、论说之文78篇。

江宁府的《金陵惜阴书舍赋钞》同治十二年(1873)刻,4卷,收121篇。

《惜阴书院东斋课艺》光绪四年(1878)至五年刻,8卷,收赋、骚、乐府、四言、五古七古、五律、七绝、论、释、解、答问、考、辨、议、说、记铭、书后,其中赋187篇。

《惜阴书院西斋课艺》光绪四年(1878)刻,8卷,薛时雨编,收赋、五古、七古、乐府、五律、七律、表、启、颂第、论、议、考、对、经解、书后、记、祭文,其中赋207篇。

《惜阴书院课艺》道光二十八年(1848)刻,冯桂芬评阅,3卷,收赋、诗、骚、七、诏、策、启、书、序、颂、论、铭138篇。

《惜阴书院课艺》光绪二十七年(1901)刻,1卷,丁傅靖撰,收说、考、辨、论、考、述、订误、书后、叙例68篇。

《尊经书院课艺》同治九年(1870)两江都署刻,薛时雨编,收同治四年(1865)至同治八年制艺文157篇。

《尊经书院课艺二刻》光绪八年(1882)南京李光明家照原本复较重刻,薛时雨编,收课艺59篇。

《尊经书院课艺三刻》同治十二年(1873)金陵状元阁刻,薛时雨编,收制艺文110篇。

《尊经书院课艺四刻》光绪五年(1879)刻,6卷,薛时雨编,收同治十二年至光绪四年课艺318篇。

《尊经书院课艺五刻》光绪九年(1883)刻,薛时雨编,收光绪五年至光绪九年课艺220篇。

《尊经书院课艺六刻》光绪九年(1883)刻,薛时雨编,收课艺120篇。

《尊经书院课艺七刻》有山长卢崟光绪十五年(1889)序,收四书文144篇。

《续选尊经课艺》光绪十五年(1889)上海珍艺书局刻,山长卢崟选定,收四书文 352 篇。

《钟山书院课艺初选》光绪四年(1878)刻,李联琇编,收同治四年至同治八年课艺 98 篇。

《钟山书院课艺续选》光绪四年(1878)刻,孙锵鸣选辑,收课艺百余篇、赋 6 篇、说 1 篇、答问 1 篇、辨 1 篇、论 1 篇、杂诗 3 首、试律 103 首。

《钟山尊经书院课艺合编》光绪五年(1879)刻,秦际唐等辑,收课艺等 280 篇。

《钟山尊经书院课艺补编》光绪五年(1879)刻,秦际唐等辑,收 140 余篇。

《钟山书院乙未课艺》光绪二十一年(1895)刻,梁鼎芬鉴定,收光绪二十一年乙未课艺 97 篇。

《钟山书院课艺择抄甲部》稿本,翁长森手录,收课艺 50 篇。

《金陵奎光书院课艺》光绪十九年(1893)刻,山长秦际唐鉴定,收赋、试帖诗、古体诗、律诗、绝句 158 篇。

《奎光书院赋钞》光绪十九年(1893)刻,秦际唐辑,收 102 篇。

《文正书院丙庚课艺录》清光绪二十六年(1900)刻,收 126 篇。

扬州府的《安定书院小课二集》光绪十三年(1887)刻,钱振伦评选。

《梅花书院课艺》同治十一年(1872)刻,晏端书评选,收自同治五年至十年之课艺文 160 篇、经文 28 篇。

《梅花书院小课》光绪三年(1877)刻,晏端书评选,收课作 68 篇。

《梅花书院课艺三集》光绪八年(1882)梅花书院刻,晏端书评选,收制艺文 165 篇。

《广陵书院课艺》清光绪十六年(1890)扬州镕铸楼铅印,范凌选,收文 141 篇。

《宝晋书院课艺》不分卷,稿本,收制艺 26 篇。

《安定书院小课》光绪三年(1877)刻,收课作 24 篇。

《安定书院小课二集》光绪十三年(1887)安定书院刻,钱振伦评选,收课作 38 篇、古体诗 15 首、近体诗 17 首、试帖诗 17 首。

通州直隶州的《崇川紫琅书院课艺》嘉庆二十四年(1819)紫琅书院刻,吴云士选。

淮安府的《崇实书院课艺》同治二年(1863)至光绪七年(1881)刻,17册,收四书文509篇、五经文14篇。

松江府的《云间书院古学课艺》,嘉庆九年(1804)刻,嘉庆十五年重刻,陆梓等订,分赋诗、骈体、经解辨考、策问五部分。

《云间小课》道光二十九年(1849)刻,2卷,练廷璜编,卷上收赋,卷下收杂文和诗。

《云间求忠两书院课艺合刊》咸丰七年(1857)刻,薛焕鉴定。

《上海求志书院课艺(春季)》题"春季课艺",上海求志书院辑,未详何年,疑为光绪二年(1876)春季,俞樾等评阅,收经学、史学、掌故、算学、舆地33篇。

《上海求志书院课艺(丙子夏季)》光绪二年(1876)夏季课艺,俞樾等评阅,收经学、史学、掌故、算学、舆地、词章44篇。

《上海求志书院课艺(丙子秋季)》光绪二年(1876)秋季课艺,俞樾等评阅,收经学、史学、掌故、算学、舆地、词章58篇。

《上海求志书院课艺(丙子冬季)》光绪二年(1876)冬季课艺,俞樾等评阅,收经学、史学、掌故、算学、舆地、词章51篇。

《上海求志书院课艺(丁丑春季)》光绪三年(1877)春季课艺,俞樾等评阅,收经学、史学、掌故、算学、舆地、词章44篇。

《上海求志书院课艺(丁丑夏季)》光绪三年(1877)夏季课艺,俞樾等评阅,收经学、史学、掌故、算学、舆地、词章类课艺。

《上海求志书院课艺(戊寅春季)》光绪四年(1878)春季课艺,俞樾等评阅,收经学、史学、掌故、算学、舆地、词章61篇。

《云间郡邑小课合刻》光绪四年(1878)刻,3卷,程其珏编,为云间、求忠、景贤书院小课合刻,又名《云间小课》,上中下三卷,卷上赋,卷中杂体文,卷下试帖、五排、七排、五古、七古、七律、七绝。

《蕊珠课艺》未题刊刻年月,有张修府同治七年(1868)序,收四书文、试帖诗,附刻闱墨。

《蕊珠书院课艺》光绪八年(1882)刻。

《云间四书院新艺汇编》光绪二十八年(1902)扫叶山房石印,为云间、求忠、景贤、融斋课艺,又名《云间四书院课艺精华类编》,11卷,姚肇瀛编,收讲义、论辨(上中下)、策问(上下)、考证、说、解、杂著、算学约500篇。

《格致书院课艺》光绪铅印本,王韬编,分丙戌、己丑、辛卯、壬辰、癸巳、甲午课艺。

《敬业书院新艺精选》光绪二十九年(1903)石印,4卷,林继曾编。

江苏还有一省总集如《苏省三书院课艺菁华》,又名《苏省三书院策论义课艺菁华》《课艺汇编》,光绪二十八年(1902)刻,4卷,收史论、时务策、四书经义论、杂文60篇。

第四章　清代江苏佛寺、道观的出版活动

　　佛教寺院藏书和道教宫观藏书是我国历史上宗教藏书的主体，也是我国古代藏书系统中自成体系且富有特色的藏书系统。佛道经藏的刊刻传播自成系统，在我国古代藏书史、印刷史、翻译史以及教育史、学术思想史、文化交流史上具有重要的地位。

　　佛教寺庙只要稍具规模者均建有藏经楼、藏经处等，以藏佛经等。如，南京栖霞寺藏贝叶经、《龙藏》、画像等，南京灵谷寺藏《碛砂藏》《龙藏》《频伽藏》等，苏州西园戒幢律寺藏经楼藏《龙藏》《径山藏》《碛砂藏》《普慧藏》《频伽藏》《日本大正藏》《日本续藏》《敦煌大藏经》《高丽藏》及《玄奘法师全集》《太虚大师全集》等，苏州寒山寺藏《龙藏》等，苏州灵岩山寺藏《龙藏》《碛砂藏》《频伽藏》《弘教藏》《径山藏》《普宁藏》等，南通狼山广教寺藏经楼藏《龙藏》等，如皋定慧寺藏《龙藏》等，扬州大明寺藏经楼藏《龙藏》等，泰州光孝寺传汝楼藏《龙藏》《大正藏》及祝枝山、董其昌、米芾等名家书画、石刻等，镇江焦山定慧寺藏经楼藏贝叶经及文天祥书卷、岳飞书卷、八大山人画卷等。道教宫观亦建有宝藏库，清代各道观多藏有《道藏》等。

　　清代江苏佛教经书出版机构中，规模最大者当属金陵刻经处，位于今南京市淮海路35号。创始人杨仁山（1873—1911）居士是清末中国佛教复兴的关键人物，也是唯识宗复兴的播种者。清同治三年（1864），杨仁山得《大乘起信论》《楞严经》，反复诵读，产生对佛经钻研的兴趣。同治五年，他到南京工商界工作，继续研究佛经，但深感经书不足。为弘扬佛学，杨仁山与江都郑学川（书海，法名妙空）、王梅叔，

图 4 - 1　金陵刻经处

邵阳魏刚己(耆),阳湖赵惠甫(烈武),武进刘开生(翰清),岭南张浦斋,长沙曹镜初(跃湘)等人,于南京北极阁设立金陵刻经处,内设流通、刻经、印刷装订 3 个部门。募款重刻万册藏经,自任编勘,首刻《净土四经》。后金陵刻经处迁入常府街杨宅内,又随迁花牌楼(今位于太平南路)。光绪二十三年(1897),杨仁山居士把住宅全部施舍给刻经处为十方公有,永为刻经流通场所,共有房屋 60 多间,占地 6 亩多。所欠各项债务共 3210 两银子,全由 3 个儿子偿还。

　　同治十二年,杨仁山研究造像,拟好结构,依净土经论审定章法,请画者山阴张益(寿之)、刻者潘文法画刻"西方极乐世界依正庄严图",5 年之间印布 2000 余幅。其佛像刻版章法皆遵照造像量度经绘稿精刻。光绪四年,张国瑞临摩康熙三十五年(1696 年)金陵名画家周寻(嵩山)绘的"慈悲观音像"。光绪十二年,简诏绘、张国瑞临摹、潘文法刻"灵山法会图",共刻大小幅木刻像版 19 种,由杨仁山长女杨圆明,大孙媳徐叔娟,三孙媳徐静媛,三孙杨立生(禾甫),外孙程绂斯、程彧山,外孙女程净华填彩色。

　　光绪十二年,杨仁山在伦敦结识了日本留学生南条文雄,通过他从朝鲜和日本找回古德佚著 280 余种择要刻印。光绪二十年,他和英国人李提摩太把《大乘起信论》译为英文,流通于外国。宣统二年(1910),杨仁山在刻经处设立佛学研究会,自任主讲,护持刻经事业。杨仁山一生的主要著作有《大宗地玄文本论略注》《佛教初学课本》《十宗略说》《观无量寿佛经略论》《无量寿佛经愿生偈略释》《坛经略释》《〈论〉〈孟〉发隐》《等不等观杂录》《阐教篇》,还有手辑《大藏辑要》460 种 3300 余卷、《贤首法集》22 种、《华严着述集要》29 种、《净土古佚十书》10 种、《净土经论》14 种、《大乘起信论疏解汇编》、《释氏四书》、《释氏十三经》、《释氏十三经注疏》等。

宣统三年八月十七日,杨仁山病逝于金陵刻经处。去世前由欧阳竟无、陈稚庵、陈宜甫分任编校、流通、交际职务,梅撷芸、吴康伯、欧阳石芝、狄楚青、叶子贞、梅斐漪、李证刚、李晓暾、王雷夏、蒯若木、濮伯欣等11 人为董事。入民国后,金陵刻经处继续刻经。①

金陵刻经处自创办以来,集刻经、研究、讲学于一体,在流通经典、重振义学、培养人才等方面做出了重大的贡献。自同治五年(1866)于金陵刻经处刊刻第一部经典《净土四经》,至 1911 年去世,杨仁山一生弘法45 年,校刻经版 2 万余片,印刷流通经典著述百余万卷,刻成经典 211种、1155 卷,刻成佛菩萨像 24 种(幅),印刷流通 10 余万张。金陵刻经处至宣统年间刻印经籍达 253 种。其中,单行本经籍 194 种,合小册本经籍 47 种,据他处本重刊经籍 8 种,本处重刊经籍 3 种。② 金陵刻经处所刻经典,校勘严谨、刻工精致,各方特称"金陵本",为近代佛典中的善本。

扬州江北刻经处,位于扬州法藏寺,江都郑学川创办。郑学川(1825—1880),名学川,字书海,扬州江都人。同治五年(1866)出家,名妙空,自号刻经僧,为金陵刻经处发起人之一,同治七年八月撰《募刻全藏疏》,与杨仁山手订《募刻全藏章程》和《金陵刻经处章程》。章程规定,刻经处设主僧一人,由郑学川担任,外出劝募时另请一人代为料理。其间,郑学川还在苏州、常熟、杭州、如皋和扬州等五处设立刻经处,并以"江北刻经处"为首,总揽一切事项。金陵刻经处成立不久,郑学川在扬州东乡砖桥鸡园(法藏寺)创办"砖桥刻经处",亦称"江北刻经处",与金

---

① 朴现圭:《金陵刻经处与韩国人编著经版》,《法音》2006 年第 7 期(总第 263 期),第 23 页。

② 学诚:《金陵刻经处与近现代佛教义学》,《世界宗教研究》2016 年第 4 期。罗琤:《金陵刻经处研究》,上海:上海社会科学院出版社,2010 年。

陵刻经处相约分工合刻《全藏》。600卷《大般若经》于郑学川圆寂后余尚175卷未刻成的由其徒本贤刻全，并续刻诸大部经书。郑学川著有《弥陀经》《莲邦消息》《地藏经论》《华严念佛图》《西方清净音》《四十八镜》《宗镜堂图书谱》《法轮室忏注》等，一生募刻全藏近3000卷，创刻经处6所，著念佛丛书48种，奉行水陆道场9次。郑学川的几代传人均对刻经大业做出了重要贡献。江北刻经处所刻经书用仿宋体字，经书刻印精良，校对精审，装帧精美，为学界所重，被称为"砖桥刻法""扬州刻本"。

清代扬州还有扬州藏经院、众香庵法雨经房、般若庵等处从事刊刻出版。这些刻经处除了刻经，也刻印一些文集，如"扬州八怪"之一金农（号冬心）的《冬心先生集》，即由广陵般若庵于雍正十一年（1733）刊刻出版。

无锡万松院恒记经房，位于无锡万松院。同治十三年（1874），恒山法师创办，雕刻印刷佛经，出版《诸经日诵》《金刚经》《阿弥陀经》《大悲忏》《梁皇忏》《小五色经》《香山宝卷》等类，还有道教《玉皇经》以及做佛事常用的文疏、延生、往生牌位等，共60余种。所刻经籍有崇安寺万松院刻印的牌记，如光绪十五年无锡崇安寺万松院经房藏版《朝天忏》10卷5册。

常熟刻经处所刻经，有同治十年（1872）冬十月刻宋天竺三藏求那跋摩译《优婆塞五戒相经》1卷，同治十一年秋八月刻刘宋天竺沙门功德直共玄畅译《菩萨念佛三昧经》6卷，同治十一年刻梁释僧伽婆罗译《佛说八吉祥经》1卷，同治十一年刻唐释义净译《浴像功德经》1卷，同治十一年刻唐释宝思惟译《佛说浴像功德经》1卷，同治十一年刻晋释竺法护译《佛说龙施菩萨本起经》1卷，同治十三年刻三国吴支谦译《未生怨经》1卷，同治十三年刻三国吴支谦译《佛说七女经》1卷，光绪五年刻晋释竺法护译《佛说普门品经》1卷，光绪六年刻清释行策撰《净土警语》1卷、《起一心精进念佛七期规式》1卷，光绪六年刻题汉释安清译《佛说大乘方等要慧经》1卷，光绪六年刻东魏释毘目智仙等译《善住意天子所问经》3卷，光绪八年刻晋释昙无谶等译《大方等大集经》30卷，光绪间刻晋释圣坚译《佛说罗摩伽经》4卷等。

姑苏刻经处所刻经，有同治十二年（1873）刻《天目中峰和尚信心铭辟义解》5卷,光绪七年刻元中峰明本撰《天目中峰广录》30卷,光绪十三年刻后秦释佛陀耶舍、后秦释竺佛念译《佛说长阿含经》22卷,光绪十九年刻唐释湛然撰《妙法莲华经文句记》30卷。

如皋刻经处所刻经,有同治九年(1871)刻唐李通玄撰《略释新华严经修行次第决疑论》4卷,同治十一年刻玄奘译《药师琉璃光如来本愿功德经》1册,同治十二年刻《信心铭辟义解》1册。

清末,镇江金山寺僧宗仰主持编印的《频伽藏》,全称《频伽精舍校刊大藏经》,为我国近代出版的第一部铅印本《大藏经》。《频伽藏》以日本弘教书院编印的《缩刷藏》(又名《弘教藏》)为底本(略作取舍),以《嘉兴藏》《龙藏》和各经坊单刻的善本为校本编成,总计40函,以千字文编次天字至霜字,分为414册(包括目录1册),收经1916部、8416卷,由上海频伽精舍铅印,1909—1913年出版。《频伽藏》发起人为频伽精舍(设在英人哈同的私家花园内)的主人罗迦陵(法名大纶),参与者还有余船愿、黎端甫等。

清代江苏的道教出版物,主要是著名道士、道姑刊藏与著述。如道教龙门派第8代启派师笪重光(1623—1692)康熙八年编纂《茅山志》14卷,填补了元末至清初茅山道教和历史沿革以及继上清45代宗师之后的传承道秩。此外,康熙年间,詹守椿于南京撰《碧苑坛经》2卷。嘉庆四年,苏州道士曹项圣刊印《钧天妙乐》《古韵成规》《霓裳雅韵》。

第五章　清代江苏藏书家的出版活动

流传至今的中华典籍,大多数是经过历代私人藏书家递藏的。正如著名学者胡道静在为顾志兴著《浙江藏书家藏书楼》所撰序文中所说:"藏书家是百家中特殊的一家,这一家以其蜜蜂般的勤劳(采集),蚂蚁般的韧劲(守成),默默地为祖国典籍文化做出了平凡中的伟大贡献,应该要给他们写传记,写专史。"①可以说,私家所藏之书是中国古代出版物之源,私家抄刻之书占中国古代出版物最大的份额,私家藏书像大海一样接纳古代点点滴滴、各种各样的出版物,一代代传递下去。"积书而读,丹铅治学"是中国古代私家藏书的优良传统,藏书兴则读书盛,私家藏书对中华典籍的积累、保存、整理、再造和传播贡献甚大,对促进文化教育和学术研究发挥了重大的作用。对中国古代文人来说,私家藏书,属于综合性的学术文化活动,藏书、读书、抄书、著书、刻书,成为古代文人生活的重要组成部分。

第一节　江苏私家藏书概况

江苏私家藏书历史悠久,至清代达到鼎盛。清代私家藏书几乎为江苏、浙江所独占,而清代江苏藏书家又主要集中在江南地区,苏州特别是

---

① 顾志兴:《浙江藏书家藏书楼》,杭州:浙江人民出版社,1987年,第4页。

常熟最为集中,南京、扬州、松江、常州、无锡、镇江等地次之。吴晗在《江苏藏书家史略·序言》中说:"以苏省之藏书家而论,则常熟、金陵、维扬、吴县四地始终为历代重心,其间或互为隆替。"①

清代江苏有多少藏书家,由于史料和对藏书家的认定不一,统计数据不同。吴晗的《江苏藏书家史略》收录江苏藏书家490人。江苏省地方志编纂委员会编著的《江苏省志·文化艺术志》,据散见于史籍、方志、文集中的记载,认为清代江苏的私人藏书家不少于200人。②

据范凤书2001年的统计,中国历代藏书家为5054人,江苏为998人,占19.19%。最多的10个县市为:苏州277人,杭州207人,常熟146人,宁波109人,湖州95人,绍兴94人,福州80人,嘉兴77人,海宁69人,南京67人。③又统计,中国历代藏书家中明代藏书家869人,清代藏书家1970人。④

郑伟章的《文献家通考》有《文献家地理分布表》统计,江苏藏书家422人,地理分布为:苏州(包括长洲、苏州、吴县、元和)174人,常熟74人,扬州29人,江宁25人,无锡20人,昆山17人,吴江13人,武进13人,江阴8人,丹徒8人,宝应3人,南通3人,句容3人,山阴2人,淮安1人,金坛2人,如皋2人,东台2人,溧阳2人,泰兴2人,泰州2人,宿迁1人,盐城1人,清河1人,高邮1人,铜山1人。另外,上海50人,其中,娄县6人,松江3人,嘉定8人,南翔2人,金山10人,上海8人,华亭7人,南汇4人,云间1人,闵行1人。⑤

王桂平的《清代江南藏书家刻书研究》,以郑伟章《文献家通考》所收《文献家地理分布表》为主,又增加数人,编成《清代江南藏书家分布表》。

---

① 吴晗:《江苏藏书家史略》,北京:中华书局,1981年,第4页。
② 江苏省地方志编纂委员会编著:《江苏省志·文化艺术志》,南京:江苏古籍出版社,2003年。
③ 范凤书:《中国私家藏书史》,郑州:大象出版社,2001年,第679页。
④ 范凤书:《中国私家藏书概述》,见虞浩旭主编《天一阁论丛》,宁波:宁波出版社,1996年,第259—282页。
⑤ 郑伟章:《文献家通考》,北京:中华书局,1999年,第1762—1784页。

其中,清代江苏藏书家分布统计如下①:

江苏	清初期	清中期	清晚期	总计	藏书家刻书人数
江宁府	2	13	11	26	9
镇江府	1	8	2	11	4
常州府	2	14	11	27	17
无锡	8	14	5	27	19
苏州府	76	146	62	284	133
扬州府	8	36	8	52	32
松江府	10	33	6	49	19
总计	107	264	105	476	231

第二节　苏州藏书家的出版活动

清初,随着中国文化中心不断向江南转移,苏州私人藏书在原有积聚基础上发展具有苏州特色的藏书文化元素,逐渐形成以钱谦益为代表的具有辐射和影响力的虞山藏书流派。其主要特色是开放者之藏书、读书者之藏书、好古敏求者之藏书、有识者之藏书。虞山派藏书家藏书致用、流通古籍的思想占主导地位,他们通过编印家藏书目来传播藏书信息,或以刻书为己任来广传秘籍,或提供借用以共享私藏。虞山派藏书家都是勤奋好学者,藏书笃挚,读书专勤,精于校勘著述。虞山派藏书家好古收藏,藏书追求精致,质量一流,所藏多宋元本、抄本及稿本。虞山派藏书家在藏书理论与实践上讲究创新,藏书家有自己的藏书理论,撰有大量藏书目录、藏书题跋。孙从添所撰《藏书纪要》系统地总结了虞山派藏书家的藏书工作经验和方法,成为虞山派藏书家藏书理论的代表作,对后来的私人藏书家产生了重大的影响。

这一时期苏州出现了一批有影响的藏书家、藏书楼。如常熟杨彝(1583—1661)的凤基楼,所藏逾万卷。特别是出现了一批有影响的藏书、刻书世家。如常熟的钱氏藏书世家,曾被推为江南第一家。钱氏藏

---

① 王桂平:《清代江南藏书家刻书研究》,南京:凤凰出版社,2008年,第2页。

书自钱宽、钱洪兄弟的柳溪堂、竹深堂收藏古籍和琴剑彝鼎始,至钱谦益(1582—1664)绛云楼被推为当时大江南北藏书第一,钱谦益成为常熟藏书流派的代表。常熟毛晋(1599—1659)是全国乃至世界一流水平的私人刻书家,毛氏藏书84000册,汲古阁抄刻之书风行天下,这在中外出版史上罕见。毛晋获奇书好示人,终身致力于传播秘籍。刊书选择精善之本,多以宋本付梓,并必自雠校,亲为题评,无憾于心而始刊行于世,一生刻书达600多种,刊书版片多达109567块。毛晋还创造性地发明影抄法,字画、纸张、乌丝、图章,追摹宋刻,与宋刊无异。毛晋子襄、褒、衮、表、扆,襄早卒,余均承父业。

洞庭东山叶奕、树廉(1619—1685)兄弟节衣缩食聚书购书抄书,树廉藏书至数千卷,条别部居,精辨真赝,手笔校正。孙从添《藏书纪要》称其藏书校对精严超过钱曾的藏书,并称他的抄本为"至宝"。奕子叶修、叶裕(1636—1659)好学多藏书。

清代中期经济发展,社会相对稳定,苏州藏书世家辈出,藏书刻书繁盛。乾嘉学派以考据为主要治学方式,重视客观资料,特别是以惠栋为首的吴派广泛搜集汉儒的经说,加以疏通证明,推动苏州私人藏书事业在藏书、编目、校勘、刻书等方面更加体现严谨之风。

吴县洞庭席氏为藏书刻书世家,席启图(1638—1680)储书万卷。弟启寓(1650—1702)迁居常熟,往来两地,康熙南巡献以"琴川书屋"名所辑刊《唐诗百名家全集》,又有雕本《十三经》《十七史》行世。启寓长子永恂与弟前席有藏书室名嘉会堂,刻陆陇其遗书《三鱼堂文集》。启寓玄孙世臣好古嗜学,家富藏书,以史部居多,得到秘本多梓行传世,所刊书均亲自校雠,所居室颜其名"扫叶山房",所刻书版心多有"扫叶山房"字样。

长洲汪士钟(约1786—?)有艺芸书舍藏书,其父文琛始藏书,士钟蓄志搜罗宋元旧刻及《四库》未收之书,所撰《艺芸书舍宋元本书目》载宋本320种,元本196种。汪氏刻有《宋本孝经义疏》《仪礼单疏》《刘氏诗话》《郡斋读书志》诸书,雠校审慎,刊刻精美,举世珍若球璧。

"黄跋顾校"代表清代中期苏州私人藏书学术水平。吴县黄丕烈(1763—1825)一生收藏了约200多部宋版书和上千种元、明刻本以及大量的旧抄本、旧校本,且多善本,至嘉庆间成为东南藏书家之大宗。黄氏不惜花重金对破损的古籍重加装潢,对残缺的古籍想方设法补抄全,精心校勘了数十种重要和罕见的古籍,用传统的校勘方法,在大量明清抄刻本上保留了宋元版本的面貌。黄氏自编《百宋一廛书录》《百宋一廛赋注》《求古居宋本书目》《所见古书录》等多种书目,发展了目录学中版本目录一派。黄氏长于鉴别,勤于校勘,每遇一书,丹黄雠校,笔耕不辍,所撰题跋、札记今存 800 多篇,成为后人了解古书的刊刻源流、版本异同、授受经过以及藏书掌故等的重要文献。黄氏主持刊刻了近 30 种珍贵图书,其刻本少数为用宋体字上版,多影刻本或写刻本,刻印雅致,校勘精良,书法优美,纸墨俱佳,被公认为精善本。嘉庆二十三年(1818)所刻《士礼居丛书》,所收多系罕见珍本。元和顾广圻(1766—1835)师事江声,得传惠氏遗学,涉猎广泛,学识渊博,工于校雠。凡一字之误,必推敲再三,旁征博引,务存其真,从不妄改,有"校书思扫叶,得义等怀金"之誉,毕生以校刻古书为业,被誉为"清代校勘第一人"。顾氏每校一书,必作题跋、札记,为后人所重。

常熟张氏藏书世家自元代南张始祖张孚始至张廷桂历 500 余年二十二世,代有藏书。特别是,张海鹏(1755—1816)广泛搜集宋金两代遗集及钱曾、毛晋散出的藏书,储于借月山房,致力于藏书、刻书、校勘,其所藏书多经读,并据善本校定撰跋,一生拳拳于流传古书,以剞劂古书为己任,先后辑刊大部丛书、类书、总集等 3000 余卷,所刊书注意精选书籍,精心校勘,刻印精雅。张金吾(1787—1829)潜心藏书、校书、纂辑刻印图书,编有《爱日精庐书目》,其间购书七八万卷,至晚年藏书达十万四千卷。

常熟瞿氏藏书世家,瞿氏铁琴铜剑楼与山东聊城杨氏海源阁、浙江钱塘丁氏八千卷楼、浙江归安陆氏皕宋楼合称为清代四大著名藏书楼,又有"南瞿北杨"的美称。瞿氏藏书始于瞿进思(1739—1793),而有藏书楼恬裕斋、铁琴铜剑楼并有大规模藏书则始于瞿绍基。瞿氏历经五代递藏,其藏书以求精、重用见长,藏书所收必宋元旧椠。瞿氏道光年间大量收购陈揆稽瑞楼、张金吾爱日精庐等散出之书,收入《铁琴铜剑楼藏书目录》的图书 1194 种,其中宋刻 173 种、金刻 4 种、元刻 184 种、明刻 275 种,抄本 490 种、校本 61 种,其他 7 种,所收止于元人著述,明清著作未入目,藏书精品尤在经部,并以抄校精良闻名于世,许多罕见之书通过影抄、精抄传世,《铁琴铜剑楼藏书目录》中抄本490种。瞿氏铁琴铜剑楼以藏书为主,又兼藏文物,且多乡邦文献,成为区域文献渊薮。

清代后期经济中落,民族矛盾突出,外患加亟,社会动荡不安,苏州私人藏家艰难生存,此散彼聚,颇不稳定。这一时期苏州有影响的藏家有:

常熟赵氏藏书世家,藏书从赵承谦起,在明末有赵用贤父子的松石斋、脉望馆藏书闻名天下。在清代后期有赵宗德(1824—?)、赵宗建(1828—1900)兄弟的旧山楼藏书,所藏多罕见秘籍。赵宗建的《旧山楼书目》著录647种、3990册,其中宋、元抄校本约百种。旧山楼所藏惊人秘籍便是赵琦美抄校本《古今杂剧》,曾经钱谦益、钱曾、季振宜、何煌、黄丕烈、汪士钟诸家递藏,汪氏书散出后为旧山楼收得,今归国库,被誉为研究我国戏剧史的大宝库。

元和顾氏藏书世家,顾氏过云楼自道光以来传藏超过六代,有"江南收藏甲天下,过云楼收藏甲江南"之誉。顾文彬(1811—1889)精于鉴别,著有《过云楼书画记》10卷,载所藏250件书画精品。顾承(1833—1882)精于书画鉴赏,著有《过云楼初笔》《过云楼再笔》《吴门耆旧记》等,曾集拓新旧印章刊印《画余庵印存》《画余庵古泉谱》《百纳琴言》。

吴县潘祖荫(1830—1890)有滂喜斋,金石、图籍充栋。潘祖荫每读一书录题解,成《滂喜斋读书记》二卷。另有《滂喜斋藏书记》,著录141种宋元刻本,明初本,日本、朝鲜刻本。有《滂喜斋宋元本书目》著录宋元本127种。辑《滂喜斋丛书》4函,收书50种。辑《功顺堂丛书》,收书18种。所藏金石有西周康王时代礼器大盂鼎、大克鼎,青铜、甲骨、龟板等。

长洲叶昌炽(1849—1917)家有治甗室、五百经幢馆,藏书三万余卷,藏碑九箱。所著《藏书纪事诗》钩勒藏书家史实,每位藏书家各撰绝句一首,为总结藏书家史实总集,以史料收集广泛、史论内容精当、编著体例适洽,奠定其在中国古代藏书史研究领域开山发凡地位。

第三节　扬州藏书家的出版活动

清代扬州为东南地区经济文化之重镇，又是两淮盐政中心所在，盐业经济发达，富商大贾云集，藏书名家辈出。吴晗在《江苏藏书家史略·序言》中说："以苏省之藏书家而论，则常熟、金陵、维扬、吴县四地始终为历代重心，其间或互为隆替。……维扬则为鹾贾所集，为乾隆之际东南经济中心也。扬州典籍收藏所以隆盛的原因，首先是经济繁荣。它地处长江、运河交汇口的南北要冲，是漕运的淮盐转输的咽喉。繁荣都市中必有富豪大贾从事典籍收藏，而地利之便又为书籍流通创造了良好的条件。"①

清代扬州府的藏书家有扬州本地藏书家，也有侨居扬州的藏书家。② 清代扬州府早期较有影响的藏书家有季振宜、"扬州二马"，后有陈本礼、汪中、刘台拱、秦恩复、阮元、江藩等，清末有吴引孙等。

季振宜（1630—1674），字诜兮，号沧苇，泰兴人。父季寓庸崇祯时任吏部主事，辞官归乡经营盐业致富，喜欢藏书，收藏丰富。季振宜是顺治三年（1646）举人，四年进士，与钱谦益、钱曾、徐乾学、归庄、陈维崧、吴梅村、龚鼎孳、杜于皇、方孝标、丁继之、赵而汴、孙枝蔚、梁清标、冯如京、施润章、顾杽、杜浚、冯砚祥、姜宸英、朱彝尊、严

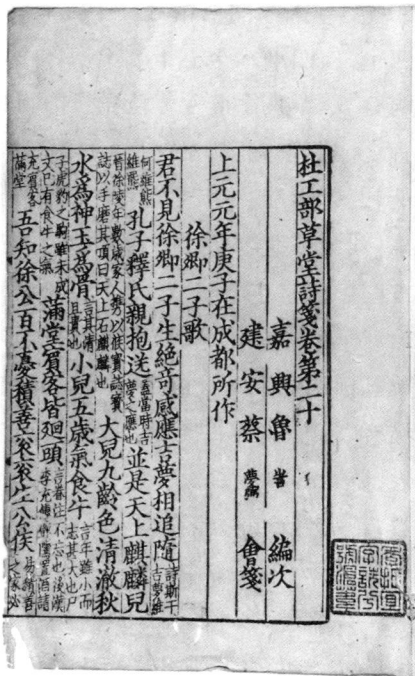

图 5 - 1　季振宜旧藏南宋建阳刻本宋蔡梦弼撰《杜工部草堂诗笺》

---

① 吴晗：《江苏藏书家史略》，第 4 页。
② 陈建勤：《清代扬州藏书述略》，《江苏图书馆学报》1998 年第 2 期，第 29—32 页。

绳孙、邓汉仪、杨尚贤、周季瞩等名士多有交往,先后任浙江兰溪知县、户部主事,浙江、湖南道御史,湖广道监察御史。康熙二年(1663)任河东巡盐御史,遭弹劾,革职入狱。康熙三年,释放回家。不久又任山西道御史。康熙五年省亲归家,冬访虞山见钱曾。钱曾将书售于季振宜,季振宜因此得见钱谦益所辑《全唐诗》手稿。篇帙虽残断已过半,但对季振宜于康熙十二年编成的《全唐诗》很有帮助。后来《御定全唐诗》又在季振宜《全唐诗》底稿基础上编纂刻成。季振宜的静思堂藏书丰富,编有《季沧苇藏书目》,又称《延令宋版书目》,载宋元善本 1000 余种,仅次于钱谦益的绛云楼。《季沧苇藏书目》详载宋元版刻以至抄本,几无所遗漏,被誉为"善本目录之泰斗"。南宋建阳刻本宋蔡梦弼撰《杜工部草堂诗笺》50 卷,今国家图书馆藏三十九卷(一至十九、二十二至三十五、三十九至四十一、四十八至五十),上海图书馆存卷二十至二十一,为季振宜旧藏,均有"季振宜字诜兮号沧苇"印。国家图书馆藏《宋本陆士龙文集》有"振宜之印""季振宜字诜兮号沧苇"印,为季振宜旧藏,今有《国学基本典籍丛刊》影印本。季振宜除藏书外,还校书、刻书、抄书,其校对过冯如京诗集,钱谦益遗著《钱注杜诗》也由季振宜静思堂刻印。季振宜还仿毛晋汲古阁影抄善本。①

马曰琯(1687—1755),字秋玉,号嶰谷,安徽祁门人,后迁居扬州。弟马曰璐(1695—?),字佩兮,号半槎,又号南斋。二马兄弟俱未出仕,好结客,笃于学,称"扬州二马",四方名士多过从,全祖望、陈撰、厉鹗、金农、陈章等曾馆其家。所居小玲珑山馆、丛书楼两座书库,藏书 10 余万卷,甲大江南北,编有《丛书楼书目》,全祖望又为作《丛书楼记》。四库全书馆设立,私人献书 700 余种,为全国之冠。②

陈本礼(1739—1818),字嘉惠,号素郁,江都(今扬州)人。监生。家境殷实,爱好收藏典籍,筑藏书楼"瓠室",藏书 10 余万卷,其中善、秘本较多。其藏书规模与当时马氏"玲珑山馆"、阮氏"文选楼"相比毫不逊色。陈本礼专注于楚辞、屈原研究,著有《楚辞精义留真》《离骚精义原稿

---

① 吴永胜:《季振宜藏书考》,暨南大学 2007 年硕士论文。
② 范凤书:《中国私家藏书史(修订版)》,武汉:武汉大学出版社,2013 年,第 342 页。

留真总目》《屈辞精义·九歌》等,另有《协律钩玄》《太玄阐秘》《汉诗统笺》《汉乐府三歌笺注》《瓠室诗抄》《南村鼓吹集》等。子陈逢衡(1778—1855),字履长,一字穆堂。继承父业,建"读骚楼",聚书益多,精于鉴别,长于考据,尤精古史。著有《逸周书补注》《读骚楼诗》《竹书纪年集证》《逸周书补注》《山海经汇说》《博物志考证》《隋书经籍志疏证》等,编《英吉利纪略》,自辑《江都陈氏丛刻》。

刘台拱(1751—1805),字端临,号江岑。由苏州迁居宝应。乾隆三十五年(1770)举人,官丹徒县学训导。后又多次会试,不中,遂绝意科举。乾隆中,四库馆开,与王念孙、朱筠、程晋芳、戴震、邵晋涵等著名学者同游,论经考古,朝夕讨论。长于考订,以藏书、鉴赏金石为乐。聚书数万卷,金石古物颇多。辑有《经传小记》《方言补校》《礼仪传注》《荀子补注》《论语骈枝》《淮南子补校》《国语补校》《汉学拾遗》《文集》等。

秦恩复(1760—1843),字近光,一字敦夫,号澹生,江都(今扬州)人。乾隆五十二年进士,改翰林院庶吉士,散馆,授编修。读书好古,精于鉴藏。有玉笥仙馆、石研斋,藏书数万卷。聘顾广圻于馆中,共相商榷。手校陶弘景《鬼谷子注》、卢重元《列子》及《隶韵》《扬子法官》《三唐人集》《词林韵释》诸书,世称善本。阮元抚浙时,聘请他主持诂经精舍,校刻书籍颇多。著有《石研斋书目》2卷,顾广圻、江藩序。刻有《全唐文》《乐府雅词》《词源》《元草堂诗余》《阳春白雪》《词林》《享帚精舍词学丛书》等,因选良工雕刻,校勘精良,海内藏书家抢购,时号"秦版"。著有《石研斋集》《享帚词》。

第四节　南京藏书家的出版活动

清代南京为江南大都会,学人聚居,书业兴盛。顺治至康熙间,南京有影响的藏书家有丁雄飞、黄虞稷、周亮工与周在浚父子及侨居南京的熊赐履、曹寅等。

黄虞稷(1629—1691),字俞邰,号楮园。原籍福建晋江(今泉州),崇祯中随其父黄居中移居南京。康熙十八年(1679)举博学鸿词科,丁母尤不与试,后经徐元文疏荐入翰林院,参与纂修《明史》。康熙二十三年,徐乾学领修《大清一统志》,又荐充纂修,分纂福建省部分。著有《石经考》《楮园杂志》《我贵轩集》《朝爽阁集》等。千顷堂为其父所创。黄居中(1562—1644),字明立,号海鹤,万历十三年(1585)举人,官上海教谕,迁南京国子监监丞,有藏书6万余卷。黄虞稷在其父基础上补充藏书至8万余卷,素有"藏书甲金陵"之誉。顺治十八年(1661),黄虞稷据千顷堂的藏书,参阅明史馆档案,编著《千顷堂书目》32卷,初名《千顷堂黄氏书籍闻见录》,该书目成为查考明代典籍的重要目录。张廷玉等纂修《明史·艺文志》,据以采录。

周亮工(1612—1672),字元亮,又有陶庵、减斋、缄斋、适园、栎园等别号,学者称栎园先生、栎下先生。原籍河南祥符,移居金陵(今南京),生于金陵金沙井祖居食旧德庵。崇祯十三年(1640)进士,官至浙江道监察御史。明亡,归居金陵。入清,仕至户部右侍郎。著有《闽小记》《全潍纪略》《赖古堂集》《书影》《字触》《同书》《读画楼画人传》《印人传》《赖古堂诗文集》《读画录》《赖古堂藏印》《赖古堂印谱》等。精于鉴赏,好藏书,收福建藏书家谢肇淛旧藏,家有赖古堂、读画楼、因树屋、藏密庵等。据曹寅《楝亭书目》记载,其藏有《栎园书目》1卷;李筠嘉《古香阁藏书志》载有《赖古堂书目》,著录藏书4670余种。曾计划刻印赖古堂藏书百种,仅刻七函即谢世。

周在浚,字雪客,号梨庄,一号苍谷,又号耐龛、遗谷。亮工长子。生卒年不详,约康熙十四年前后在世。国学生,任官学教习,太原经历。父遭难,在浚极力珍护藏书,存谢肇淛缮抄秘本200余种,有藏书处秋水轩、藏密庵。曾据家藏汇注《南唐书》18卷,著有《钟山考》《天发神谶碑考》《晋稗》《云烟过眼录》《旧京广志》《大梁守城志》《征刻书启五先生事略》《金陵百咏》《金陵竹枝词》《梨庄集》《秋水轩集》《遗谷集》等。编有《征刻唐宋秘本书目》1卷附《考证》1卷(与黄虞稷合编)、《访中州先贤诗文集目》。

嘉庆、道光间南京藏书家甘氏津逮楼、朱绍曾开有益斋较有影响。金陵甘氏家族是清代著名的文化世族,世居今南京市江宁区丹阳镇(俗称小丹阳)甘村,明末迁南京城内。甘方栋(1745～?),字遴士,号国栋,江宁(今南京)人,赠中议大夫、通奉大夫,浙江候补知府加二级,以藏书知名,先后收藏图书至数万卷。甘方栋长子甘福(1768—1834),字德基,号梦六,国子监生,累赠通议大夫三品封典。道光十二年(1832),仿天一阁建成津逮楼,藏书达10万余卷,多宋元善本,如有宋代赵明诚所著的《金石录》。另有书室保彝斋。卢前在其《冶城旧话》中称,甘福富藏金石器物,不亚于吴门潘祖荫。甘福编有《津逮楼书目》18卷,朱存撰有《甘氏津逮楼藏书目录序》。甘福还著有《钟秀录》《保彝斋日记》等,刻印过《帝里明代人文略》22卷附后1卷等书。

朱绍曾(1805—1860),南京人,曾居宁波月湖和鄞县东乡,民国《鄞县通志》将列为"寓贤"。他不惜家资,多方搜求古籍珍本,还抄录过杭州文澜阁大批宋元秘籍,拥有私家藏书10余万卷,其开有益斋蜚声江浙,著有《开有益斋读书志》,编有南京文献《金陵朱氏家集》。

侨居南京的张敦仁(1754—1834),字仲篙,一字古余、古馀,号古愚,泽州府阳城(今山西阳城)人。乾隆四十三年(1778)进士,授江西高安知县、庐陵知府,迁铜鼓营同知,署九江、抚州、南安、饶州府事,嘉庆初,历松江、苏州、江宁知府,调江西吉安知府,官云南盐驿道、扬州知府。曾主持刊刻《韩非子》《仪礼注疏》等。曾发起刊刻宋淳熙四年抚州公使库本《礼记》郑玄注20卷(附《释文》4卷),顾千里主持其事。家富藏书,建书楼六一堂。任吉安知府时,用半年时间,校定《资治通鉴》,补脱字千余,纠错字百计。侨居南京后,又建省训堂、与古楼、艺学轩以藏书,顾广圻作有《与古楼记》。

第五节　常州藏书家的出版活动

清代常州有名的藏书家有孙星衍、李兆洛、强溱、方履篯、钱钧等,清末有盛宣怀、董康、陶湘等。

孙星衍(1753—1818),字渊如,号伯渊,别署芳茂山人、微隐,阳湖

(今常州)人,后迁居金陵。少年时与杨芳灿、洪亮吉、黄景仁以文学见长,通经史、文字、音训、诸子百家。乾隆五十二年(1787)进士,授翰林院编修,充三通馆校理。乾隆六十年授山东兖沂曹济道,次年补山东督粮道。嘉庆十二年(1807)任山东布政使。阮元聘其为诂精经舍教习及主讲钟山书院,以学术渊博称。孙家有藏书楼平津馆、问字堂、孙氏祠堂、廉石居等,藏书10万余卷。编有《孙氏家藏书目》外编3卷内编4卷、《廉石居藏书记》1卷、《平津馆鉴藏书籍记》3卷续编1卷补遗1卷。嘉庆五年刊行《孙氏词堂书目》7卷,收书2392种、46460卷,撰有《平津馆藏书记》和《廉石居藏书记》。辑刊《平津馆丛书》10集32种、《岱南阁丛书》16种128卷,堪称善本。著有《尚书近古文注疏》《周易集解》《考注春秋别典》《尔雅广雅训诂韵编》《晏子春秋音义》《金石萃编》《史记天官书考证》《明堂考》《续古文苑》《平津馆文稿》《芳茂山人诗录》《仓颉篇》《寰宇访碑录》《芳茂山人诗录》等。

李兆洛(1769—1841),字申耆,晚号养一老人,阳湖(今常州)人。嘉庆十年(1805)进士,改翰林院庶吉士,授凤台知县,在职7年,以父忧去职,不复出。主讲江阴书院20余年,培养人才甚多。精舆地、考据、训诂之学,藏书处有养一斋、辈学斋、东读书斋、御香书屋等,藏书5万余卷。编有《历代地理志韵编今释》20卷,辑《骈体文钞》《江干香草》《皇朝文典》《大清一统舆地全图》《海国集览》《历代地理沿革图》《凤台县志》《皇朝舆地韵编》等,著有《养一斋文集》20卷。

钱振锽(1875—1944),字梦鲸,号谪星,后号名山,又号庸人,早年自署星影庐主人,晚年自署海上羞客,殁后乡人谥为清惠先生,一谥贞悫,光绪二十九年(1903)进士,官刑部主事。宣统元年(1909)钱振锽弃官还乡,以读书、教书、著书为务,兼以卖字为生,讲学寄园20年。钱振锽承继父业,不断增加藏书,著有《谪星初集》6卷、《谪星二集》5卷、《谪星三集》5卷、《谪星词》1卷、《名山诗集》13卷附词6编。光绪三十三年辑刻《钱氏家集》34卷附《钱氏丛书》2种,此外,还编有《阳湖谢氏家集》,辑印《毗陵三少年词》《求拙斋遗诗》等。

盛宣怀(1844—1916),字杏荪,又字幼勖、荇生、杏生,号次沂,又号补楼,别署愚斋,晚年自号止叟,祖籍江阴,生于常州。同治五年

（1866），盛宣怀补县学生。九年，入李鸿章幕，协办洋务。至光绪二十八（1902），任正二品工部左侍郎。光绪三十四年起，其任汉冶萍煤铁厂矿有限公司总经理、董事长。宣统三年（1911），任邮传部大臣。民国五年（1916）在上海病逝。盛宣怀好藏书，其愚斋藏书10万余卷，其中大多购自江标灵鹣阁、巴陵方功惠碧琳琅馆等家旧藏。光绪三十四年又在日本购医书、经济等类图书千余种。宣统二年，盛宣怀在上海住所内建愚斋图书馆，聘缪荃孙、罗椠臣编《愚斋图书馆藏书目录》，著录藏书6666种、169 900余卷，善本300余种、7300余卷，另有《盛氏图书馆善本书目》4卷，刻有《常州先哲遗书》《卫生丛书》等，由缪荃孙等主持刊校，版本精雅。

董康（1867—1947），字授经，号涌芬室主人，武进（今常州）人。1889年考中举人，后又高中进士，历任刑部主事、郎中等。自1905年起，多次东渡日本。民国成立后，任北洋政府司法总长、财政总长等。家富藏书，其诵芬室、课花庵藏书，以多精本见称。刻《诵芬室丛刊》86种、《广川词录》10种、《诗慰》34种等。著有《书舶庸谭》《课花庵词》《曲目韵编》《词曲丛刊》《嘉业堂书目》《诵芬室丛刊》等。

陶湘（1871—1940），字兰泉，号涉园，武进（今常州）人。清末以县学生保送鸿胪寺序班，后累擢至道员。光绪二十八年任京汉路养路处机器厂总办、上海三新纱厂总办。有涉园藏书30万卷，其中明刊4万余卷。编有《故宫殿本书库现存目》《明毛氏汲古阁刻书目录》《清代殿版书目》《武英殿聚珍版书目》《明吴兴阁版书目》等10余种。著有《清代殿本书始末记》《涉园墨萃》等。辑刊《武进涉园陶氏鉴藏明版书目》《涉园所藏宋版书影》《故宫殿本书库现存目》《清代殿版书始末记》《毛氏汲古阁刻书目录》《明吴兴闵版书目》《明内府经厂书口》《涉园明本书志》等，考订《清代殿本书目》《武英殿聚珍板书目》《武英殿袖珍板书目》《涉园收集影印金石图籍字画墨迹丛书拾遗》等，刻有《儒学语》《百川学海》《程雪楼集》《喜咏轩丛书》《涉园所见宋版书影》等。著有《涉园鉴藏明版目录》《清代殿版书目》《武英殿聚珍版书目》《内府写本书目》《故宫殿本书库现存目》等。

第六节　松江府藏书家的出版活动

清代松江府名人多,著述丰富。杜怡顺的《上海清代中前期著述研究》对上海清代前中期的著者(含流寓、仕宦)和各类著述进行了较全面系统的考察,梳理出上海这一时期的著者 690 人,著述 1672 种。[①]

松江府藏书家有:

王昶(1724—1806),字德甫,号述庵,又号共泉,青浦人。乾隆十九年(1754)进士,授内阁中书,协办侍读,入军机处,后又擢刑部郎中。早负诗名,多藏金石碑版,积 1500 通,著《金石萃编》160 卷。又与海内词人游,各出所著词集,归田后辑为《国朝词综》48 卷。另著有《春融堂诗文集》68 卷、《明词综》12 卷、《湖海诗传》46 卷、《续修西湖志》、《青浦志》、《太仓志》、《陕西旧案成编》、《云南铜政全书》,均刊行。未刊稿《滇行目录》3 卷、《征缅纪闻》3 卷、《蜀徼纪闻》4 卷、《属车杂志》2 卷、《豫章行程记》1 卷、《商雒行程记》1 卷、《重游滇诏纪程》1 卷、《雪鸿再录》2 卷、《使楚丛谈》1 卷、《台怀随笔》1 卷、《青浦诗传》36 卷、《天下书院志》10 卷,其未成书的有《群经揭橥》《五代史注》。

钱大昕(1728—1804),字晓徵,号辛楣,又号竹汀,嘉定人。乾隆十六年,乾隆帝南巡因献赋获赐举人,官内阁中书。十九年中进士,复擢升翰林院侍讲学士。三十四年,入直上书房,与修《热河志》,又与修《音韵述微》《续文献通考》《续通志》《一统志》及《天球图》诸书,历主钟山、娄东、紫阳书院。其家富藏书,举家经史子集,考证文字得失,曾自述"官登四品不为不达,岁开七秩不为不年,插架图籍不为不富,研思经史不为不勤。因病得闲,困拙得安,亦仕亦隐,天之幸民"。著有《廿二史考异》《潜研堂文集》《十驾斋养新录》《唐书史臣表》《元史艺文志》等,辑《潜研堂丛书》20 种。

郁松年(1821—1888),字万枝,号泰峰,一作泰丰,上海南翔人。道光二十五年(1845)恩贡生。官内阁中书。喜藏书,其先后收得艺云书

---

① 杜怡顺:《上海清代中前期著述研究》,复旦大学 2012 年博士论文。

第六章　藏书世家的出版活动

清代江苏藏书家最集中的苏南区域,抄刻书也最多。这里藏书抄刻书自为一方风气,以多藏书世家为一大特色。

第一节　长洲县

一、文氏文禄堂

苏州成为明以来中国书画鉴藏中心与长洲文氏书画创作及藏鉴世家密切相关。文徵明(1470—1559)主中吴风雅之盟 30 余年,影响苏州周围的无锡、嘉兴、松江、华亭、徽州等地的书画藏鉴,并影响到明以来的书画鉴藏。文氏所藏多宋版精品如《汉丞相诸葛武侯传》《东观余论》《刘子》《汉隽》《朱文公校昌黎先生集》《抱朴子内篇》《陆士龙文集》《监本纂图重言重意互注礼记》《唐宋名贤历代确论》《容斋三笔》《六臣注文选》《兰亭考》等。文徵明长子文彭(1497—1573)、次子文嘉(1501—1583)、文徵明侄文伯仁(1502—1575)、文彭长子文元肇(1519—1587)、文彭次子文元发(1529—1602)、文元发子文震孟(1574—1636)、文元发子文震亨(1576—1645)均好藏书,精书画鉴别。文氏藏书传统至清代不断。文氏好藏书抄书,王文进的《文禄堂访书记》卷 2 载文氏玉兰堂抄本《大堂西域记》12 卷有文徵明跋,称该书是其从金陵假得宋本携归玉兰堂,命子侄辈分手抄录的。叶德辉在所著《书林清话》卷 10"明以来之钞本"条里把"长洲文衡山徵明玉兰堂钞本"列为"明以来钞本书最为藏书家所秘宝者"。①

文氏家族从事过校刻者有：文从龙，字梦珠，号三楚。万历十年（1582）举人，崇祯十五年（1642）孝廉，善山水，著有《碧梧斋集》，曾校刻《文翰林诗甫田诗选》等。

文从简（1575—1648），字彦可，号枕烟老人。文徵明曾孙。崇祯十三年拔贡，后退隐寒山之麓，以书画自娱，山水画似文徵明、文嘉。曾摹抄考证南宋末年画家郑思肖所撰《心史》手稿。郑思肖《心史》手稿存铁盒藏枯井356年，崇祯十一年大旱，吴

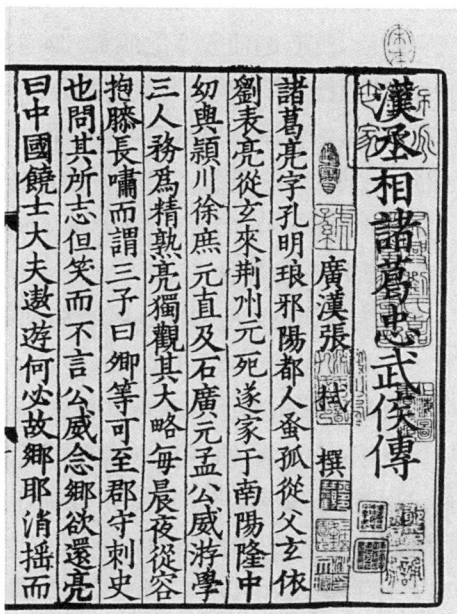

图6-1　文徵明藏宋版《汉丞相诸葛武侯传》

门承天寺僧浚井获铁函，启得《心史》，故《心史》又称《铁函心史》，文从简、陆嘉颖即摹抄，由巡抚张国维捐俸绣梓。文从简撰《承天寺藏书并碑阴记》："崇祯戊寅岁，吴中久旱，城居买水而食，争汲者相捽于道。仲冬八日，承天寺狼山房浚智井，铁函重匮，锢以垩灰，启之，则宋郑所南先生所藏《心史》也。外书'大宋铁函经'五字，内书'大宋孤臣郑思肖百拜封'十字。自胜国癸未迄今戊寅，阅岁三百五十六载，楮墨犹新，古香触手，当有神护。于是乡先辈陆子产嘉颖始发明其书，假钞题识，冀广其传。同志中多兴起者，而诸生张劭，遂献其书于大中丞金华张公，公览而异之，立捐俸绣梓并植碑井旁，复拟构祠置主颜其门。时为庚辰孟春。云余惟先生卓行，载在郡乘画苑，称其画无坡意，不欲着元土一染墨之微，犹不忘君，况此史系其亲历于悲歌涕泪中。考据纂辑者观其誓词，足订史讹，其为传信无疑。昔人寄慨陵古至沉碑于渊，思寿其功业而先

---

① 叶德辉：《书林清话》卷10"明以来之钞本"，第275—283页。

生独遭沦丧,愤懑悱忆,固无忘后世之知之也。孰知一点血心,土封泉渍三百年后,复有起而表章之昭揭,幽魂登厥,琬如张公者乎。固见忠义不泯,旷代相感,而神物吐现,有时良非偶矣。书成其原本镌庋祠中,俾僧达始世守,一梓本行赞成者,乡先辈文子从简、吾师张异度先生及友人张子劭,而宗之为记其缘起如此。茂苑陈宗之记,衡郡文从简书。"

文然(1628—1703),字弓云。刻有《姑苏名贤续记》。

二、汪氏艺芸书舍

汪氏为徽州的第一大姓,因经商而迁徙各地。苏州汪氏亦由徽州迁来。

苏州汪氏藏书始于汪文琛。汪文琛,字厚斋,居山塘之殳家墙门,开"益美布号",饶于资,官民部尚书郎都转。嗜好收藏古籍,所藏名画如清内府初拓本《三希堂法帖》等数十种画作及其善本,都来自黄丕烈、顾之逵旧藏。有藏书楼三十五峰园。

汪士钟(约 1786—?),字春霆,号朗园,一作阆源。长洲(今苏州)人。曾为观察使,官至户部侍郎。汪士钟遍读其父所藏四部之书,蓄志搜罗宋元旧刻及《四库》未收之书。汪士钟堂上有联:"种树类求佳子弟,拥书权拜小诸侯。"可见汪氏痴书之情。

黄丕烈嘉庆二十四年(1819)十一月撰《汪刻衢本〈郡斋读书志〉跋》称:"阆源观察英年力学,读其尊甫都转斋先生所藏四部之书,以为犹是寻常习见之本,必广搜宋元旧刻以及四库未经采辑者,厚价收书,不一二年藏弄日富,犹恐见闻未逮,日从事于诸家簿录,讨其源流,究其同异,俾古书面目毕罗于胸。"

汪士钟不仅藏书,兼藏碑帖,王昶《金石萃集》中所谓千金帖者即藏于艺芸书舍。阮元曾汪赠士钟一联:"万卷图书皆善本,一楼金石是精摹。"可见艺芸书舍收藏之富。《艺芸书舍宋元本书目》载艺芸书舍藏宋版书达 320 种,为清藏书家藏宋版书最多者。

汪士钟藏书之外,还刻书。他影刻宋本《孝经义疏》《仪礼疏》《刘氏诗说》《郡斋读书志》诸书,校勘精审,镌刻精美,督工摹刻者为顾千里,举世珍若球璧。其中,《仪礼疏》50 卷以原黄丕烈所藏宋景德本影摹。顾千里道光十年有《重刻宋本〈仪礼疏〉序》(代汪阆源)和《重刻宋本〈仪礼疏〉后序》。① 宋本《刘氏诗说》明代以前未显于世,嘉庆年间仪征阮氏所进呈的宋本《刘氏诗说》归汪士钟所有,但缺佚第2、第9、第10共三卷。汪士钟几经搜罗,从嘉兴钱氏借补第2卷付梓,而"第九第十两卷终不可得",后皕宋楼主人陆心源从书估处得到旧钞《刘氏诗说》却缺第7、8卷,于是"各家所缺九、十两卷则完因以汪氏刊本互相钞补而成全璧焉。"② 艺芸书舍刻本《郡斋读书志》20卷,有顾千里《〈郡斋读书志〉跋》2篇。③

汪士钟曾取所藏宋元之本撰《艺芸书舍宋元本书目》2卷,载宋本320种,元本196种(一说宋本319种包括宋抄本2种、金刻本5种,元本156种),依经、史、子、集四部类列,每书著录卷数、撰人里爵时代。

第二节　常熟县

一、赵琦美

常熟赵氏藏书从赵承谦(1487—1568,字德光,号益斋)起,经赵用贤父子到赵宗建,赵氏藏书历经十余世。叶德辉《书林清话》卷10把"常熟赵清常琦美钞本"列为"钞本中之可贵者"④。翁同龢光绪十五年(1889)撰《次韵赵次侯宗建送行之作》诗之一称:"三百年来第一家,修篁古木静无哗。先生东郭兼南郭,处士山涯又水涯。好事每愁花易落,留宾不厌酒频赊。梅颠绰有元华气,尚恨窗棂面面遮。""三百年来第一家"句下自注:"次公报慈桥宅,已三百年矣。"⑤

赵用贤藏书,据其《赵定宇书目》所载为3000余种,其子赵琦美藏书多达5000余种、2万余册,并刊刻书36种、126卷。赵氏后人赵宗德、宗建兄弟的旧山楼藏有赵琦美校抄补的惊人秘籍《古今杂剧》等,并刊《赵氏三集》传世。

---

① 顾广圻著、王欣夫辑:《顾千里集》,北京:中华书局,2007年,第128—130页。
② 陆心源:《仪顾堂集》卷16,光绪二十四年(1898)归安陆氏刻本。
③ 顾广圻著、王欣夫辑:《顾千里集》,北京:中华书局,2007年,第300—301页。
④ 叶德辉:《书林清话》卷10"明以来之钞本",第275—283页。
⑤ 翁同龢纪念馆编:《翁同龢诗词集》,上海:上海古籍出版社,1998年,第122页。

二、钱谦益绛云楼

常熟钱谦益绛云楼藏书最富时,曾被推为江南藏书第一。钱曾得绛云楼焚余之书,其书目著录3800余种,超过《四库全书》收书数。叶德辉《书林清话》卷10把钱谦益绛云楼钞本、钱曾述古堂钞本、钱谦贞竹深堂钞本列为"明以来钞本书最为藏书家所秘宝者"①。

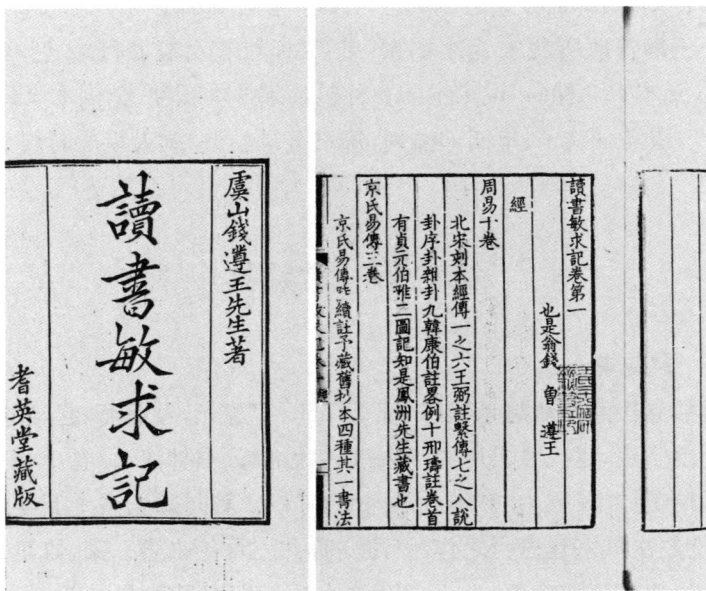

图6-2 钱曾撰《读书敏求记》

钱谦益(1582—1664),字受之,号牧斋,又号蒙叟、东涧遗老,别署东吴蒙叟、篯后人等。明末清初常熟人。生于常熟城东宾汤门内坊桥西。万历三十八年(1610)探花,授翰林院编修,官至礼部侍郎。入清,任礼部右侍郎。钱谦益将其绛云楼焚余古籍尽数赠给族曾孙钱曾。

钱谦贞(1593—1646),字履之,晚号耐翁,私谥孝节。崇祯十七年(1644)刻自撰《未学庵诗稿》10卷,抄有唐李群玉《李群玉集》3卷后集5卷、杜荀鹤《唐风集》3卷、李益《李君虞诗集》2卷、方干《元英集》8卷等。

钱孙保(1624—1671),字求赤,一名容保,号匪庵,别署木讷逸人、木

---

① 叶德辉:《书林清话》卷10"明以来之钞本",第275—283页。

讻野人。著有《赤学庵诗集》10卷,评明代诗文有《匪庵四书明文选》10卷补格1卷。抄有《周易注疏》13卷、陆德明《经典释文》30卷附《释文互注礼部韵略》5卷《贡举条式》1卷、王彝《王常宗集》4卷补遗1卷。

钱兴祖,一名纯,字孝修,号幔亭。抄《十六国春秋略》16卷等。

三、陈揆稽瑞楼

陈揆稽瑞楼藏书10余万卷,所藏以旧抄本、名人校本著称于世,撰有《稽瑞楼书目》①,陈揆、张昭容为夫妇藏书家。陈氏以多罕见的抄本、校本与乡邦文献著称于世。

陈揆(1780—1825),字子准,居常熟城南九万圩,一说居南门内小石桥。

陈揆自己抄的书,据瞿冕良《常熟先哲藏书考略》著录有13种79卷:"唐孙奭等《律》12卷《音义》1卷、唐刘禹锡《刘宾客文集》30卷外集10卷、唐李商隐《李义山文集》5卷、唐韦庄《韦端已诗补补遗》1卷、《唐太宗李卫公问对》3卷、宋陈旉《农书》3卷、宋秦观《蚕书》1卷、宋楼璹《於潜令楼公进耕织二图诗》1卷、宋凌万顷《玉峰志》3卷、宋边实《玉峰续志》1卷、宋陈昉《颖川语小》2卷、明许元溥《吴乘窃笔》1卷、明张洪《张修撰遗集》4卷附录1卷。"②其中,《中国古籍善本书目》收录6种。

《重修常昭合志》人物志陈揆传③云陈揆晚年欲刻唐以上传本较稀、有裨学问者为《稽瑞楼丛书》,草创甫就,遽卒。其《稽瑞楼书目》,光绪年吴县潘文勤始为刊印焉。

四、瞿氏铁琴铜剑楼

常熟瞿氏铁琴铜剑楼与山东聊城杨氏海源阁、浙江钱塘丁氏八千卷楼、浙江归安陆氏皕宋楼合称为清代后期四大著名藏书楼,又有"南瞿北杨"的美称。瞿氏藏书以求精、重用见长,历经瞿进思、瞿绍基、瞿镛、瞿秉渊、瞿秉清、瞿启甲、瞿济苍、瞿旭初、瞿凤起等递藏,新中国成立后瞿氏献书归公,事迹感人。瞿氏以所藏珍本自刻或助人刻书,广为传播私藏。

瞿绍基(1772—1836)为瞿氏铁琴铜剑楼第一代楼主。绍基,字厚

① 陈揆:《稽瑞楼书目》4卷,《丛书集成初编》本据《滂喜斋丛书》本排印,总类第39册。
② 瞿冕良:《常熟先哲藏书考略》,见徐雁、王燕均主编《中国历史藏书论著读本》第728页。
③ 常熟市地方志编纂委员会办公室标校:《重修常昭合志》,第1003页。

培,号荫棠,力学工文,诗文典雅有法,肄业游文书院,乾隆五十八年(1793)补廪生,援例以训导分发试用,署阳湖县学训导,因母年老不复求仕,读书乐道,著有诗集《诗草》1卷,曾补《两汉会要》。绍基自奉谨约,惟好聚书,不惜重金广购书籍,旁及金石,经、史、子、集均手自校雠,历十年而积书至十万余卷。绍基又喜欢抄书,专用的抄书纸印上墨格,书版心有"恬裕斋"三字,抄存之书有宋程大昌《考古编》10卷等。

瞿绍基之子瞿镛(1794—1846)字子雍,为瞿氏铁琴铜剑楼第二代楼主。幼年就读于家塾,其父课读甚严,稍长进入县学,以岁贡生终。瞿镛藏书来源主要是继承其父遗书,并自己抄录图书,购置图书。瞿镛抄有唐马总《通历》15卷、唐王泾《大唐郊祀录》10卷、宋钱文子《太宗皇帝实录》80卷、宋郭允蹈《蜀鉴》10卷、宋郭允蹈《宋朝大诏令集》195卷、宋吕祖谦《左传类编》6卷、元许谦《读四书丛说》8卷、元萧镒《四书待问》22卷等一大批图书。

瞿庸之孙瞿启甲(1873—1940)为瞿氏铁琴铜剑楼第四代楼主。启甲,字良士,擅文学、书法,在整理铁琴铜剑楼藏书和传播家藏文献方面作出了巨大贡献,一是光绪二十四年(1898)刊刻《铁琴铜剑楼藏书目录》24卷;二是民国十一年(1922)编《铁琴铜剑楼宋金元本书影》影印出版;三是汇辑《铁琴铜剑楼藏书题跋集录》。瞿启甲勤于著述,著有《前明常熟瞿氏四代忠贤遗象》1卷、《壬子春常熟圩工征信录》2卷、《海虞艺文目》1卷、《常熟县图书馆藏书目录》1卷、《铁琴铜剑楼宋金元本书影》不分卷、《铁琴铜剑楼藏书题跋集录》、《铁琴铜剑楼金石录》1卷、《铁琴铜剑楼藏扇集锦》2卷、《瞿启甲文存》,辑《瞿氏诗草》、《铁琴铜剑楼丛书》13种,还参与重修《常昭合志》。尤其是,启甲公开私藏,一是以校雠并出版《铁琴铜剑楼书目》、影印《铁琴铜剑楼宋金元本书影》、汇辑《铁琴铜剑楼藏书题跋集录》来公布私藏及其精品;二是直接整理出版铁琴铜剑楼所藏图书,如重刊《秋影楼诗集》,影刊《河间刘守真伤定直格》、《离骚集传》、《周贺诗集》、《李丞相诗集》、《中原音韵》等;三是提供藏书影印铁琴铜剑楼所藏精品,民国九年(1920)至民国十四年(1925),上海商务印书馆影印的大型丛书《四部丛刊》初编、续编、三编,是影响极大的丛书之一,启甲提供了铁琴铜剑楼所藏宋元古籍珍本81种作为影印底本,成为当时《四部丛刊》诸编所采录的私家藏本之冠,商务印书馆出版《百衲本二十四史·汉书》32 册系借铁琴铜剑楼藏北宋景佑本影印而成,《百衲本二十四史·旧唐书》36 册,系借铁琴铜剑楼藏宋刊本影印阙卷并以明闻人诠复宋本配补;四是在家乡倡设公立图书馆,任筹办图书馆主任、首任馆长,并捐赠家藏图书 42 种 649 册。启甲临终遗命家人"书勿分散,不能守,则归之公"。

五、翁同龢

常熟翁氏耕读传家,为江南典型的藏书世家。翁氏藏书从翁同龢七世祖翁应祥兄弟起,历时 400 多年 10 多代,是罕见的藏书世家。

翁同龢(1830—1904),字声甫,又作笙甫,号叔平,别署均斋,又作韵斋,又署瓶笙,一作瓶生,晚号松禅、松禅老人、瓶庵、瓶居士、瓶庐居士、井眉居士等,别号天放闲人。翁同龢为同治、光绪两朝帝师,爱好收藏,由于久宦京华,地位特殊,收藏图书精本极多,郑振铎称"常熟翁氏的书,没有一部不是难得之物"。[①] 翁同龢藏书是常熟翁氏家族藏书的集大成者,其藏书代表常熟翁氏藏书进入巅峰,因之而翁氏藏书被列为晚清九大私家藏书之一。

图 6-3 常熟翁氏绤衣堂

---

① 郑振铎:《西谛书话》,北京:生活·读书·新知三联书店,2005 年,第 409 页。

翁同龢的子孙也直接受祖父、父辈藏书读书的影响,传承翁氏家族藏书,并有所增益。翁曾文喜藏书,24 岁早世。国家图书馆藏翁曾文藏书清抄本《绛帖平》、汲古阁抄本《诚斋集》、抄本《毛诗要义》《谱序要义》。[①] 翁曾源(1834—1887,翁同书子)抄校《读书方舆纪要总纪》《今水经》等书。翁曾翰(1837—1878)喜藏书抄书,16 岁时抄录《宋四家词选》。[②]

翁斌孙(1860—1922,翁同书之孙)爱好藏书,为翁同龢认为"子孙之能读书者"。[③] 抄校书很多,有《穆天子传》《百夷传》《五国故事》《江阴李氏得月楼书目摘录》等。

翁同龢之曾孙辈翁之润(1879—1905)留意词人文献收集整理,编刊《题襟集》,辑录《曝书亭词拾遗》《思读误书室抄校五家词》,校跋《墨子》《太乙宝鉴录》《金奁集》等。翁之廉(1882—1919)校跋《默庵遗集》《元朝名臣事略》等,手抄《宋四家词选》等。

第三节　昆山县

一、叶氏菉竹堂

苏州昆山自晋代开始有私家藏书,宋以来私家藏书蔚然成风。昆山藏书家中,又以叶氏藏书世家最著称。据传宋代吴县(今苏州)人叶梦得藏书逾 10 万卷。[④] 昆山叶氏藏书确有可考始自明代叶春。叶春字景春,号醉耕,喜积书,建家塾以教诸子及里中子弟。[⑤] 自叶春次子叶盛(1420—1474)菉竹堂藏书始,叶氏藏书数代递藏,在中国藏书史

① 中国古籍总目编纂委员会编:《中国古籍总目》经部,北京:中华书局、上海古籍出版社,2012年,第 327 页。
② 周德明、陈先行主编:《翁氏藏书与翁氏文献》,上海:上海书画出版社 2016 年,第 109—111 页。
③ 北京图书馆善本组辑录:《翁同龢书跋》,《文献》19 辑,北京:书目文献出版社 1985 年,第 217—238 页。
④ 叶昌炽:《藏书纪事诗》附补正,卷 1,第 36—37 页。
⑤ 叶庆元:《吴中叶氏族谱》卷 54《明景春公春传》,清宣统三年(1911)刻本。

上少见。《菉竹堂书目》为叶盛家藏书目,书中经、史、子、集各一卷,首卷《制》为官颁各书及赐书赐敕之类,末卷《后录》为其家所刊及自著书,前有成化七年(1471)叶盛自序,叙列体例本马端临《经籍考》而略有增损,载书4600余册、22700余卷。叶盛藏书经其子叶晨(?—1510)、孙叶梦淇、曾孙叶良材(1501—1553),至玄孙叶恭焕建成菉竹堂,藏书万余卷,并在住宅东面建茁园,购天下奇书,藏书增至万余卷。[①] 传至清初叶氏藏书又有所发展。叶氏好抄刻书,叶德辉在所著《书林清话》卷10"明以来之钞本"条里把"昆山叶文庄盛赐书楼钞本"列为"明以来钞本书最为藏书家所秘宝者",把"昆山叶德荣国华钞本"列为"钞本中之可贵者"。[②]

叶梦淇刻叶盛所遗著述,叶恭焕刻《清异录》、《水乐日记》、《云仙杂记》10卷、《昆山杂咏》28卷等。

二、徐氏传是楼

昆山徐氏家族为清初东南望族。徐氏一门三鼎甲,人称"昆山三徐"。昆山三徐藏书在当时有甲天下的美称。叶德辉在所著《书林清话》卷10把昆山徐健庵乾学传是楼钞本列为"明以来钞本书最为藏书家所秘宝者"。[③]

徐乾学(1631—1694),字原一,号建庵。康熙九年(1670)探花。官至左都御史、刑部尚书,曾劾罢江西巡抚安世鼎。学识通达,长于文学、经史、考据,康熙年间先后充任《明史》总裁、《清会典》、《大清一统志》副总裁。

徐元文(1634—1691),字公肃,号立斋。顺治十六年(1659)状元。授翰林院修撰。康熙间,历任国子监祭酒、《明史》馆总裁,官至文华殿大学士兼翰林院掌院学士。

徐乾学利用家藏并广泛收集唐宋以来经解之书辑成《通志堂经解》。此书重视底本选择,荟萃宋元经学要籍佳椠,上承《十三经注疏》,下启《经苑》《皇清经解》,为《十三经注疏》之后最大经学丛书,刻印非常精良,

① 叶昌炽:《藏书纪事诗》附补正,卷2,第116—120页。
② 叶德辉:《书林清话》卷10"明以来之钞本",第275—283页。
③ 叶德辉:《书林清话》卷10"明以来之钞本",第275—283页。

为清代软体字写刻本的重要代表,《四库全书》及后世抄、刻、影印古籍,多取之为底本。《通志堂经解》卷首有徐乾学《总序》署"康熙十有九年庚申日讲官起居注左春坊左赞善兼翰林院检讨昆山徐乾学谨序"载:"秀水朱竹垞谂余,书策莫繁芜于今日,而古籍渐替,若经解仅有存者,弥当珍惜矣……有宋兴起,洛闽大儒,弘阐圣学,下及元代,流风未殄,凡及门私淑之彦,各有著述,发明渊旨,当时经解最盛。而余观明时文渊阁及叶文庄、商文毅、朱灌甫所藏书目,宋元诸儒之书,存者亦复寥寥可数。即以万历中《东阁书目》较之《文渊阁书目》,百余年间,历世承平,而内府清秘之藏,已非其旧,欲其久传无失,讵可得哉?……明兴,敕天下学校皆宗程朱之学。永乐时诏辑《四书》、《五经》、《性理大全》,征海内名士,开馆东华门,御府给笔札,冀成巨典。是时胡广诸大臣,虚糜廪饩,叨冒迁赍,《四书大全》则本倪士毅《通义大成》,《诗》则袭刘瑾《通释》,《春秋》则袭汪克宽《纂疏》,剿窃蓝本,苟以塞责而已。诏旨颁行,末学后生奉为宝书,并贞观义疏不复寓目,遑及其它,即更有名贤纂述流布人间,谁复搜访珍藏?益叹先儒经解,至可贵重,其得传于后,如是之难也……皇朝弘阐《六经》,表微扶绝,海内喁喁向风,皆有修学好古之思。余雅欲广搜经解,付诸剞劂,以为圣世右文之一助,而志焉未逮。今感竹垞之言,深惧所存十百之一又复沦斁,责在后死,其可他诿?因悉余兄弟家所藏本,覆加校勘,更假秀水曹秋岳、无锡秦对岩、常熟钱遵王、毛斧季、温陵黄俞邰及竹垞家藏旧版书若抄本,厘择是正,总若干种,谋雕版行世。门人纳兰容若尤怂恿是举,捐金倡始,同志群相助成,次第开雕。经始于康熙癸丑,踰二年讫工。借以表章先哲,嘉惠来学。功在发余,其敢掠美。因叙其缘起,志之首简。"①《通志堂经解》1860卷,始刻于康熙十二年,康熙十九年徐乾学撰《总序》时大部分完成,纳兰成德(1654—1685)康熙二十四年殁后仍未竣事。虽现各书目多署纳兰成德编刻,但真正辑刻者为徐乾学。② 乾嘉时学者姚元之在其所著《竹叶亭杂记》卷四中记:"《通志堂经

---

① 徐乾学编:《通志堂经解》卷首,康熙间昆山徐乾学刻本。又,徐乾学:《新刊经解序》,徐乾学:《憺园文集》卷21,《续修四库全书》集部,上海:上海古籍出版社,1995 年。

② 王爱亭:《徐乾学、纳兰成德与〈通志堂经解〉关系新探》,《图书情报知识》2011 年第 1 期,第 50—56 页。

解》,纳兰成德容若校刊,实则昆山徐健庵家刊本也。高庙有'成德借名,徐乾学逢迎权贵'之旨。成为明珠之子,徐以其家所藏经解之书,荟而付梓,镌成名,携版赠之,序中绝不一语及徐氏也。"①

徐乾学家刻书甚多,如徐氏冠山堂重刻明东吴徐氏东雅堂刻宋本唐韩愈撰、宋廖莹中校正《韩昌黎全集》40卷、《外集》10卷。康熙十六年徐乾学刊明江陵张居正、吴郡顾梦麟等撰辑《四书集注直解说约》27卷。康熙十八年缪彤、徐乾学等刻清宋之绳撰《载石堂诗稿》2卷、《柴雪年谱》1卷。康熙三十年徐乾学刻清纳兰性德撰《通志堂集》20卷。康熙三十二年(1693)刻清徐乾学辑《遂园禊饮集》3卷。康熙三十三年(1694)徐乾学辑刻清禹之鼎绘《遂园禊饮集》三卷等。②《通志堂经解》刊成时间在康熙三十年八月前后,地点在昆山,印版最初储于徐乾学家,后贮于苏州织造局。③

顾炎武(徐乾学舅父)倡导抄书,受其影响,徐乾学亦爱好抄书。"昆山徐健庵乾学传是楼钞本",叶德辉在所著《书林清话》卷10"明以来之钞本"条中,列为"明以来钞本书最为藏书家所秘宝者"28家之一。④ 张金吾《爱日精庐藏书志》卷1《经部·易类》著录传是楼抄本《周易要义》10卷:"版心有'传是楼'三字"。黄丕烈《士礼居藏书题跋记》卷2《史类》著录校抄本《五代春秋》:"甲戌十一月二十九日,偶从坊间借得传是楼黑格钞本,校一遍,钞本每叶二十二行,每行二十字,计十二番。稍有异字,较此新刻殊顺。"徐秉义书多借稿本抄录。徐元文含经堂有旧抄本《大宋宝佑四年丙辰岁会天万年具注历》1卷等。

① 姚元之:《竹叶亭杂记》卷4,北京:中华书局,1982年。《四库全书总目》卷183《通志堂集》载:"国朝纳喇性德撰……《九经解》即其所刻,而徐乾学延顾湄校正之。以书成于性德殁后,版藏徐氏,世遂称《徐乾九经解》,并通志堂而移之徐氏,实相传之误也。"见永瑢、纪昀等:《四库全书总目》卷183,北京:中华书局1965年影印清乾隆六十年浙江刻本。
② 徐学林:《传是楼主徐乾学的编书、藏书和刻书活动》,《出版科学》2007年第3期,第83—87页。
③ 杨国彭:《〈通志堂经解〉刊刻问题新探》,《中国典籍与文化》,2019年第2期。杨国彭:《胡季堂与〈通志堂经解〉的补刊》,《文献》2019年第1期。
④ 叶德辉:《书林清话》卷10"明以来之钞本",第275—283页。

第四节　吴县

一、黄氏士礼居

吴县黄丕烈终身藏书、校书，成就卓著，是苏州藏而能读的藏书家典型，素有"乾嘉以来藏书之大宗""目录学之盟主""版本学之泰斗"之誉。[①] 黄丕烈以其丰富的藏书和在版本学、校勘学、目录学领域独到的思想与实践，使清中期乾隆、嘉庆间的收藏界呈现以苏州黄丕烈藏书为中心的"百宋一廛"时期。正如陈登源《古今典籍聚散考》所称："［嘉庆中］能及时崛起，足以复汲古、绛云之盛者，则黄丕烈之百宋一廛是已。昔人谓乾嘉以来，藏书家当以丕烈为大宗，而乾嘉间之藏书史，可谓百宋一廛之时代，允矣。"[②]黄丕烈士礼居刻书校勘精良，公认为精善本。

图 6-4　黄丕烈之像

黄丕烈交往广泛，书友多，其中有藏书四友的顾之逵、周锡瓒、袁廷梼，著名学者钱大昕、段玉裁、王念孙、孙星衍、顾广圻等，还有陈鳣、鲍廷博、朱奂、吴骞、张绍仁等藏书名家，以及萃古斋主人钱听默、五柳居主人陶珠琳等书商贩，有高层次的交往和广泛的书源，因此能够收集到宋元旧刻和未见本。

黄丕烈强调藏书流通，不仅大量向人借书以抄录、校勘，而且借书于人。他在《孟东野集十卷》跋中说："古人藏书最重通假，非特利人，抑且

---

① 姚伯岳：《黄丕烈评传》，南京：南京大学出版社，1998年，第290—298页。
② 陈登源：《古今典籍聚散考》，上海：华东师范大学出版社，2010年，第260页。

利己,如予与香严居士为忘年交,所藏书必通假。"黄丕烈珍惜善本,藏书流通有所选择。黄丕烈又在《〈辛稼轩长短句十二卷(校元本)〉跋》中说:"昔人不轻借书与人,恐其秘本流传之广也,此鄙陋之见,何足语藏书之道。"又说:"余平生爱书如护头目,却不轻借人,非恐秘本流传之广也。人心难测,有借而不还者,有借去轻视之而或致损污遗失者,故不轻假也。同好如张君切庵,虽交不过十年,而爱书之专、校书之勤,余自愧不及,故敝藏多有借去手校者。……向使未经借出而无校本之流传,则元本几成独种矣,又如何从而临校耶,书此以为借书与人者劝。"①现国家图书馆藏元大德三年(1299)铅山广信书院刊本《辛稼轩长短句》12卷末卷后也有黄丕烈跋。

黄丕烈除了流通藏书借人外,还编制书目,大量刻书以流传秘本。这些都是其藏书开放的重要体现。

黄丕烈主持刊刻了近30种珍贵图书,其刻本少数用宋体字上版,多影刻本或写刻本,刻印雅致,校勘精良,书法优美,纸墨具佳,被公认为精善本。特别是,嘉庆二十三年(1818)黄丕烈辑刻的《士礼居丛书》19种,其中,宋明道二年的《国语》是现存《国语》最古之本;剡州姚氏本《战国策》是此书传世最古之刻本;宋严州本《仪礼郑注》、欧阳忞的《舆地广记》《伤寒总病论》《洪氏集验方》等都是极为为罕见之书。黄丕烈刻书又多

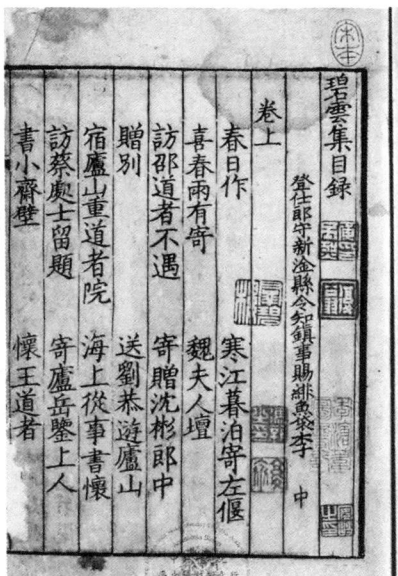

图6-5 黄丕烈藏宋临安府陈宅书籍铺刻本《碧云集》

据家藏宋本影写重刻,刊刻精善,几可乱真,使稀见古籍得以"留真"复制传播,世称"下真迹一等"的善本。《士礼居丛书》中仅影刻本就有10种,保存了古书的原貌。《士礼居丛书》收入《丛书集成初编》,1935年5月,

① [清]黄丕烈:《〈辛稼轩长短句十二卷(校元本)〉跋》,《士礼居藏书题跋记》,第318—319页。

商务印书馆出版了一册《丛书集成初编目录》,内容包括《缘起》《凡例》《丛书百部提要》《目录分类说明》《目录》《新闻纸本样张》《新闻纸本预约简章》等,《缘起》署名王云五,其他均不署名。《丛书百部提要》实张元济著。《丛书百部提要》中对《士礼居丛书》评价道:"《士礼居丛书》19 种 194 卷,清嘉庆黄丕烈校刊(士礼)。丕烈,字荛圃。吴县人。乾隆戊申举人。喜藏书,得宋刻百余种,颜其室曰'百宋一廛',元和顾广圻为《百宋一廛赋》以美之。嘉庆戊寅,刊成《士礼居丛书》十九种。其中,如宋本郑氏《周礼》、《仪礼》、天圣明道本《国语》、剡川姚氏本《国策》,与夫庞安常之《伤寒总病论》、洪迈之《集验方》,尤为罕见之书。所附札记,诠释音义,刊正谬误,允为校勘家翘楚。乾嘉之际,东南藏书家,以士礼居为巨擘,取精用宏,故丛书所选为世所重。兵燹之后,流传绝少,好占之士,珍如鸿宝焉。"①

嘉庆四年(1799),黄丕烈开始刻印他的第一本书《国语》,该年十月二十七日,撰成《国语札记》。②

从嘉庆四年至道光四年他几乎每年刻书,所刻书有:

嘉庆四年,《国语》21 卷;

嘉庆五年,《汲古阁珍藏秘本书目》1 卷;

嘉庆八年,《战国策》33 卷;

嘉庆九年,《博物志》10 卷;

嘉庆十年,《季沧苇藏书目》1 卷、《百宋一廛赋注》1 卷;

嘉庆十一年,《梁公九谏》1 卷;

嘉庆十三年,《焦氏易林》16 卷;

嘉庆十四年,《孟子音义》2 卷,《宣和遗事》前集 1 卷、后集 1 卷;

嘉庆十五年,《寒石上人倚杖吟》2 卷;

嘉庆十六年,《藏书纪要》1 卷;

嘉庆十七年,《舆地广记》38 卷;

---

① 张元济:《丛书百部提要》,《丛书集成初编目录》,北京:商务印书馆,1935 年。
② [清]江标撰、王大隆补:《黄丕烈年谱》,北京:中华书局,1988 年,第 21 页。

嘉庆十八年,《孝经今文音义》1 卷、《论语音义》1 卷、《梅花喜神谱》2 卷;

嘉庆二十年,《仪礼郑注》17 卷;

嘉庆二十一年,《汪本隶释刊误》1 卷;

嘉庆二十二年,《船山诗选》6 卷;

嘉庆二十三年,《校宋周礼》12 卷、《墨表》4 卷;

嘉庆二十四年,《洪氏集验方》5 卷;

道光元年,《夏小正戴氏传》4 卷、《夏小正经传集解》4 卷;

道光二年,《千手千眼观世音菩萨广大圆满无碍大悲心陀罗经》1 卷;

道光三年,《伤寒总病论》6 卷、《莐言》2 卷;

道光四年,《同人唱和诗》3 卷。①

黄丕烈注重藏书校勘,因而所刻书以精善称。黄丕烈第一次校勘藏书,是在乾隆五十五年(1790)二十八岁那年,借朱氏滋兰堂藏本《大戴礼记》经临毕,长至日,取卢本复校《大戴礼记》。② 黄丕烈在《〈列子新论〉十卷(校宋明抄本)跋》中说:"余好古书,无则必求其有;有则必求其本之异,为之手校;校则必求其本之善,而一再校之。此余之所好在此。"③黄丕烈精审的校勘,为其刻书提供了质量保障。

黄丕烈每得一书,都先对其来源、版本、内容等细细考证,精审校勘,并以题跋的形式记录鉴定结果。校勘中,为存其求实,不改任何一字,而以校勘记的形式指出原书的错误,撰有《周礼札记》《国语札记》《战国策札记》《山海经校勘记》《伤寒总病论札记》等校勘记,札记,既保存原书之面貌,又对原书错误加以更正。黄丕烈的校勘方法,即叶德辉《藏书十约》所谓"死校法":"死校者,据此本以校彼本一行几字,钩乙如其书。一点一画,照录而不改,虽有误字,必存原文。顾千里广圻、黄荛圃丕烈所

---

① 姚伯岳:《黄丕烈评传》,第 216—217 页。

② [清]江标撰、王大隆补:《黄丕烈年谱》,第 4 页。

③ 黄丕烈:《〈列子新论〉十卷(校宋明抄本)跋》,《黄丕烈书目题跋》中华书局编辑部编《清人书目题跋丛刊》本。

刻之书是也。"①所以,经黄丕烈所校之书,均称善本。

　　道光五年(1825),黄丕烈在玄妙观前开设滂喜园书籍铺,并有滂喜园售书价目帖。② 设滂喜园书籍铺为其长孙黄美鎏习业,也促进了善本书的流传。

　　严佐之在《黄丕烈版本学思想辨析(上)》中指出:"清代藏书家之多不下百数,能以版本学家相称的却不多,乾嘉时期的黄丕烈可算是一个。"③

　　黄丕烈亲自编纂了《所见古书录》《百宋一廛书录》《百宋一廛赋注》《求古居宋本书目》等多种书目,发展了目录学中版本目录一派。

　　其《所见古书录》,张钧衡《百宋一廛书录》跋述为黄氏生前并未编定,"身后瞿木夫分为二十卷,稿本归陆存齐,亦售与日本岩崎氏。今此残帙无意得之,宋椠一百十二种,较顾赋只短十种,亦罕见之秘笈矣"。

　　黄氏另有《士礼居刊行书目》,按出版时间为序,著录内容有书名、册数、书价、刊年。范锴在道光二十五年刻《华笑庼杂笔》卷三载:"吴郡黄荛圃主政丕烈,藏书甚富,宋元板及影抄旧日,无不精善,尝出示《士礼居刊行书目》,其书价册数均著名某书之下,并记付梓之岁,录之以备后有观者。"④这是营业书目的成功探索。

　　黄丕烈藏而能读,长于鉴别,勤于校勘,每遇一书,丹黄雠校,笔耕不辍,所撰题跋、札记今存 800 多篇,成为后人了解古书的刊刻源流、版本异同、授受经过以及藏书掌故等的重要文献和极富价值的版本目录。

　　黄丕烈的藏书题跋、札记为后人所重。光绪十年(1884),潘祖荫搜集黄氏题跋,刻成《士礼居藏书题跋记》6 卷。后缪荃孙续加编集,并先后由江标、邓秋湄刻成《士礼居题跋续记》2 卷、《士礼居题跋再续记》2 卷。后缪荃孙、章钰等又将黄氏题跋荟萃重编为《荛圃藏书题识》10 卷、《刻书题识》1 卷,由金陵书局 1919 年刊行。王大隆 1933 年增辑《荛圃藏书题识续录》4 卷、《杂著》1 卷,订正缪辑《题识》之误,1940 年又辑《荛

---

① 叶德辉:《藏书十约》,见祁承爜等:《藏书记》,扬州:广陵书社,2010 年。
② [清]江标撰、王大隆补:《黄丕烈年谱》,第 91 页。
③ 严佐之:《黄丕烈版本学思想辨析(上)》,《图书馆杂志》1985 年第 1 期。
④ 姚伯岳:《黄丕烈评传》,第 231 页。

圃藏书题识再续录》3 卷。缪、王三录共辑题跋 825 篇,刻书题识 34 篇
(杂著除外),超过士礼居藏书题跋三记内容。王氏续辑之初,李文绮辑
得缪氏《荛圃藏书题识》失载者 28 篇,取名《士礼居藏书题跋补录》由
1929 年铅行,其中《谗书》《淮海居士长短句》两篇补正缪氏《题识》之误
并为王氏《续录》《再续录》所未及。中华书局编辑部编《清人书目题跋丛
刊》之《黄丕烈书目题跋》,收录《荛圃藏书题识》10 卷附《补遗》、《荛圃刻
书题识》1 卷附补遗、《荛圃藏书题识续录》4 卷《杂著》1 卷、《荛圃藏书题
识再续录》3 卷、《士礼居藏书题跋补录》、《百宋一廛赋注》、《百宋一廛书
录》1 卷,1991 年 10 月出版。

　　黄丕烈的藏书题跋、札记得到学界高度评价。缪荃孙在《荛圃藏书
题识》序称:"其题识于版本之后先,篇第之多寡,言训之异同,字画之增
损,授受之源流,繙摹之本末,下至行幅之疏密广狭,装缀之精粗敝好,莫
不心营目识,条分缕析,跋一书而其书之形状如在目前,非《敏求》空发议
论可比。"①

　　黄丕烈的题跋,体现了他创新的版本学思想。黄丕烈注重利用古书
的字体、墨色、纸张、行款等版本外在形制鉴定版本,利用序跋、避讳字、
牌记、刻工等版本内在特征鉴定版本,引用诸家书目鉴定版本,仔细考订
版本源流综合鉴定版本。这些版本鉴定的方法至今实用。

　　黄丕烈以题跋存史,记载了丰富的书林掌故,成为研究中国藏书史、
出版史的重要文献。例如,见之黄丕烈《士礼居藏书题跋记》所录吴门书
坊有:胥门经义斋胡立群、五柳居陶廷学子蕴辉、山塘萃古斋钱景凯、郡
城学余堂书肆、玄妙观前学山堂书坊、府东敏求堂、玄妙观东闵师德堂、
臬署前书坊玉照堂、臬署前文瑞堂、臬辕西中有堂书坊、醋坊桥崇善堂书
肆、郡东王府基周姓墨古堂、阊门横街留耕堂、阊门书业堂、阊门文秀堂
书坊、金阊门外桐泾桥头书铺芸芬堂、玄妙观前墨林居、紫阳阁朱秀成书
坊、葑门大观局、遗经堂、酉山堂、本立堂书坊、胡苇洲书肆、书友吕邦惟、
郁某、郑益偕、胡益谦、邵钟麐、沈斐云、吴立方、书船友曹锦荣、吴步云、

---

① 缪荃孙:《〈荛圃藏书题识〉序》,《黄丕烈书目题跋》中华书局编辑部编《清人书目题跋丛
刊》本。

郑辅义、邵宝墉、华阳桥顾听玉、常熟苏姓书估、平湖估人王徵麟、无锡浦姓书估、湖人施锦章、陶士秀、买骨董人沈鸿绍等。① 又如，2011 年初，西泠印社拍卖有限公司在北京寻访到清嘉庆五年（1800）黄丕烈读未见书斋所刻《国语》21 卷附校刊明道本韦氏解《国语札记》1 卷，2 册纸本，书中有黄丕烈题赠朝鲜使臣朴齐家（1750—1805）的手跋："嘉庆辛酉，余计偕北来，与朝鲜使臣朴公修其相遇于琉璃厂书肆，笔谈半日，蒙制楹帖以赠，并索鄙制。余自惟浅陋，无所述学。近尝翻雕影宋本国语韦氏解略附札记，思举以相质。而箧中又未携此，遂丐诸友人陈简庄所携者赠之，所以见缔纻之风于斯未堕尔。吴县黄丕烈识。"黄丕烈与朝鲜文人间交往的题跋，从一个侧面反映了清代嘉庆年间中朝文化交流之史实。②

　　黄丕烈的题跋有文有诗，内容丰富，时或为有一点思想、一点史料、一点艺文情趣的优美小品文。例如，根据仲威 2013 年初夏在上海图书馆碑帖整理中发现的《黄尧圃先生镜中影小像》，③有黄丕烈道光五年（1825）七月七日撰《天假我年》题跋、《青铜镜》诗、《生来》诗，此年八月十三日黄丕烈离世，题跋及诗存黄丕烈晚年发病时间、病情缘起、身体症状等生活景况。《天假我年》题跋："此上石章下铜镜，二者皆得诸顾子鉴泉。初予欲购一长方印，鉴泉因取红黄寿山石章相示，质颇佳，上有辟邪钮，惜已镌成文，曰'生来瘦'，予虽不适用，然篆出于乔昱手，物以人重，留之以为文玩，可矣。至于铜镜本非所须，鉴泉云：'是青铜镜，鉴之可见真面目，'亦遂留之。时予有琴川之行，盖为往吊陈君子准也。初一出门，初三归家，三昼夜中劳顿伤感疲惫已极，偶憩滂喜园中，适有西城旧人过予门，曰：'主翁今年七十五岁耶？'予甚异其言，急问：'镜曾磨否？'儿辈应曰：'磨矣'，取而鉴之，形神瘦削，顿改旧容。噫！一生之肥瘠，亦何关于人事，而必有石章以为先机之示兆，又有铜镜以为对面之参观，始知一动一静本天然矣。或诮之曰：'子此行才三日耳，有诗若干首，得毋

---

① 叶德辉：《书林清话》卷 9"吴门书坊之盛衰"，第 254—287 页。
② 陈东辉：《黄丕烈与中朝文化交流——以黄跋本〈国语〉为中心》，《东北亚学刊》2012 年第 3 期，第 56—58 页。
③ 仲威：《新获〈黄丕烈镜中影〉观后记》，《东方早报》2013 年 8 月 12 日艺术评论版。

苦吟而瘦乎？'予曰：'瘦有精神，何以肥为，且曰生来瘦，则瘦者生来之几也。'予今年仅六十三岁耳，而外人以为七十五，此一纪之寿，天假我以年矣，夫何忧。道光乙酉（1825）七月七日，复翁记。"①《青铜镜》诗："青铜镜，青铜镜，我有真面目，见君益清净，忆自辛年来，常苦夏畦病，病时多尘容，颜色失其正，一入新秋来，精莹得金性，寄语磨镜郎，扬辉月秋孟。"《生来瘦》诗："生来瘦，生来瘦，我有好容颜，忽焉顿改旧，衰躯抱微疴，胸膈苦咳嗽，不道口流涎，面竟观河皱，瘦却有精神，清癯胜寒陋，旁人许加年，七十五岁寿。荛夫。"《黄荛圃先生镜中影小像》为道光五年（1825）七月廿一日常熟胡骏声所绘，有胡骏声题："七月二十一日，海虞胡骏声为荛翁写镜中影。"此像成为黄丕烈最后的画像。

二、潘氏滂喜斋

吴县潘氏为藏书鉴藏世家，从乾隆中叶以来，潘氏科第昌盛，人才辈出，出进士 8 人，举人 16 位，其中有状元、榜眼、探花各 1 名，而尤以状元、乾嘉道咸四朝元老、大学士潘世恩声名最著。潘氏代有藏书，大家辈出，尤其是潘祖荫的藏书最为著名。

潘曾玮（1818—1885），字宝臣、季玉，号玉泉、玉泫，晚号养闲居士、养闲主人。荫生，道光二十三年（1843）顺天乡试下第，取誉录，弃举子业，留心经世之学，并肆力于诗古文辞。后官刑部郎中。有养闲草堂，潘曾玮倩曾国藩等作《养闲草堂图记》，刊《陟冈楼丛刊》，潘景郑有跋载《寄沤剩稿》。著有《正学编》《自镜斋文钞》《自镜斋诗钞》《咏花词》《玉泫词》《正学编疏解》《养闲草堂图记》《横塘泛月图记》等十多种。自编有《养闲年谱》。《玉诠词》一卷，咸丰四年（1854）潘氏自刻本，由作者友人蒋研诒手写上板，名工徐元圃操刀上版。周济辑《词辨》二卷附《介存斋论词杂著》一卷，有道光二十七年潘曾玮刻本。

潘祖荫的滂喜斋藏书多宋元刊本和金石碑版，

潘祖荫辑《滂喜斋丛书》4 函 32 册 54 种，收书以潘氏刊刻时间先后为序编排，有同治六年（1867）至光绪九年（1883）吴县潘氏京师刊本。今有北京图书馆出版社 2003 年 6 月版。子目为：

① [清]江标撰、王大隆补：《黄丕烈年谱》，第 93—94 页。

《虞氏易消息图说初稿》1卷,清胡祥麟撰,同治十一年刊;

《大誓答问》1卷,清龚自珍撰,同治六年刊;

《求古录礼说补遗》1卷、续1卷,清金鹗撰;

《公羊逸礼考征》1卷,清陈奂撰;

《丧礼经传约》1卷 清吴卓信撰,同治十一年刊;

《京畿金石考》2卷,清孙星衍撰;

《止观辅行传宏决》1卷,唐释湛然撰、清胡澍录;

《炳烛编》4卷,清李赓芸撰,同治十一年刊;

《桥西杂记》1卷,清叶名沣撰,同治十年刊;

《蕙西先生遗稿》1卷,清邵懿辰撰;

《张文节公遗集》2卷,清张洵撰,同治十一年刊;

《越三子集》,清潘祖荫辑,同治十一年刊;

《啖敢览馆稿》1卷,清曹应钟撰;

《壬申消夏诗》1卷,清潘祖荫辑;

《卦本图考》1卷,清胡秉虔撰,同治十二年、十三年刊;

《尚书序录》1卷,清胡秉虔撰,同治十二年、十三年刊;

《春秋左氏古义》6卷,清臧寿恭撰,同治十三年刊;

《说文管见》3卷,清胡秉虔撰,同治十二年、十三年刊;

《古韵论》3卷,清胡秉虔撰,同治十二年、十三年刊;

《盐法议略》1卷,清王守基撰,同治十二年刊;

《黄帝内经素问校义》1卷,清胡澍撰,同治十二年、十三年刊;

《艺芸书舍宋板书目》1卷、元板书目一卷,清汪士钟撰,同治十二年刊;

《玉井山馆笔记》1卷,清许宗衡撰,同治十三年刊;

《宋四家词选》1卷,清周济辑,同治十二年刊;

《癸酉消夏诗》1卷,清潘祖荫辑,同治十二年十三年刊;

《南苑唱和诗》1卷,清潘祖荫辑,同治十三年刊;

《别雅订》5卷,清许瀚撰,光绪三年刊;

《某先生校桂注说文条辨》1卷,清许瀚撰,光绪三年刊;

《非石日记钞》1卷,清钮树玉撰、清王颂蔚辑,光绪三年刊;

《钮非石遗文》1卷，清钮树玉撰，光绪三年刊；

《炳烛室杂文》1卷，清江藩撰，光绪三年刊；

《天马山房诗别录》1卷（《云闲百咏》），清汪巽东撰，光绪三年刊；

《沈四山人诗录》6卷、附录1卷，清沈谨学撰，光绪三年刊；

《吴郡金石目》1卷，清程祖庆撰，光绪三年刊；

《稽瑞楼书目》4卷，清陈揆撰，光绪三年刊；

《怀旧集》2卷，清冯舒辑，光绪三年刊；

《爱吾庐文钞》1卷，清吕世宜撰，光绪三年刊；

《刘贵阳说经残稿》1卷，清刘书年撰，光绪九年；

《刘氏遗箸》1卷，清刘禧延撰，光绪九年刊；

《宝铁斋金石文跋尾》3卷，清韩崇撰，光绪九年刊；

《百砖考》1卷，清吕全孙撰，光绪九年刊；

《簠斋传古别录》1卷，清陈介祺撰，光绪九年刊；

《陈簠斋丈笔记》1卷，手札一卷，清陈介祺撰，光绪九年刊；

《鲍臆园丈手札》1卷，清鲍康撰，光绪九年刊；

《幽梦续影》1卷，清朱锡绶撰，光绪九年刊；

《徐元叹先生残稿》1卷，明徐波撰，光绪九年刊；

《二茗诗集》，清潘钟瑞辑，光绪九年刊；

《石氏乔梓诗集》，清潘钟瑞辑，光绪九年刊；

《小草庵诗钞》1卷，清屠苏撰，光绪九年刊；

《日本金石年表》1卷，日本西田直养撰，光绪九年刊。

从子目看，《滂喜斋丛书》保存了潘氏几代好友的著作，如孙庭章的《亢艺堂集》、陈寿祺的《陈比部遗集》、胡澍的《黄帝内经素问校义》、张洵的《张文节公遗集》。《壬申消夏诗》《癸酉消夏诗》《南苑唱和诗》等为潘氏与同窗好友、同僚的唱和之作。丛书收录有影响的著作，如吴顼儒的《丧礼经传约》、朱撷筠的《幽梦续影》、李赓芸的《炳烛编》等。收录金石著作，如《京畿金石考》《吴郡金石目》《宝铁斋金石跋尾》《日本金石年表》等，其中，《日本金石年表》为域外日本人西田直养的著作。收录书目多种，如汪士钟的《艺芸书舍宋板书目》和《元板书目》、陈揆的《稽瑞楼书目》等。潘祖荫还为《炳烛编》《桥西杂记》《惠西先生遗稿》《张文节公遗集》《亢艺堂集》《陈比部遗集》《西㲼残草》《春秋左传古义》等写序言,提供了重要的史料。

潘祖荫辑又辑《功顺堂丛书》18 种 75 卷,有清光绪初年刊本,今有凤凰出版社 2010 年 5 月以民国江氏聚珍木活字本为底本刊印版。子目为:《左传补注》《左传地名补注》《周人经说》《王氏经说》《论语孔注辨伪》《尔雅补注残本》《急就章考证》《古籀疏证》《国史考异》《平定罗刹方略》《西清笔记》《泾林续记》《广阳杂记》《无事为福斋随笔》《范石湖诗集注》。

从子目看,《功顺堂丛书》收录清代学者研究经学和小学的著作 6 种、史学和地理著作 4 种、笔记 4 种、诗文著作 4 种。丛书中清沈钦韩的《春秋左氏传补注》12 卷为纠缪古人,客观地评价《左传》而作,清王绍兰的《周人经说》4 卷见解深合经书题旨,清潘柽章的《国史考异》3 卷受顾炎武的推重,佚名的《平定罗刹方略》4 卷记载康熙年间同俄罗斯争端的史实,周元畔的《泾林续记》1 卷和刘献廷的《广阳杂记》5 卷是有关考订掌故的著作。

潘祖荫光绪十年还第一次辑刊黄丕烈的藏书题跋为《士礼居藏书题跋记》6 卷,有光绪十年吴县潘氏滂喜斋刻本。

第七章 由藏而刻的出版大家

明末清初以来,江苏出现了毛氏汲古阁、席氏扫叶山房、张氏借月山房等在中国出版史上有重大影响的私人出版家以及出版机构,值得大书特书。

第一节 毛氏汲古阁

毛晋是明末清初远近闻名的刻书家,藏书多达 84000 册,汲古阁刻印之书风行天下,这在出版史上是前所未有的。

毛晋(1599—1659),原名凤苞,字子久,一作子九,晚年改名晋,字子晋,号潜在,一号隐湖、戊戌生、汲古阁主人、笃素居士等,诸生,以布衣自处,奋起为儒,游钱谦益门,好古博览。毛晋好施予,岁歉载米遍给贫家,水乡桥梁独力建成。《重修常昭合志》卷 20 人物志载有毛晋事迹,①《重修常昭合志》卷 22 杂记又载毛晋刻书事。②

毛晋事迹详见 1964 年 4 月常熟藕渠乡戈庄出土的钱谦益所撰《隐湖毛公墓志铭》,为 4 块青石碑,现藏常熟市碑刻博物馆,文载《常熟碑刻集》③:

① 常熟市地方志编纂委员会办公室标校:《重修常昭合志》,第 1208 页。
② 常熟市地方志编纂委员会办公室标校:《重修常昭合志》,第 1438 页。
③ 常熟市碑刻博物馆编:《常熟碑刻集》,上海:上海辞书出版社,2007 年,第 348—349 页。

子晋初名凤苞,晚更名晋,世居虞山东湖。父清,孝弟力田,为乡三老。而子晋奋起为儒,通明好古,强记博览,不屑俪花斗叶,争妍研削间。壮从余游,益深知学问之指意,谓经术之学,原本汉、唐,儒者远祖新安,近考余姚,不复知古人先河后海之义。代各有史,史各有事有文,虽东莱、武进以巨儒事钩纂,要以歧枝割剥,使人不得见宇宙之大全。故于经史全书,勘雠流布,务欲使学者穷其源流,审其津涉。其它访佚典,搜秘文,皆用以裨辅其正学,于是缥囊缃帙。毛氏之书走天下,而知其标准者或鲜矣。经史既竣,则有事于佛藏。军持在户,贝多溢几。捐衣削食,终其身芒芒如也。盖世之好学者有矣,其于内外二典世出、世间之法,兼营并力,如饥渴之求饮食,殆未有如子晋者也。

毛晋著作丰富,有《毛诗草木鸟兽虫鱼疏广要》4卷、《永思录》、《救荒四说》、《方舆胜览》、《虞乡杂记》3卷、《和古人诗》1卷、《和今人诗》1卷、《和友人诗》1卷、《野外诗》1卷、《海虞古今文苑》等。

毛晋藏书、读书、校书之处有汲古阁、绿君亭、目耕楼、读礼斋、载德堂、笃素居、宝月堂、追云舫、续古草庐等名,以汲古阁最为著名。

汲古阁在原常熟横泾(旧属双凤乡又俗称东湖南横泾)昆承湖南的七星桥,今常熟市沙家浜镇毛家宅基,原址现已无存。历史文献记载的汲古阁楼建制,据陈湖《为毛潜在隐君乞言小传》记为:“其制上下三楹,始子讫亥,分十二架,中藏四库书及释道两藏。”崇祯十五年(1642)毛晋友人长洲王咸为毛氏绘有《虞山毛氏汲古阁图》,现藏于国家图书馆。

毛晋藏书来源为购买、自抄和赠送。所藏宋刻本有《群经音辨》《本朝蒙求》《文公家礼》《吴志》《江阴志》《旧闻证误》《东京梦华录》《容斋三笔》《博物志》《册府元龟》《孔子家语》《类说》《东坡志林》《南华真经》《韦苏州集》《刘宾客外集》《骆宾王集》《孟东野集》《韩昌黎外集》《津阳门诗》《陶渊明集》《秦淮海集》《白公讽谏》《四灵集》《石屏词》《花间集》《诗律武库》等。据郑德懋《汲古阁主人小传》称,毛晋藏书有84000册。

毛晋藏书乐于开放,终身致力于传播秘籍。杨绍和《楹书隅录》卷1“影宋精抄本五经文字三卷”条目下引毛扆识语,称毛晋曾告诫毛扆说:“吾缩衣节食,惶惶然以刊书为急务。今板逾十万,亦云多矣,窃恐秘册之流传者尚十不及一也。"毛晋为传播文化而收藏、刻书,这同束之高阁、秘不示人的一些收藏家不一样。因而,吴伟业《汲古阁歌》称赞他"君获奇书好示人,鸡林巨贾争摹印"。

毛氏为买书、刻书花去大量资金,甚至变卖田产刻书。清钱泳《履园丛话·梦幻》载:"子晋本有田数千亩,质库(即当铺))若干所,一时尽售去,即以为买书刻书之用。"刻《十三经》时,恰逢连年灾荒,债台高筑,毛氏一次就卖掉良田 300 亩。毛氏从明崇祯元年(1628)至清顺治十三年(1656),历时近 30 载刊刻卷帙浩繁的《十七史》,耗资又数倍于《十三经》。《重镌十三经十七史缘起》称"奚止十年之田而不偿也"。中华珍贵典籍能流传至今,就是靠毛晋等毁家付剞劂、缩衣节食、"以刊书为急务"的藏书刻书家。

毛晋刊书注重选本和校勘。他凭借丰富的家藏,选择精善之本。王象晋在《隐湖题跋·序》中称毛晋"于书无所不窥,闻一奇书,旁搜冥探,不限远近,期必得之为快。然不以秘帐中而以悬国门,必乎自雠校,亲为题评,无憾于心,而始行于世"。

为选择善本,毛晋广泛搜集,并与苏、浙、闽等地藏书家保持着经常的联系,麟羽往来,补亡析疑。如他在《郑注尔雅·跋》中说:"予家向藏抄本,未甚精确。客秋从锡山购得残编数箧,独斯帙完好,实南宋善板,亟授梓人。"为刻印《癸辛杂识》,借用闵元衢所藏珍本。他在《津逮秘书·癸辛杂识·跋》中记:"余向酷嗜是书,可与《芥隐笔记》《南村辍耕录》并传,苦坊本舛谬,西闵康侯绒正本见示,亟梓以公同好。"

作为一个严肃的出版家,毛晋选择底本极为慎重,大多以宋本付梓刊行。陈瑚撰《为毛潜在隐居乞言小传》记毛晋:"所锓诸本,一据宋本。"毛晋对所刻各书,认真校勘并撰跋,有《隐湖题跋》等传世,收入《汲古阁书跋》中的有 249 篇。王象晋在《隐湖题跋·序》中称赞他:"今观其跋,或剔前人之隐,或揭后人之鉴,或单词片句扼要而标奇,或明目张胆核讹而黜谬,荟萃百家,用意良已勤矣……每一披阅,击节赏叹,啧啧不忍舍去。"陈继儒在《序》中也称毛晋"胸中有全本,故本末有脉络,眼中有真鉴,真赝不爽秋毫"。又说,"凡人有未见书,(毛晋)百方购访,如缒海凿山,以求宝藏,得即手自抄写,纠讹谬,补遗亡,即蛛丝鼠壤、风雨润湿之所糜败者,一一整顿之"。

毛晋不仅自己抄校,还聘请王咸等名士校勘。单是刻印《十三经》《十七史》就招聘了30人,13人校经书,17人校史书。其中,江阴老儒周荣起,精六书之学,毛氏刻校古书,多其刊正。

毛晋一生刻书600多种,刊书版片多达109567块。毛晋编《汲古阁校刻书目》录534种,悔道人(郑德懋)辑《汲古阁校刻书目补遗》录44种,两者合计578种。清道光壬寅仲夏海虞顾氏开雕的《汲古阁校刻书目》后附悔道人(郑德懋)辑《汲古阁刻板存亡考》,记刻板25种。陶湘编《明毛氏汲古阁刻书目录》1卷,收书623种,其中包括目录后陶湘辑"知而未得者目录"75种。陶湘《明毛氏汲古阁刻书目录序》记:

> 明常熟毛晋,字子晋,校刻书籍,起万历之季,迄顺治之初,垂四十年,刻成六百种有零。其名誉最著而流行最广者《十三经》《十七史》《文选李善注》《六十种曲》,刷印既繁,模糊自易。顺治初年,子晋修补损缺,已至变易田产,康熙间板已四散。经史两部归苏州席氏扫叶山房,始而剜补,继则重雕亥豕鲁触目皆是,读者病之。窃维毛氏雕工精审,无书不校,既校必跋。纸张洁炼,装式宏雅如唐宋人诗词及丛书、杂俎等刊,均可证明其良善,岂有煌煌经史反如斯之恶劣耶?于是刻意搜求,得《十三经注疏》原板初印。《十七史》为开花纸,内府有之,经史之钱谦益序均未抽毁,《文选》字口如新,与通行汲古本迥判霄壤,而毛刻之含冤蒙垢遂昭然大白。予积卅余载之力,得五百四十种零,先编此目,嗣有得者,再继录焉。①

当时常熟一带有"三百六十行生意,不如鬻书于毛氏"的谚语,又有诗称:"行野田夫皆谢赈,入门童仆尽抄书。"天下之购善本书者,必望走隐湖。朱彝尊在《曝书亭集·严孺人墓志铭》里称毛晋"力搜秘册,经史而外,百家九流,下至传奇小说,广为镂版,由是毛氏锓本走天下"。

汲古阁先后形成了刻印世俗书籍的工场、刻印《经山藏》的经坊、专事印刷的印书作等具有相当规模的刊书工场,实行规模经营。

---

① 陶湘:《明毛氏汲古阁刻书目录序》,《武进陶氏书目丛刊》本,沈阳:辽宁教育出版社,2000年,第19页。

毛晋印刷用纸由江西特造,厚的称毛边,薄的称毛太,整批订购,统一规格和质量,降低成本,保证供应。毛边、毛太之名至今成为纸张的专门名称。

毛晋刻书牵动了中国的许多省份。他曾先后雇 2000 人为其抄写典籍,可见其规模之大。

毛晋还创造性地发明影抄法,与刊本无异。孙庆增在《藏书纪要》里称:"汲古阁影宋精抄,古今绝作。字画、纸张、乌丝、图章,追摹宋刻,为近世无有能继其作者。"

毛晋刻书范围甚广,经史子集无所不包,不少古籍仅赖毛刻本得以流传。如毛刻本《南唐书》是明末以来该书唯一传本。叶德辉《书林清话》卷7 记:"(毛晋)刻《说文解字》一书,使元明两朝未刻之本,一旦再出人间。其为功于小学,尤非浅鲜。"毛晋汇刻《宋六十名家词》,叶恭绰在《序》中称:"天水一代词集藉是而存者不藏,实有宋词苑之功臣也。"毛晋汲古阁刊《乐府诗集》,即以崇祯十二年(1639)从钱谦益处所借宋本《乐府诗集》校自己旧藏无补版明修本付梓而成,较之冯班的绛云楼宋本校元本,汲古阁刊刻"更为详细地反映了绛云楼宋本的面貌"。①

许多古籍的毛刻本是传世唯一的全本、足本。如《武林旧事》明刻本或 6 卷,或不足 6 卷,毛刻本 10 卷,首尾完备。毛刻《花间集》李一氓在《校后记》中称:"(毛刻本)的好处是目录完备,虽然刊刻时间较晚(明末),但比起其它万历、天启本子来,还算是规矩的,没有乱分卷帙、臆改字句之处。"

毛刻其他古籍也大多如此。特别是毛晋在丛书的刊刻上,有重要的影响和贡献。他一生刻丛书 20 多种,其中最有影响的是《津逮秘书》15集 141 种 755 卷,汇辑多为宋元旧帙,所收子目全帙为多,一改以前诸家丛书割裂删节、多非足本之弊,开启后代刻书新风。

毛晋子襄、褒、衮、表、扆、襄早卒,余均承父业,尤其是毛扆。

毛表(1638—1700),字奏叔,号正庵,毛晋第四子,早期继承父志刻

---

① 尚丽新:《汲古阁刊刻〈乐府诗集〉源流》,见蒋寅、张伯伟主编:《中国诗学》,北京:人民文学出版社 2004 年 6 月第九辑。

书,所藏书有"毛奏叔氏""中吴毛奏叔收藏书画记""毛表之印""毛姓秘
瓻"等钤记。①

　　毛扆(1640—1713),字斧季,号省庵。诸生。克承父志,精于小学,
尤耽校雠,得到何义门辈推重,从事藏书、校书、刻书活动 50 多年,终年
74 岁,撰有《汲古阁秘本书目》等,所藏书有"海虞毛扆手校""叔郑后裔"
"汲古后人"等钤记。

　　在中国私家刻书史上,若论刻书数量之多、影响之大、流传之广,非
汲古阁毛晋莫属。毛氏在传播中华文化方面作出了重大贡献,其出版活
动直接推动了晚明至清代的书籍出版,为其后的许多刻书家们所效仿。
在毛晋的影响下,常熟一地及苏、锡、常周边出现了一大批出版家。《江
苏刻书》②收录明以来常熟一地的重要刻书家 143 家,《江苏出版人物
志》③收重要出版人物 1040 人,大多受毛晋的影响。

第二节　席氏扫叶山房

　　席氏扫叶山房是苏州刻书业的代表,如果自康熙三十八年(1699)席
启寓的琴川书屋辑刊《唐诗百名家全集》算起,至 1954 年席氏扫叶山房
停业,席氏刻书经历了 250 多年,为中国刻书史上的奇迹。

　　据康熙元年(1662)刻席启纮纂修《席氏家谱》16 卷、康熙三十一年
刻席启寓、席启穗等续修《洞庭东山席氏世谱》8 集附《席氏常熟支谱系》
1 卷、光绪七年(1881)敦睦堂木活字本席彬重辑《席氏世谱》47 卷、光绪
七年(1881)敦睦堂木活字本席彬纂《虞阳席氏世谱》35 卷等载,洞庭席
氏始祖席温,字厚君,唐僖宗时累官至武卫上将军,黄巢起义时南迁隐居
于吴郡洞庭东山翠峰坞。自唐末至明初,洞庭席氏后人多以耕读为主,
隐居东山。从明中叶席温 28 世孙席端樊、席端攀兄弟始,至清中期,洞
庭席氏在沿长江、运河一带经商,资累巨万,名闻京师、齐鲁、江淮。

① 叶昌炽:《藏书纪事诗》卷 3,第 308—316 页。
② 江澄波、杜信孚、杜永康编著:《江苏刻书》,南京:江苏人民出版社,1993 年。
③ 俞洪帆、穆纬铭主编:《江苏出版人物志》,南京:江苏人民出版社,1995 年。

洞庭席氏一支明季从洞庭东山移籍常熟,居常熟钓渚北范村。此地在常熟县西南,虞山之南。

常熟席氏一支多习儒从文,并好藏书、刻书。据《江苏艺文志·苏州卷》①统计,明清时期洞庭席氏家族有作品结集的有40多人,可见一门艺文之盛。

席启图(1638—1680),字文舆,号啸滨。清吴县(今苏州)洞庭东山人。席端攀孙、席本桢子、谭氏生。本桢(1601—1655)崇祯年间创办席太仆义庄,子席启兆、启图、启疆、启寓。席启图秉承父志,广置义田,族中无依者多赖以存活。官内阁中书舍人。储书万卷。辑《畜德录》20卷,取周、秦以来迄于元、明嘉言善行,分为21类,间附批评,取《大畜象传》君子多识前言往行以畜其德之义以名书,有康熙二十三年(1684)绳武堂刊本。

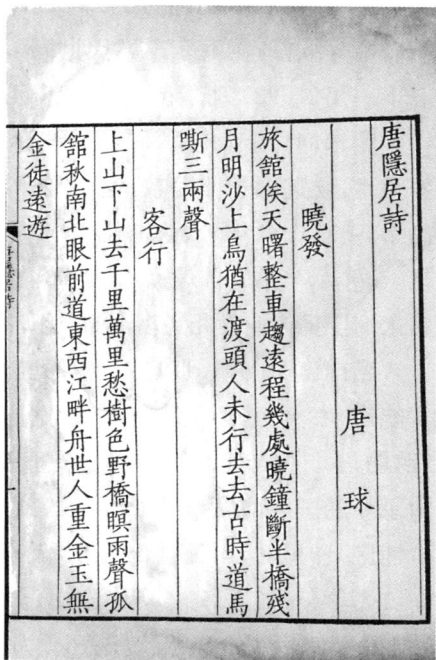

图7-1　席氏琴川书屋精写刻试印进呈本《唐隐居诗》1卷

席启寓(1650—1702),字文夏,号治斋。清康熙间人。席本桢子、延氏生,席启图弟。娶吴伟业之妹为妻。原籍吴县(今苏州)洞庭东山,后迁居常熟虞山之阳,往来两地。曾官工部虞衡司主事,性孝友,生平好施予,赈贫救荒,率先倡导。藏书室名"琴川书屋",著有《治斋诗甲乙集》。② 康熙三十八年康熙南巡,四月初四至启寓东山东园,启寓献以"琴川书屋"名所辑刊《唐诗百名家全集》,得到康熙赞赏,自此席氏及其所刻之书声名远扬。席启寓又有雕本《十三经》《十七史》行世,世人读席

---

① 南京师范大学古文献整理研究所编著:《江苏艺文志·苏州卷》,南京:江苏人民出版社,1996年。

② 常熟市地方志编纂委员会办公室标校:《重修常昭合志》,第847页。

氏书的增多。席启寓延陆陇其至虞山,令席永恂、席前席二子受业,陆陇其罢御史归后,席启寓又聘其馆于席家直至其卒,席氏为梓所著《三鱼堂文集》。自席启寓起,席氏分洞庭、常熟两支,常熟一支多好藏书刻书。席启寓等续修《洞庭东山席氏世谱》8 集附《席氏常熟支谱系》1 卷,康熙三十一年(1692)刻。朱彝尊撰有《工部主事席君墓志铭》。

席永恂(1667—1727),字汉翼,号念裁。清常熟人。席启寓长子。岁贡生,候选国子监助教,生而沉静,能深思默念,求实践之学,为陆陇其高弟,追随十六年。著有《陆学质疑》、《性理钞》4 卷、《陶庐集》、《幽居诗》1 卷,①与弟席前席有藏书室名“嘉会堂”。陆陇其殁,刊其遗书行世。席永恂娶吴伟业女儿为妻,子席镐、席钊、席穆、席士锜、席雍、席鳌、席鉴。

席前席(1669—1711),字汉庭,原名永恪。席启寓子,席永恂弟。八岁能诗,岁贡生,师从陆陇其,以例候补内阁中书,卒赠陕西粮储道,著有《鸥舫集》。②与席永恂同刻陆陇其遗书《三鱼堂文集》12 卷、外集 6 卷、附录 2 卷。席前席子席京、席雍、席襄,后由常熟迁居青浦县(今上海市青浦区)珠里迁,子孙世仍其业,诸家书序、自序、题名均署常熟籍。③

席鉴(1700—1722),字玉照,号茉萸山人。清乾隆间常熟人。席永恂七子、席氏“祜”字辈。国子生,为张觐光赘婿。爱好藏书,藏书极富,多抄本,雪钞露校,又多留心搜访说部、小集,④如抄《宋人小集》17 种等。另抄有唐张参《五经文字》3 卷、唐唐元度《新加九经字样》1 卷、宋吴仁杰《离骚草木疏》4 卷、宋王得臣《麈史》3 卷、宋岳珂《玉楮诗集》8 卷等。藏书室名酿花草堂,所藏书有“席鉴之印”“敏逊斋”“席氏玉照”“席玉照读书记”“虞山席鉴玉照氏收藏”“墨妙笔精”“酿花草堂”“学然后知不足”“黄山珍本”等钤记。叶昌炽《藏书纪事诗》卷 4“席鉴玉照”条载:“牛耳毛钱狎主盟,黄山珍本出书城。酿花扫叶皆清课,坐拥寒毡对短檠。黄廷鉴《爱日精庐藏书志序》:‘汲古毛氏、述古钱氏,两家陵替,吾邑藏书之风寖微,然亦未尝绝也。以余所闻,玉照席氏、庆曾孙氏、虞岩鱼氏,皆斤

---

① 常熟市地方志编纂委员会办公室标校:《重修常昭合志》,第 848 页。
② 常熟市地方志编纂委员会办公室标校:《重修常昭合志》,第 848 页。
③ 常熟市地方志编纂委员会办公室标校:《重修常昭合志》,第 1212 页。
④ 常熟市地方志编纂委员会办公室标校:《重修常昭合志》,第 1210 页。

斤雪钞露校,衍其一脉。惟多留心于说部小集,以一二零编自喜,而于经史转略。'《士礼居藏书题跋记》:'顾抱冲案头有影宋本《东家杂记》,末有茱黄山人席鉴跋云:"毛省庵先辈影写本,余于丙申仲夏得之汲古阁中。"'《天禄琳琅》:'《离骚草木疏》,虞山席鉴钞本,有"墨妙笔精""虞山席玉照氏收藏"朱记。'又《续编》:'《班马字类》,有"席鉴之印""学然后知不足"朱记。'《楹书隅录》:'影宋钞《五经文字》《九经字样》,每册有"赵宋本""墨妙笔精""希世之珍""虞山席鉴玉照氏""酿花草堂"诸印。'昌炽案:玉照藏书极富,所刻古今书籍,板心均有'扫叶山房'字。余曾见所藏《宝晋山林集》,有'茱山珍本'印。又按:《海虞诗苑》席镐诗,有《湘北宝筬、玉照读书敏逊斋,犹记十五年前,余亦尝偕对扬敬修居之,因题示》二首:'小斋罢琴酌,群季尚婴孩,此日开青案,频年闭绿苔。寒毡我家物,春草惠连才。弦诵遥相接,惟余叔子哀。'其第二首云:'三人连袂袿,万卷浩纵横。'一门群从读书,娴古盖不减孙、钱二氏矣。"① 对《藏书纪事诗》"席鉴玉照"条,王欣夫作补正认为:"启寓自刻之《十七史》,世臣刻之《四朝别史》,板心均有'扫叶山房'字,然则非为鉴也。传其诸孙十人,不列名,疑鉴即其一。"②

　　席绍容(1725—1784),字敬堂。清常熟人,移居青浦朱家角。席启寓曾孙、席襄子。以例授户部山西司员外郎,慷慨好施,周恤亲族,有祖父风。③ 购得汲古阁《十七史》书版。席绍容子席世臣、席赓、席世德。

　　席巽,字仲权。清常熟人。席启寓从孙。古州同知。著有《安顺府志》1卷,署府事时主修。④

　　席世昌,字子侃,号稗泉。清乾隆间昭文(今常熟)人。席鏊孙。与席煜、赵同钰、孙原湘并称"虞山四才子"。乾隆六十年(1795)举人。究心《三通》及海防、水利诸书。嗜《说文》,取家藏徐氏《系传》、宋本《玉篇》、宋本《汉书》、《吕氏春秋》高诱注、《经典释文》为之疏证、补漏、订讹、考异,并据惠栋手批本错综辨证,较惠氏不啻三倍,而精核处过之。世昌

① 叶昌炽:《藏书纪事诗》附补正,卷4,第435—436页。
② 叶昌炽:《藏书纪事诗》附补正,卷4,第436—437页。
③ 常熟市地方志编纂委员会办公室标校:《重修常昭合志》,第1056页。
④ 常熟市地方志编纂委员会办公室标校:《重修常昭合志》,第848页。

没后,其友编为《席氏读说文记》15 卷,①一作《读说文记》15 卷,取徐氏《系传》、宋本《玉篇》、宋本《汉书》、《吕氏春秋》高诱注、《经典释文》为之疏证补订,并据惠栋批本参证之,友人辑之成书,张海鹏为之刊行。另著《红雪楼集》3 卷,文稿、诗钞、词草,门人编集,孙原湘序。② 世昌姊席佩兰(1762—1831 后),名蕊珠,字月襟,又字韵芬、道华、浣云,自号佩兰,以号行,嫁孙原湘,工诗兼能画兰竹,著有《长真阁集》《傍杏楼调琴草》。

席世臣(约 1756—约 1814),字邻哉,一字郢客。清常熟人。曾祖父席启寓,祖父席襄。父席绍容(1725—?),字敬堂,号守朴,贡生,任户部山西司、浙江司员外郎。母蒋氏,出自常熟名门。世臣籍贯常熟,乾隆三十八年(1773)在青浦县补商籍学生,乾隆四十八年参加乡试,因病退出。后游学京师,《四库全书》总裁大臣推荐世臣"充钦颁江浙两省文汇阁等处三分书",分校《四库全书》。乾隆五十一年,钦赐举人,五十三年成进士,后候补主事。席世臣好古嗜学,家富藏书,以史部居多,得到秘本多梓行传世,所刊书均亲自校雠,所居室颜其名"扫叶山房",所刻书版心多有"扫叶山房"字样。曾修订补刻顾嗣立未刻之本《元诗选》癸集,又辑刊《元诗选补遗》,"修订顾嗣立刊刻未竟之本,补刊之,又辑录顾氏未备者,别为补遗一卷,附于后"③。刻有唐李林甫等奉敕注《大唐六典注》30 卷、唐吴兢《贞观政要》10 卷、宋苏辙《古史》60 卷、宋王称《东都事略》130 卷、明钱士升《南宋书》68 卷、清邵远平《元史类编》42 卷、张璐《千金方衍义》30 卷以及宋、辽、金、元《四朝别史》,《十七史》等三四十种。后设书铺于苏州,仍名扫叶山房,子孙世仍其业。席世臣先世由常熟迁居青浦县珠里,诸家书序、自序、题名均署常熟籍。④

席氏扫叶山房是自常熟毛晋汲古阁后的民间书坊中经营时间最长、刻书数量最多、社会影响最大的私家刻书机构,为古籍的保存和文化的传播作出了重要的贡献。

席氏用扫叶山房之名刻书前,席启寓就用"琴川书屋"之名刻书,特

① 常熟市地方志编纂委员会办公室标校:《重修常昭合志》,第 1193—1194 页。
② 常熟市地方志编纂委员会办公室标校:《重修常昭合志》,第 848 页。
③ 常熟市地方志编纂委员会办公室标校:《重修常昭合志》,第 848 页。
④ 常熟市地方志编纂委员会办公室标校:《重修常昭合志》,第 1212 页。

别是康熙中以三十年之精力刻成《唐诗百名家全集》，开席氏刻书之先风。全集收唐大历至唐末五代诸家诗集共 100 种，不少从宋本出，用开化纸印，刊刻亦精。席启寓子席永询、席前席也参与了《唐诗百名家全集》的校订。康熙四十年琴川书屋精刻初印本《唐诗百名家全集》297卷，内封题"琴川书屋藏板"，个别卷末有"东山席氏悉从宋本刊于琴川书屋"的牌记，正文卷首书名下题"吴郡席启寓文夏编录，男子永询、前席校"。席启寓父子还整理刊刻陆陇其的《三鱼堂文集》12 卷、《外集》6 卷、《附录》1 卷，有康熙四十年琴川书屋刻本。

乾隆四十九年(1784)席启寓曾孙绍容购得汲古阁《十七史》书版。十年后，席绍容之子世臣便以此基础印书，版心改为"扫叶山房"字样，计有：

《东观汉记》24 卷，乾隆六十年常熟席世臣扫叶山房刻本；

《东都事略》130 卷，乾隆六十年常熟席世臣扫叶山房刻本；

《元史类编》42 卷，乾隆六十年常熟席世臣扫叶山房刻本；

《古史》60 卷，嘉庆元年(1796)常熟席世臣扫叶山房刻本；

《契丹国志》27 卷，嘉庆二年常熟席世臣扫叶山房刻本；

《大金国志》40 卷，嘉庆二年常熟席世臣扫叶山房刻本；

《南宋书》68 卷，嘉庆二年常熟席世臣扫叶山房刻本；

《元诗选癸集》10 卷、《补遗》1 卷，嘉庆三年常熟席世臣扫叶山房刻本；

《宋辽金元别史五种》307 卷，嘉庆三年常熟席世臣扫叶山房刻本；

《增补字汇》4 卷，嘉庆四年常熟席世臣扫叶山房刻本；

《钱塘遗事》10 卷，嘉庆四年常熟席世臣扫叶山房刻本；

《大唐六典》30 卷，嘉庆五年常熟席世臣扫叶山房刻本；

《华氏中藏经》8 卷，嘉庆五年常熟席世臣扫叶山房刻本；

《春秋释例》15 卷，嘉庆五年常熟席世臣扫叶山房刻本；

《千金方衍义》30 卷，嘉庆六年常熟席世臣扫叶山房刻本；

《书经集传》6 卷，嘉庆十年常熟席世臣扫叶山房刻本；

《泰西水法》3 卷、《元经注》10 卷，常熟席世臣扫叶山房刻本；

《内经知要》《小儿推拿广意》3 卷,常熟席世臣扫叶山房刻本;

《容斋随笔》16 卷、《二笔》16 卷、《三笔》16 卷、《四笔》16 卷、《五笔》10 卷,常熟席世臣扫叶山房刻本;

《词律》20 卷,常熟席世臣扫叶山房刻本;

《吴越备史》4 卷、《补遗》1 卷,常熟席世臣扫叶山房刻本;

《西汉年记》30 卷,常熟席世臣扫叶山房刻本;

《旧五代史》150 卷、《五代外史》7 种 15 卷,常熟席世臣扫叶山房刻本;

《贞观政要》10 卷,常熟席世臣扫叶山房刻本;

《十七史》1924 卷,常熟席世臣扫叶山房重刊毛氏汲古阁本十七史另加《旧唐书》《旧五代史》等。①

扫叶山房之名随着所刻书籍行销天下而传扬四方。

席世臣故后,道光、咸丰间扫叶山房主人席元章继续经营书业,至咸丰末年,扫叶山房书板在太平军战事中损失惨重,书坊正在刊印的《旧唐书》书板即毁于当时战火中。

同治、光绪间扫叶山房主人席元章子席威大量刻印古籍。光绪中,扫叶山房的经营活动有所发展,曾汇刻清李兆洛《李氏五种》,收录《历代地理志韵编》《皇朝舆地韵编》等舆地著作 5 种。署“清光绪中吴县朱氏槐庐家塾刻本”《槐庐丛书》,也为扫叶山房所刻。光绪九年(1883)至光绪十年,扫叶山房还辑刊了《扫叶山房丛钞》27 种,包括经部 2 种、史部 1 种、子部 16 种、集部 5 种、丛部 3 种。

同治、光绪间,扫叶山房将经营中心迁往上海,光绪六年在上海城内彩衣街设分号,后改称南号。又在上海棋盘街设分号为北号。民国初年又在汉口设立汉号,在松江设立松号,苏州阊门老店改称苏号。同时,增添石印设备,总店设在棋盘街扫叶山房北号,成为沪上有影响的以出版古籍为主的出版机构。

新文化运动以后,扫叶山房出版业务逐渐衰退。扫叶山房民国三年(1914)编辑出版的铅印本《文艺杂志》创刊号上有一篇“特别广告”称:

---

① 王桂平:《清代江南藏书家刻书研究》,第 255 页。

"本坊创自明季,迄今三百余年。先设于苏垣,继分于沪城。迄沪城北辟作商埠,又于租界设立支店。"1918年的《扫叶山房书目序》也称"本号设肆垂三百年",或许夸大。自康熙三十八年(1699)席启寓的琴川书屋辑刊《唐诗百名家全集》算起,至1954年扫叶山房停业,席氏刻书经历了250多年的历史。

扫叶山房曾于光绪八年印过一种《扫叶山房书目》。据此《书目》统计,同治、光绪间扫叶山房刻书为388种,集部为主,其次子部、经部、史部。① 此《书目》其后不断修订,增加新出版的子目。

1913年《扫叶山房书目》所载,扫叶山房售书达2000多种,包括扫叶山房所刻和代售之书,有《旧唐书》《旧五代史》《二十三史》《契丹国志》《东都事略》《元史类编》《宋元明清四朝学案》《汉魏六朝三百名家集》《元诗选》《千家诗》《随园全集》《徐霞客游记》,以及大型类书《佩文韵府》《册府元龟》《太平御览》等。据《中国丛书综录》著录,传世石印丛书有144种,其中席氏刻书占18种。

民国七年(1918)又另编《扫叶山房发行石印精本书籍目录》,民国十二年(1923)重订,列书419种。② 民国十三年(1924)重订的《扫叶山房书目》4卷,收录石印本。民国十八年(1930)重订书目为《扫叶山房图书汇报》5卷。③

据民国间所编书目的不完全统计,扫叶山房编印的书籍就达700多种,④在清末民初的古书市场上占有很大的份额,出版物销行各地。上海扫叶山房编《扫叶山房书目》首之《启文》称:"良由海通以来,上海一隅几为全国之中心点,淹通之儒,博雅之士,与夫豪贾巨商,凡欲购贩书籍者,无不以沪渎为挹注之资。故本坊每年销行各书,北至奉吉,南迄闽

---

① 杨丽莹:《扫叶山房史研究》,复旦大学中国古代文学研究中心中国古典文献学博士学位论文2005年4月18日,第71页。杨丽莹:《扫叶山房史研究》,上海:复旦大学出版社,2013年。
② 杨丽莹:《扫叶山房史研究》,复旦大学中国古代文学研究中心中国古典文献学博士学位论文2005年4月18日,第80页。杨丽莹:《扫叶山房史研究》。
③ 杨丽莹:《扫叶山房史研究》,复旦大学中国古代文学研究中心中国古典文献学博士学位论文2005年4月18日,第97页。杨丽莹:《扫叶山房史研究》。
④ 黄镇伟:《苏州的刻书和藏书》,见苏简亚主编:《苏州文化概论——吴文化在苏州的传承和发展》,南京:江苏教育出版社,2008年,第334页。

广,西则滇黔边,东则鲁皖浙各省,远而至于东西洋诸名国,邮筒往来,日必数十起,轮轨交驰,寄运灵捷。"

晚清至民国间,扫叶山房社会影响甚大。孙毓修在《中国雕版源流考·坊刻本》中称:"清时书坊刻书之多,莫如苏州席氏扫叶山房","贩夫盈门,席氏之书不胫而走天下"①。席启寓所刻《唐诗百名家全集》,王胜明认为"是书精良的版本、精细的校刊,使其具有相当高的学术价值"②。席世臣所刻《宋辽金元别史》,又名《四朝别史》,包括《东都事略》《南宋书》《契丹国志》《大金国志》《元史类编》5 种,以汲古阁《十七史》版与武英殿各史相校勘,前有谢启昆、阮元序。谢启昆撰《〈宋辽金元别史〉序》称"扫叶山房之名与汲古阁并寿于世":"常熟席君世臣,博推好古,藏书尤富。……一日,以所刻宋辽金元五书来质于予。《东都事略》《南宋书》者,宋别史也。《契丹国志》《大金国志》者,辽金别史也。《元史类编》者,元别史也。其为书或先正史,或杜史后,要其详赡典则,足与正史补苴参证,则一也。予以此叹席君之能识其大类。近代刻书家,毛氏最盛,以经史有功于艺林甚巨。今毛氏《十七史》板,席君既购藏之,又将广搜别史开雕,为诸正史之附庸。吾知扫叶山房之名与汲古阁并寿于世,甚为席君期之。"③从刻书历史长、影响大来看,把扫叶山房列为毛氏汲古阁之后第二的地位实不为过。

第三节　张海鹏借月山房

常熟张氏藏书,始自元代常熟南张始祖张孚,至光绪十四年(1888)张廷桂重刻《蔚秀轩诗存》,历 500 余年 22 世,代有藏书。特别是张海鹏的借月山房,在中国藏书史上具有重要地位。

---

① 孙毓修:《中国雕版源流考》,上海:上海古籍出版社,2008 年,第 27 页。
② 王胜明:《席启寓〈唐诗百名家全集〉试论》,《湖北大学学报(哲学社会科学版)》,2004 年第 1 期。
③ 谢启昆:《〈宋辽金元别史〉序》,《宋辽金元别史五种》嘉庆三年(1798)常熟席世臣扫叶山房刻本。

常熟南张始祖张孚，闽人，元至正间任平江路（今苏州）儒学教授，辞官后居吴地。其子张佺明初自吴迁常熟，子孙延续至张文麟（1482—1548），张文麟为弘治十八年（1505）进士，归乡后在常熟步道巷为三子起大第居住，有诗礼堂，又在常熟城北邵巷建端岩书屋。正德十六年（1521）刊《孔子家语》，并撰《刊家语跋》，又刊《真西山集》51卷。

张文麟七世孙张朝绩，候补州判，工吟咏，好读书、藏书，修葺先人常熟步道巷祖居，修复诗礼堂，堂西北有闻涛轩，创建传望楼，上下二十六楹，有照旷阁，为其后人藏书刻书场所。《南张世谱》卷4有《东岩公重构诗礼堂志喜》《修复闻涛轩志喜》《东岩公传望楼告竣集同人落成分韵》等诗，称"今兹建楼居，厥名曰照旷"，"缥缃盈几案，室有诗书声"，"勤购书签充栋宇"，可见张朝绩藏书之富。张朝绩长子张仁美，博学工文，读书过目成诵，好藏书，不惜重价购买善本，藏书至4万余卷，编有《宝闲斋藏书目》。张光基性亦嗜书，有照旷阁藏书，多宋元旧刻，又购抄不停。

张海鹏笃志藏书、刻书、校勘，精心校勘刻印大部丛书、类书和总集。

张大镛，乾隆五十九年举人，性嗜金石之学，好收藏，曾校刊《历代地理沿革表》《归元恭集》，冯伟遗集，沈旭《葵冈先生诗文集》，黄廷鉴《琴川三志补记》及《补记续》，《享帚山房集钞》及《外集钞》，赵同翩、顾王霖诸先生集行世，刻自著《自怡悦斋书画录》《吾面斋诗存》，编有《自怡悦斋藏书目录》。

张金吾潜心藏书、校书、纂辑刻印图书，编有《爱日精庐书目》20卷，藏书十万四千卷，多经部之书、宋元旧椠以及金元两代遗集。金吾子张承霖、张承霓，张承霖著有《微波小筑梦痕录》9卷。张承霓辑先代著作目录为《南张艺文志》，辑先代遗诗成《南张诗得》附诗余，著《虞琴正气录》《及义录》《修立斋遗稿》《修立斋古今体诗钞》。

张廷桂，好藏书刻书，嘉庆十九年（1814）辑刊张朝绩《闻涛轩诗稿》、张仁美《宝闲斋诗集》、张敦培《蔚秀轩诗存》为《南张三集》丛书，光绪七年（1881）刻张丰玉辑《南张剩稿》2卷、张丰玉撰《瓶花庐词钞》1卷，光绪九年刻张丰玉《瓶花庐诗钞》3卷、《词钞》1卷，光绪十四年重刻《蔚秀轩诗存》1卷。

郑伟章撰《张海鹏、张金吾叔侄刻书藏书考》,对张海鹏刻书史实和张金吾叔侄刻书藏书事迹作了详细考证,指出张海鹏、张金吾叔侄刻书藏书地位和影响:"清朝人文发达,学问家辈出,促成了我国文献事业的空前繁荣,刻书、藏书和研治目录学、版本学成为一时风气,以至稍涉学问,家中略有余资,即嗜好藏书、刻书,求学、问学之人以不懂目录学、版本学为可耻。在这种风气下,清朝涌现出大批著名的藏书家、刻书家和目录学家。这是中国文化史的重要内容之一,是应该值得很好研究的重要课题。江苏常熟(东境称昭文),在我国文献学史上,是一个极负盛名的地方。……清嘉庆、道光年间,这里又出现了一个赫赫有名的刻书家和一个赫赫有名的藏书家、目录学家,他们是叔侄俩,叔叔叫张海鹏,侄子叫张金吾。传望楼刻书和爱日精庐藏书,在我国文献学史、目录学史上具有很高地位,至今影响甚大。系统地弄清他们刻书、藏书的史实,对研治古典文献学、古典目录学、藏书史、出版史,是有裨益的。"①

张海鹏(1755—1816),原名荣基,字若云,又字庆槐,一作卿槐,号子瑜。张仁济次子。刻苦读书,21岁补博士弟子员,以州同职衔加级授朝议大夫阶。因三试不中,绝意名场。广泛搜集宋金两代遗集及钱曾、毛晋散出的藏书,储于"借月山房",致力于藏书、刻书、校勘。《重修常昭合志》人物志②载:

> 海鹏,字若云,一字子瑜,诸生。治经之暇,以剞劂古书为己任。毛氏《津逮秘书》十五集,版久漫漶,取而汰益之,刊为二十集,名曰《学津讨源》。又以《太平御览》为类书冠,得影宋钞本,详加覆勘,重刻之。又择四部中有关实学而传本将绝者,梓《墨海金壶》七百余卷。又刻明人及时贤撰述为《借月山房汇钞》十六集。又辑《金帚编》,尝谓藏书不如读书,读书不如刻书,读书益己,刻书益人。生平乐善好施,捐赀创立从善局,以济四穷。中岁得顾裕愍"省身格",日夕奉行弗倦,卒年六十二。

张海鹏藏书多经读,并据善本校定撰跋,如《南部新书跋》:"宋椠久

---

① 郑伟章:《常熟南张文献世家世系考》,《书林丛考(增订本)》,第91—105页。
② 常熟市地方志编纂委员会办公室标校:《重修常昭合志》,第1211页。

无善本,是编乃邵腒仙从士礼居传钞者也。黄氏藏书,富甲吴郡。邵君博学嗜古,所钞多绝无仅有之书。"又《唐摭言跋》:"《摭言》十五卷,所见钞本,后有'嘉定辛未郑昉题识'者,最为近古,所称臼头本是也。案第十卷蒋凝条云:'臼头花钿满面,不及徐妃半妆。'后人罔知,改作'白头',于义甚乖,雅雨堂本亦仍其失。予从邵腒仙处假得旧本是正,益叹校定之难也。"叶昌炽说:"曹根生同年云,今雅雨堂本正作'臼头',当据此本订正。"[1]海鹏所藏书有"张海鹏印""字若云号卿槐""张海鹏校正图书记"等钤记。

张海鹏一生拳拳于流传古书,至老弥笃,志愿"以剞劂古书为己任"。黄廷鉴撰《朝议大夫张君行状》记:"昔吾邑隐湖毛君,以一诸生,力刊经史诸书,广布海内,迄今几二百年,经史旧版,尚供摩印,前事可师,遂矢愿以剞劂古书为己任……居恒尝语人曰:藏书不如读书,读书不如刻书,读书只以为己,刻书可以泽人。上以寿作者之精神,下以惠后来之沾溉。视区区成就一己之学业者,其道不更广耶? 其拳拳于流传古书,至志弥笃,素志然也。"[2]为了刻书,他屏绝时趋,自奉俭约,晚年家道中落,仍一心刊刻,先后辑刊了大部丛书、类书和总集,共刊印古籍 3000 余卷,所刊书注意精选书籍,精心校勘,刻印精雅。

张海鹏辑刊大部丛书中,《学津讨源》据明毛晋《津逮秘书》15 集残版加以增删,又广泛搜求善本,重新校核编订,于嘉庆十年(1805)张氏照旷阁刊 20 集 173 种 1058 卷[3],都为四库著录明代以前有关经史实学、朝章典故、遗闻佚事或书画谱录可备考证之书,从刘勰《新论》"道象之妙,非言不津,津言之妙,非翠不传"之旨,取名"学津讨原"。凡《津逮秘书》旧刻,每书前收《四库提要》,而新增之收略述授受源流,《津逮秘书》旧有而另觅善本者,皆附跋尾以明原委。

《借月山房汇钞》专收明清学者的著述,又刻明人及时贤撰述为《借

① 叶昌炽:《藏书纪事诗》卷 6,第 618—619 页。
② 黄廷鉴:《朝议大夫张君行状》,《第六弦谿文六钞》卷 4,清光绪十年(1884)虞山鲍氏《后知不足斋丛书》本。
③ 种、卷计数不一,如第四集明陈第撰《毛诗古音考》4 卷、附录 1 卷、《读诗拙言》1 卷,统计 1 种6 卷或 3 种 6 卷。所以,一说 192 种 1048 卷。有民国十一年(1922)上海涵芬楼影印原刻本。

月山房汇钞》16 集 137 种 290 卷①,内容广泛涉及经学、杂史、史评、地理、传记、杂家、艺术、谱录、小说家、诗文评等。张海鹏在自序中规定其收录标准为三必:"论必雅而不俚,事必信而可考,言必实而可施诸用。"嘉庆中《借月山房汇钞》刊行问世后,产生了重要影响。

《墨海金壶》为嘉庆二十二年(1817)刊,多选宋元人著作,为四部中有关实学而传本将绝者 117 种 735 卷②,分经、史、子、集四门,取材悉本四库所录,而以文澜阁本居首,从采刻旧钞录出者什之三,凡据《永乐大典》宋辑之遗编,亦全选入,余则虽有传本而板已久废之罕见书,始加著录。且所收必求完帙,经节删之本不取,设原书残阙,无可订补,则就现存章节付雕,不妄增改。每一书并录四库提要以冠端,阐明旨意,尤便阅览。

《太平御览》为类书冠,张海鹏以影宋钞本详加校勘,重刻成《太平御览》1000 卷。

此外,张海鹏还辑有丛书《意林补遗》1 卷,辑刊《金帚编》14 种,包括《琴川志》15 卷等。《金帚编》开雕不久,张海鹏即去世。其卒后 5 年,道光元年七月十一日其藏书、刻书之所传望楼火灾,上下二十六楹,书籍、版片、字画、古玩遭到烧毁。

第四节　张金吾爱日精庐藏书

张金吾(1787—1829),字慎旃,小字五十,别字月霄。张光基子,张海鹏侄。因张金吾出世时,其父张光基五十岁,故金吾小字五十。

因父母相继去世,张金吾 15 岁,由叔父张海鹏抚养。22 岁补为博

---

① 种、卷计数不一,如第三集《韵补正附三十六字母辨》1 卷,顾炎武撰《韵补正》,附清黄廷鉴撰《三十六字母辨》,统计 1 种 1 卷或 2 种 2 卷。所以,一说 134 种 312 卷,民国九年上海博古斋影印本 120 册。

② 种、卷计数不一,如经部第 1 种《吴园周易解》9 卷,有附录 1 卷,统计 1 种 9 卷或 2 种 10 卷;《周官新义》16 卷,附有《考工记解》2 卷,统计 1 种 16 卷或 2 种 18 卷;《岁华纪丽谱》1 卷,附《笺纸谱》1 卷和《蜀锦谱》1 卷,统计 1 种 1 卷或 3 种 3 卷;《职方外纪》5 卷,有首 1 卷,统计 1 种 5 卷或 1 种 6 卷。所以,一说 115 种 722 卷,一作 758 卷,民国十年上海博古斋影印本 160 册。

士弟子员,省试不利而弃举业,潜心藏书、校书、纂辑刻印图书。

嘉庆十六年(1811)张金吾 25 岁,开始收书,至嘉庆二十三年编《爱日精庐书目》20 卷,其间购书七八万卷①,至晚年藏书被债家同族侄子张承涣取去达十万四千卷。

张金吾在影写宋刊本《北山小集》跋中记:"尝见藏书家得一宋元旧籍,辄思秘之帐中。嘻!此何说也?古之人读书稽古,萃一生之心思才力以成一书,难矣!萃一生之心思才力以成一书,而历七八百年,几经兵火,旧莱如新,抑又难矣!爱古者碎金片石,断砖剩瓦,犹且公诸同好,互相激赏,况书籍为作者精神所寄,灵爽所凭者软?得之者其亦思古人成书之难何如?流传之难何如?今既幸为己有,冥冥中郑重付托,大望后之人广为传布者又何如,乃谬为爱护,秘不示人,甚无谓也。"②

张金吾利用藏书,著述甚丰,有《尚书义粹》12 卷、《释冕》1 卷、《释弁》1 卷、《十七史经说》12 卷、《广释名》2 卷、《切韵指掌图音释》1 卷、《双声表》《言旧录》1 卷、《两汉五经博士考》3 卷、《风俗通姓氏篇》1 卷、《两宋新记补遗》1 卷、《邺中记补遗》1 卷、《白虎通注》《释龟》2 卷、《贩骭质疑》1 卷、《丝缀积闻》不分卷、《爱日精庐文稿》6 卷、《爱日精庐诗稿》2 卷等。特别是,张金吾辑有《金文最》120 卷、《诒经堂续经解》1436 卷,编有藏书总目《爱日精庐书目》20 卷、善本书目《藏书志》4 卷,又在此基础上编辑成自家藏书的善本书目《爱日精庐藏书志》36 卷、《续编》4 卷。

对于辑集《金文最》之初意,张金吾在《爱日精庐藏书志序》曾有述及:"月霄十年来小大汇收,今古并蓄,合之先人旧藏,已有八万余卷。又念金源氏有中国百十余年,著作之家,乘时蔚起,未有裒集其文者。遂矢志网罗,以补一朝之阙,故于金、元两代遗集,更加意搜访。中如王朋寿之《类林》,孔元措之《祖庭广记》,蔡松年之《明秀集注》,与吴宏道之《中

---

① 黄廷鉴《爱日精庐藏书志序》记:"十年来,小大汇收,今古并蓄,而以宋元以上人撰述有裨经史者为之主,闻有古刻旧抄,不惜多金购访。或缮抄秘阁,或假录相知,汇前后所得,合之先人旧藏,已有八万余卷,可谓盛矣。"见黄廷鉴《第六弦溪文钞》,《丛书集成初编》本,2461 册卷 2。

② 叶昌炽:《藏书纪事诗》,附王欣夫补证,第 622—623 页。

州启劄》，皆当世绝无仅有之书也。"①

黄廷鉴《金文最序》记：张金吾"掇拾遗残，自潭南、盗水、遗山数专集外，凡史书传记、山经地志，暨南宋、元初诸名家文集，金石之记，断蚀之刻，下逮医方谱录、杂家小说，旁及二氏之藏、外国之书，苟有残篇剩简，无不广搜博采，多金购访，自癸酉迄壬午，积十年之勤，稿凡三易，勒成《金文最》一百卷，其用心可谓专且挚矣。犹忆己卯夏，偕访知不足斋鲍氏，借读图书集成赐书，馆于乌镇之南宫道院，日分阅数百拒册。时新暑乍来，挥汗成雨。迫莫，余倦而息矣，月霄则燃烛煌煌，蚊蛇四集，漏再下不辍。每得金人文一篇，辄狂喜叫绝。"②

《诒经堂续经解》补《通志堂经解》之不足。李兆洛《序》记："《通志堂经解》之刻，百余年矣。金吾张君以遗编堕简，尚不尽于此，乃发其家所藏，写定为《诒经堂续经解》，都千二百有余卷，将以次授之剞劂。"③

《爱日精庐藏书志》收录有关实学为世人鲜见的宋元旧椠及抄帙765部，抄本居半，其中文澜阁《四库全书》传抄本91种。顾广圻撰《序》予以高度评价称："书之有目，其途每殊，凡流传共见者，固无待论。若夫月霄之目，乃非犹夫人之目也。观其某书必列某本旧新之优劣、钞刻之异同，展卷具在，若指诸掌，其开聚书之门径也钦。备载各家之序跋，原委集然。复略就自叙、校摊、考证、训话、簿录汇萃之，所得各发解题，其标读书之脉络也钦。世之欲藏书读书者苟循是而求焉，不事半功倍钦。然则此一目也，岂非插架所不可无而予乐为之序者哉。"④

自嘉庆至道光间，张金吾以爱日精庐名义刊刻了自己的大量著作以及宋李焘编《续资治通鉴长编》520卷，还曾参与张海鹏所刻《太平御览》1000卷的校勘。所抄书有宋钱若水等《宋太宗实录》残本8卷、宋卢宪《嘉定镇江志》22卷、元卢镇《重修琴川志》15卷等。所藏书有"张印月霄""张金吾藏""爱日精庐藏书""诒经堂张氏珍藏"等钤记。

---

① 张金吾：《爱日精庐藏书志序》，《爱日精庐藏书志》，光绪十三年(1887)吴县灵芬阁徐氏木活字合刊本，卷首。
② 黄廷鉴：《金文最序》，《第六弦溪文钞》。
③ 叶昌炽：《藏书纪事诗》卷6，第619页。
④ 顾广圻：《爱日精庐藏书志序》，《爱日精庐藏书志》，卷首。

第八章 清代江苏书坊的出版活动

书坊刻书与官刻、家刻三足鼎立，各有所长。清代坊刻兴盛，刻书数量很大，而且书坊主要集中在江苏的南京、苏州、扬州和北方的北京。

第一节 书坊概况

据江苏省地方志编纂委员会编著的《江苏省志·出版志》统计，清代江苏民间出版机构书坊和私家有1040个，其中，"清代书坊"有90个。

苏州52个：二友堂、二酉斋、大树堂、千钟书屋、三多斋、文渊堂、文粹堂、文翰斋、文藻堂、文艺斋、文英堂、文喜堂、文越堂、王君甫、仁寿堂、书业堂、宁止堂、甘朝士局、乐古斋、兰蕙轩、苏州书坊、有鸿堂、同文堂、传万堂、传经堂、成裕堂、观成堂、酉阳堂、来青阁、怀新堂、吴门书林、宝翰楼、步月楼、明德堂、函山堂、柱笏堂、映雪堂、桐石山房、钱德苍、清素堂、得见斋、裕文堂、琴川书屋、敬乐斋、敦本堂、绿筠堂、绿荫堂、绿慎堂、聚文堂、醉六堂、德馨堂、稼史轩。

昆山2个：文墨斋、咸德堂。

金陵13个：三山堂、三乐斋、三多斋、文英堂、文进斋、世德堂、叶永茹、芥子园、宝仁堂、胜玉堂、萃文书屋、暎旭斋、翼圣堂。

扬州11个：二酉堂、十笏堂、艺古堂、文富堂、文德堂、朴存堂、同文堂、测海楼、爱日堂、墨宝斋、义林堂。

常州2个：长年医局、掌珍楼。

无锡 5 个：艺文斋、文苑阁、种德堂、存仁堂、素政堂、思慎堂。

江阴 1 个：宝文堂。

镇江 3 个：文光阁、快志堂、善化堂。

溧阳 1 个：保赤堂。①

以上统计还不包括松江府，并且由于有些私刻机构与书坊难以绝对区分，有的私刻家后来又变为书坊。因此，清代江苏书坊的总数还没有确切的统计数。

一、苏州书坊

清代繁华的苏州是中国书籍生产的重要基地，书坊林立。康熙、乾隆时期是清代苏州书坊最活跃发展的时期，苏州书坊几乎替代了明代金陵书业中心的地位。叶德辉在《书林清话》卷 9"古今刻书人地之变迁"条中论述入清苏州仍为刻书中心地之一："王士禛《居易录》十四云：'陆文裕深《金台纪闻》云，叶石林时，印书以杭州为上，蜀本次之，福建最下。又云，比岁京师印板，不减杭州。蜀闽多以柔木刻之，取其易售，今杭绝无刻。国初蜀尚有板，差胜建刻。今建益下，去永乐、宣德亦不逮矣，唯苏州工匠稍追古作。此嘉靖初语也。近则金陵、苏、杭书坊刻板盛行，建本不复过岭。蜀更兵燹，城郭丘墟，都无刊书之事。京师亦鲜佳手。数年以来，石门（即崇德县）吕氏、昆山徐氏，雕行古书，颇仿宋椠，坊刻皆所不逮。古今之变，如此共亟也。'吾按：文简时，金陵、苏、杭刻书之风，已远过闽、蜀。乾嘉时，如卢文弨、鲍廷博、孙星衍、黄丕烈、张敦仁、秦恩复、顾广圻、阮元诸家校刻之书，多出金陵刘文奎、文楷兄弟。咸丰赭寇之乱，市肆荡然无存。迨乎中兴，曾文正首先于江宁设金陵书局，于扬州设淮南书局，同时杭州、江苏、武昌继之。既刊读本《十三经》，四省又合刊《廿四史》。天下书板之善，仍推金陵、苏、杭。"②

清代苏州的书坊极盛，有影响的书坊多，其中苏州席氏扫叶山房历史最悠久，刻书达数百种之多，第七章中已集中论述。叶德辉《书林清话》卷 9"吴门书坊之盛衰"条载见之黄丕烈《士礼居藏书题跋记》所

---

① 江苏省地方志编纂委员会编著：《江苏省志·出版志》。
② 叶德辉：《书林清话》，卷 9"古今刻书人地之变迁"，第 253—254 页。

录吴门书坊有：胥门经义斋胡立群、五柳居陶廷学子蕴辉、山塘萃古斋钱景凯、郡城学余堂书肆、玄妙观前学山堂书坊、府东敏求堂、玄妙观东闵师德堂、臬署前书坊玉照堂、臬署前文瑞堂、臬辕西中有堂书坊、醋坊桥崇善堂书肆、郡东王府基周姓墨古堂、阊门横街留耕堂、阊门书业堂、阊门文秀堂书坊、金阊门外桐泾桥头书铺芸芬堂、玄妙观前墨林居、紫阳阁朱秀成书坊、葑门大观局、遗经堂、酉山堂、本立堂书坊、胡苇洲书肆、书友吕邦惟、郁某、郑益偕、胡益谦、邵钟麠、沈斐云、吴立方、书船友曹锦荣、吴步云、郑辅义、邵宝埔、华阳桥顾听玉、常熟苏姓书估、平湖估人王徵麟、无锡浦姓书估、湖人施锦章、陶士秀、买骨董人沈鸿绍等。①《士礼居藏书题跋记》与《书林清话》统计乾嘉时期吴门书肆为 24 家：胥门经义斋（胡立群）、庙前五柳居（陶廷学）、山塘萃古斋（钱景凯）、郡城学余堂、玄庙观前学山堂、墨林居、玄庙观东闵师德堂、府东敏求堂、臬署前玉照堂、文瑞堂、臬辕西中有堂、醋坊桥崇善堂、郡东王府基周姓墨古堂、阊门横街留耕堂、阊门书业堂、阊门文秀堂、金阊门外桐泾桥头芸芬堂、紫阳阁朱秀成书坊、葑门大观局、遗经堂、酉山堂、本立堂、王府基高姓书摊、胡苇洲书肆。流动书贾为 20 家：吕邦惟、郁某、郑益偕、胡益谦、邵钟磨、沈斐云、吴东亭、吴立方、郑云枝；书船友曹锦荣、吴步云、郑辅义、邵宝埔，估人吴东白，华阳桥顾听玉、常熟苏姓书估、平湖人王征麟、无锡浦姓书估，湖人施锦堂、陶士秀。

　　江澄波《苏州古旧书店志》著录明代启祯至清康乾时期阊门有影响的书肆 37 家。②

---

① 叶德辉：《书林清话》，卷 9"吴门书坊之盛衰"，第 254—287 页。

② 苏州古旧书店江澄波等编写：《苏州古旧书店志》上下册，1985 年油印本。这 37 家是：阊门内中街路书铺、陈长卿的古吴存诚堂、黄玉堂、徐守铭的书林宁寿堂、舒载阳书坊、世裕堂、书业堂书坊、书林绿荫堂、拥万堂、阊门书林、十乘楼书坊、叶瑶池的天宝堂、叶启元的玉夏斋、宝鼎斋、翁得所的金阊书房主人、安少云的尚友堂、东观阁、五雅堂、五云居、贯华堂、叶敬溪书坊、传万堂、叶显吾书坊、叶瞻泉书坊、振郇堂、夏霖雨书林、嘉会堂、同文堂、绿荫堂、书业堂、扫叶山房、宝翰楼、学耕堂、函三堂、映雪草堂、瑞凝堂、稼史轩书坊。

张秀民《中国印刷史》统计,清代苏州地区的书坊有 59 家。①

叶瑞宝撰《苏州书坊刻书考》一文考订清代有刻书记录的书坊有 134 家。②

戚福康的《中国古代书坊研究》据叶德辉《书林清话》、张秀民《中国印刷史》、江澄波等《江苏刻书》等统计清代苏州书坊有 79 家(不包括苏州府下属的常熟、昆山、太仓、吴江等几个州县):姑苏二友堂、姑苏二酉堂、姑苏大树堂、姑苏千钟书屋、古吴三多斋、苏州书林文渊堂、苏州书林文粹堂、苏州"谢氏"文翰斋、金阊文藻堂、苏州"徐氏"文艺斋、苏州文莫堂、苏州文喜堂、苏州文越堂、苏州王君甫书坊、吴门书林仁寿堂、金阊"赵氏"书业堂、苏州宁止堂、吴门书林甘朝士局、苏州乐古斋、苏州兰蕙轩、苏州书坊、苏州有鸿堂、苏州扫叶山房、金阊书林同文堂、金阊书林传万堂、金阊书林成裕堂、金阊书林观成堂、苏州西阳堂、苏州玛瑙经房、姑苏来青阁、金阊怀新堂、吴门书林、金阊书林宝翰楼、金阊步月楼、金阊书

---

① 张秀民著,韩琦增订:《中国印刷史》上,杭州:浙江人民出版社 2006 年,第 394 页。这 59 家是赵氏书业堂、宝翰楼、振邺堂、绿荫堂、穆大展局、经锄堂、经文斋(胥门)、文萃堂、文英堂、文裕堂、文林堂、文喜堂、文渊堂、三经堂、三友堂、三元堂、四美堂、三昧堂、柱笏堂、仁寿堂、桐石山房、同文堂、同青堂、兴贤堂、春阳堂、崇本堂、性善堂、粹锦堂、传万堂、观承堂、楠槐堂、萃古斋(山塘)、敏学堂(府东)、采莲堂、聚盛堂、王氏聚文堂、西山堂、学耕堂、鸿文堂、函三堂、聚文堂、振文斋、讲德斋、来青阁、最新阁、黄金屋、步月楼、藜光楼、岁月楼、谢文翰斋、得见斋、席元章坊、相石山房、席氏扫叶山房、江氏文学山房、志恒书社、宝华堂、宝兴堂、世德堂。
② 叶瑞宝:《苏州书坊刻书考》,江苏省出版史志编辑部编《江苏出版史志》1992 年第 3 期。这 134 家是:张氏大雅堂、三槐堂、嘉乐堂、步月楼、书业堂、映雪斋、存仁堂、天德堂、童涌泉(书坊)、尚友堂、东观阁、大来堂、同人堂、童晋之(书坊)、传万堂、映雪草堂、嘉会堂、裕兹堂、绿荫堂、宝翰楼、赤绿山房、三多斋、拥万堂、五车楼、三乐斋、文盛堂、大业堂、孝友堂、文英堂、德聚堂、吴门书林、王允明(书坊)、同文堂、柱笏堂、文雅堂、养正堂、素政堂、叶继照(书坊)、扫叶山房、刘汝洁(书坊)、勤有楼、崇德书院、宛委堂、郁郁堂、邓明玑(书坊)、绿慎堂、素心堂、隆溪堂、裕麟堂、文粹堂、南芝草堂、周子肇(书坊)、桐石山房、文喜堂、铁瓶书屋、黄金屋、振秀堂、文宝堂、观成堂、松鹤斋、楠槐堂、亦西斋、念修堂、鹏翮堂、萃秀堂、仁寿堂、小郁林、宝仁堂、李又韩(书坊)、穆大展近文斋局、思义塾、观承堂、云龙阁、学耕堂、函三堂、苏州书林、二友堂、瑞凝堂、稼史轩、聚文堂、萃古斋、惟善堂、张遇清局、五柳居、萃英堂、有耀斋局、经义斋、讲德斋、裕德斋、会文堂、来青阁、同青堂、起秀堂、毛上珍传书斋、世德堂、玉照堂、张斌荣(书坊)、三友堂、张金彪局、经义堂、汤晋苑局、吴青霞斋、喜墨斋、得见斋、王兰坡(书坊)、陶升甫、万有喜斋、宝善堂、相石山房、徐元圃局、甘朝士铺、裕文祥(书坊)、五云楼、漱芳斋、玛瑙经房、小西山房、谢文翰斋、紫文阁、槐庐家塾、六润斋、黄文治(书坊)、红叶山房、徐元(书坊)、心芳斋、苏文铭斋、梓文阁、振新书社、文学山房、开智书室、扫叶永记书庄、巽记书庄、德馨堂、锦奎堂、文木山房。

林明德堂、金阊书林函山堂、金阊书林柱笏堂、姑苏映雪堂、金阊书林桐石山房、苏州钱德苍书坊、金阊书林"石琰"清素堂、金阊崇德书院、金阊得见斋、金阊裕文堂、金阊琴川书屋、金阊敬乐斋、金阊敦本堂、金阊绿筠堂、金阊绿荫堂、苏州绿慎堂、姑苏聚文堂、姑苏醉六堂、姑苏德馨堂、姑苏稼史轩、胥门"胡（立群）氏"经义斋、庙前陶氏五柳居、山塘钱氏萃古斋、郡城学余堂书肆、玄妙观前学山堂书坊、府东敏求堂、玄妙观东闵师德堂、臬署前书坊玉照堂、臬署前文瑞堂、臬辕西中公堂书坊、醋坊桥崇善堂书肆、郡东王府基周姓墨古堂、阊门横街留耕堂、阊门文秀堂书坊、金阊门外桐径桥头书铺芸芬堂、玄妙观前墨林居、紫阳阁朱秀成书坊、葑门大观局、遗经堂、酉山堂、本立堂书坊、王府基书摊高姓、胡苇洲书肆、振邺堂。

沈冬美的《17世纪末—19世纪初苏州书坊刻书》据江澄波等《江苏刻书》、张秀民《中国印刷史》、叶瑞宝《苏州书坊刻书考》、《苏州市志》、叶德辉《书林余话》、《中国丛书综录》、《小说书坊录》、《民国时期总书目》、《香港中文大学图书馆古籍善本书录》、国家图书馆古籍网上检索系统统计，仅仅顺治至嘉庆时期，苏州书坊多至142家。其中，康熙间55家、雍正年间5家、乾隆间40家、嘉庆间37家。这些统计，包括了苏州府下属部分州县，比戚福康《中国古代书坊研究》增加76家：常熟蒋氏省吾堂、宝仁堂、赤绿山房、萃锦堂、存仁堂、大业堂、东观阁、姑苏裕德坊、姑苏紫文阁、古吴郁郁堂、顾氏乐真堂、观承堂、函三堂、怀新堂、怀颖堂、黄金屋、嘉会堂、讲德堂、讲德斋、金阊萃英堂、金阊经义堂、金阊起秀堂、金阊勤有楼、金阊瑞凝堂、金阊同青堂、金阊王允明、金阊亦西斋、金阊映雪草堂、金阊拥书堂、经锄堂、聚盛堂、李又韩、刘汝洁、隆溪堂、穆大展近文斋、南芝草堂、楠槐堂、念修堂、鹏翮堂、三乐斋、三友堂、书艺堂、思义堂、四美堂、松鹤斋、苏州会文堂、苏州五亩园、苏州小酉山房、素心堂、素政堂、天德堂、童晋之、宛委堂、王佩仪有耀斋局、惟善堂、文宝堂、文林堂、文盛堂、文雅堂、文英堂、吴郡大来堂、吴郡顾氏爱汝堂、吴门五车楼、小郁林、孝友堂、许氏竹素园、学耕堂、养正堂、叶继照、遗经堂、映雪斋、裕麟堂、云龙阁、张氏大雅堂、张遇清局、周子肇。所刻书如：

顺治七年大业堂刻明潘光祖《汇辑舆图备考全书》；

顺治、康熙时萃锦堂刻清李玉《一笠庵新编占花魁传奇》2 卷；

康熙二年吴门书林刻唐杜甫撰《辟疆园杜诗注解》17 卷；

雍正六年怀新堂刻清戴铉《四书尊闻录》20 卷；

乾隆九年仁寿堂清郭小亭《济公传》12 卷；

嘉庆二年张遇清局刻清祝德麟《悦亲楼诗集》30 卷等。①

苏州书坊有 39 家冠以"金阊""阊门"字样，说明苏州书坊又主要集中在苏州金门、阊门一带。据《书林清话》统计（源于《莞圃藏书题识》），苏州书坊清朝前期刻书 151 种、1600 多卷（统计中 1 册、不分卷、无卷数、1 回均计 1 卷）。②

二、南京书坊

南京是明代中国刻书中心地之一。

张秀民据历代藏书家书目及原书牌子，考录明代金陵书坊有 93 家，多建阳，远超过北京。进入清朝后，南京书坊不如苏州多，但也出现了状元境、夫子庙以及花牌楼等书坊、书店街。江澄波、杜信孚、杜永康编著《江苏刻书》收录清代金陵刻书书坊 15 家：三山堂、三乐斋、三多斋、文英堂、文进斋、世德堂、叶永茹、芥子园、李光明书庄、宝仁堂、金陵刻经处、胜玉堂、萃文书屋、暎旭斋、翼圣堂。③ 比江苏省地方志编纂委员会编著的《江苏省志·出版志》统计多 2 家：李光明书庄、金陵刻经处。

其中，世德堂等又为明以来的名书坊，李光明书庄刻书很多。据张秀民《中国印刷史》统计："清季李光明所开之李光明庄刻书一百六十余种，多启蒙读物、医学杂书、集部及善书。"④ 魏隐儒的《中国古籍印刷史》："据所刻（书经）刊叶目录所载，李光明庄刻印了一百六十七种书，计经部四十一种，史部六种，子部三种，集部五十二种（其中所刻尊经书院、钟山书院、惜阴书院的文章十二种），启蒙美二十四种，闺范类四种，医算

---

① 沈冬美：《17 世纪末——19 世纪初苏州书坊刻书》，复旦大学 2009 年硕士学位论文，第 21 页，附录 58—65 页。

② 戚福康：《中国古代书坊研究》，北京：商务印书馆，2007 年，第 260—269 页。戚福康：《论明清苏州的坊刻》，《南昌师范学院学报》2014 年第 4 期，第 165—169 页。

③ 江澄波、杜信孚、杜永康编著：《江苏刻书》，第 564—565 页。

④ 张秀民：《中国印刷史》，上海：上海人民出版社，1989 年，第 558 页。

杂学类二十四种,善书类十三种。"①

　　顺治、康熙年间设于南京的芥子园书铺,刻印售卖兼营,颇有影响。业主李渔,原籍浙江兰溪,生于如皋,顺治十四年(1657)迁居南京。芥子园书铺,由其女婿沈心友负责经营,开始主要刻科考书,如《新四六初征》《尺牍初征》《名词选胜》等,后来刻过李渔著《笠翁诗韵》《笠翁词韵》《笠翁对韵》等。所刻最有名的是《芥子园画传》,印工考究,装帧精美,行销全国。后沈心友将书铺改名为芥子园甥馆,续编《芥子园画传》第二、三集。

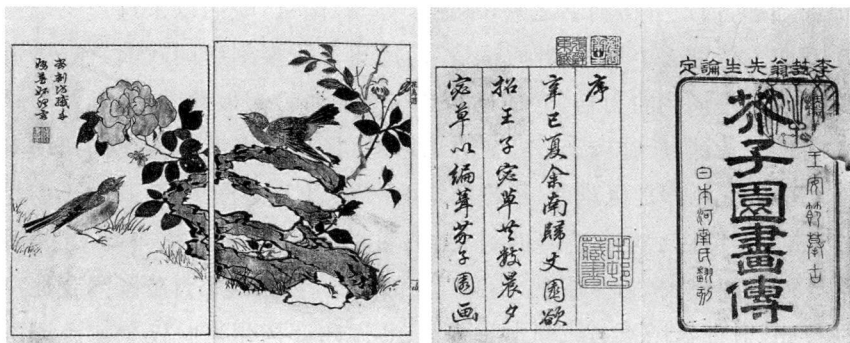

图 8-1 　《芥子园画传》

　　南京还有奎壁斋、富文堂、聚锦堂、德聚堂等书坊。金陵郑氏奎壁斋,乾隆年间刻陈振纲、丁庚等辑著的《四体字法》。奎壁斋主人乾隆时为郑元美,莆阳人,至光绪年间书版多散售易主,其所刻《易经》版片售归金陵富文堂,光绪十二年(1886)刷印时,封面题"光绪十二年新镌,富文堂藏版",书内旧序末尾仍存原刻"莆阳郑氏订本,金陵奎壁斋"双行牌记。

　　清末民初的南京书坊,纪果庵的《白门买书记》有载:"书肆旧多在状元境,《白下琐言》云:书坊皆在状元境,比屋而居,有二十余家,大半皆江右人,虽通行坊本,然琳琅满架,亦殊可观,廿余年来,为浙人开设绸庄,书坊悉变市肆,不过一二存者,可见世之逐末者多矣! 盖深致慨叹,顾甘

① 魏隐儒:《中国古籍印刷史》,北京:印刷工业出版社,1988年,第171页。

君之书距今又五十年,状元之境,乃自绸庄沦为三四等旅舍,夜灯初明,鸠槃荼满街罗列,大有海上四马路之观,典籍每与脂粉并陈,岂名士果多风流乎! 不过目下较具规模之坊肆,仍以发祥该'境'为伙,如朱雀路之保文,太平路之萃文,其佼佼者也。"南京书坊 20 余家中较为著名者有天禄山房、聚文书店、保文、萃文书屋、萃古山房等。①

三、扬州书坊

清代扬州官刻、家刻、坊刻蔚然成风,扬州诗局、扬州书局集聚了全国各地雕版印刷的能工巧匠。扬州作为南北交通要道,有着广泛的图书市场,因而扬州书坊刻书之兴,不亚于苏州、南京,晚明以来这里书坊所刻戏曲就特别多。②《扬州画舫录》记扬州书坊多刻诗词戏曲:"郡中剞劂匠多刻诗词戏曲为利,近日是曲(《小郎儿曲》)铜板数十家,远及荒村僻巷之星货铺,所在皆有。"③王澄编著的《扬州刻书考》"清代扬州坊刻本"载,清代扬州地区刻印、销售书籍的书坊、书店逐渐增多,其中不少是坊店合一,前店后场。乾隆时,扬州书坊之多堪称"星罗棋布"。苏州书局于同治间重刊《儒林外史》,附有金和跋文,内称"是书自乾隆间金兆燕在扬州刊行后,扬州书肆刻本非一"。此说印证扬州当时仅刻印小说的书坊就较多。④ 扬州主要的书坊除《江苏省志·出版志》所载二酉堂、十笏堂、艺古堂、文富堂、文德堂、朴存堂、同文堂、测海楼、爱日堂、墨宝斋、义林堂 11 个外,王澄编著的《扬州刻书考》据《江苏艺文志·扬州卷》等文献考证,还有博古堂、文喜堂、善成堂、藤花树、道盛堂、达安堂、文盛堂、海陵轩、广泽堂、书业堂、酉山堂、德成堂、一笑轩、资善堂、奉孝轩、颂德轩、广陵墨香书屋、醉经堂、抱青阁、文英堂、经义斋、秋声馆、广陵聚好斋、宝翰楼、琅环书屋、维扬堂、受古书店、务本堂、文成堂、顾礼堂、敦仁堂、述古堂、文苑堂、梓文斋、集益堂、聚盛堂、倪文林斋、邗上文运堂、文奎堂、林敬堂、文雅堂、刻鹄斋、同善堂、述古斋、大儒坊柏碧山堂、集贤

① 纪果庵:《白门买书记》,周越然等:《蠹鱼篇》。
② 赵林平:《晚明坊刻戏曲研究》,扬州大学 2014 年博士学位论文。
③ [清] 李斗:《扬州画舫录》,北京:中华书局,1997 年,第 266 页。
④ 王澄编著:《扬州刻书考》,扬州:广陵书社,2003 年,第 295 页。

斋、存济堂、聚贤斋、墨稼山房等。①

这些书坊刻过许多流传较广的图书，其中包括小说戏曲、诗文集、工具书、医书、扬州地方文献等。例如：

博古堂，康熙四十年(1701)扬州博古堂据吴氏原刻本重刻清江都吴绮撰《林蕙堂集》26卷巾箱本。

文喜堂，刻清朱罐撰《秦楼月传奇》2卷附清陈素素撰《二分明月集》1卷不署撰人《名媛题咏》1卷。

善成堂，雍正间扬州善成堂据康熙间四雪草堂刻本重刻明陆西星撰、钟惺评《新刻钟伯敬先生批评封神演义》19卷100回，封面镌"善成堂藏版"。乾隆间扬州书林善成堂刻清郑燮撰《板桥集》5卷。光绪二十年(1894)扬州书林善成堂刻清顾世澄撰《疡医大全》40卷。

藤花榭，雍正间刻泰州陈志襄撰《明纪会通》15卷，嘉庆二十四年(1819)刻归锄子撰《红楼梦补》48回、道光十三年(1833)复刻，嘉庆二十五年刻清曹雪芹撰清高鹗续《红楼梦》120回。

道盛堂，乾隆间泰州书林道盛堂据康熙间泰州邓氏慎墨堂原刻本重刻泰州邓汉仪辑《天下名家诗观初集》12卷、《二集》14卷、《三集》13卷、《闺秀别集》1卷。

达安堂，乾隆二十五年(1760)刻清顾世澄撰《疡医大全》40卷。

文盛堂，乾隆三十四年刻不署撰人《痘疹定论》4卷，乾隆五十三年不署撰人《寿世保元》10卷。

海陵轩，乾隆五十一年刻清墨浪子撰《西湖佳话》16卷。

广泽堂，乾隆五十四年刻清扬州史典撰《庸行编》8卷。

书业堂，乾隆间刻清泰州陈志襄编纂《纲鉴会通》115卷。

酉山堂，乾隆间刻清郑燮撰《板桥集》5卷。

德成堂，嘉庆十一年刻清江都汪中撰《策略谩闻》无卷数。

一笑轩，嘉庆十一年刻题清蓬蒿子撰《新史奇观演义全传》(即《新世弘勋》)22回，嘉庆二十二年刻清扬州邹必显撰(述)《飞跎全传》4卷32回。

---

① 王澄编著：《扬州刻书考》，第295—311页。

资善堂,光绪十六年扬州资善堂木活字刻明罗贯中撰《第一才子书》(即《三国演义》)60卷120回。

奉孝轩,嘉庆二十四年刻不署作者姓名《清风闸》4卷32回巾箱本、清道光二十年重刻本、同治十三年(1874)再重刻。

颂德轩,嘉庆、道光间刻不署著者姓名《善恶图全传》40回。

广陵墨香书屋,嘉庆二十五年刻清甘泉焦循撰《选学镜源》8卷、《扬州足征录》27卷。

醉经堂,嘉庆间刻清李澄撰《淮甽备要》10卷,同治十一年(1872)刻题清邹必显撰趣斋主人编《飞跎全传》4卷32回。

抱青阁,道光元年(1821)刻清扬州吴鹄撰《卜岁恒言》2卷。

文英堂,道光三年刻清邳东包永泰撰《喉科枸指》4卷附《集验良方》,道光中刻明罗贯中撰《三国演义》19卷首1卷120回。

经义斋,道光五年刻清兴化李清撰《女世说》4卷《补遗》1卷巾箱本。

秋声馆,道光十年刻清维扬柳春浦撰《聊斋续编》8卷。

广陵聚好斋,道光十四年刻清桐城方贞观撰《方南堂先生辍锻录》1卷。

宝翰楼,道光二十年刻清泰州陈厚耀撰、清丁晏校注《春秋世族谱》1卷附《补正》1卷,道光二十七年刻无名氏撰《绣像绿牡丹全传》(亦名《四望亭全传》)8卷64回。

琅环书屋,道光二十九年刻清无名氏撰《云中雁三闹太平庄全传》54回。

维扬堂,道光三十年刻清褚人获撰《四雪草堂重订通俗隋唐演义》20卷100回。

受古书店,道光间刻清甘泉焦循撰《周易补疏》2卷。

务本堂,咸丰五年(1855)刻清江都余照《诗韵集成》10卷袖珍本,光绪七年(1881)重刻咸丰六年京师刻巾箱本清甘泉符葆森辑《国朝正雅集》100卷。

文成堂,同治三年(1864)刻明吴又可原撰清仪征郑重光补注《瘟疫论补注》2卷。

顾礼堂，同治七年刻清邗江史德威撰《射艺津梁》2卷。

敦仁堂，同治九年刻清顾世澄撰《疡医大全》40卷。

述古堂，同治十一年重刻清文晟辑《萍乡文氏所刻医书》6种24卷。

文苑堂，光绪四年刻清月湖居士撰《双剪发传》（弹词）。

梓文斋，光绪七年刻清泰州陈文田撰《晚晴轩诗存》5卷。

集益堂，光绪七年刻明兴化陆西星撰《方壶外史》8卷（刻2卷）。

聚盛堂，光绪十二年刻清邗上蒙人撰《风月梦》32回。

倪文林斋，光绪间辑刻《真州两生诗存》2种3卷，包括清仪征刘蕴辉撰《虚白斋诗集》2卷、清仪征何淳撰《锄月山房遗稿》1卷。

邗上文运堂，光绪十八年刻清无名氏撰题蓬蒿子编《新史奇观》（又名《新世弘勋》）4卷22回，光绪间刻明无名氏撰《新锲重订出像注释通俗演义东西两晋志传》12卷50回。

文奎堂，光绪十八年刻清江都余照编《诗韵集成》10卷巾箱本。

林敬堂，光绪十九年刻明林长生撰清宝山补辑《眼科简便验方》无卷数。

文雅堂，光绪二十四年刻清江都余照编《诗韵集成》10卷袖珍本。

刻鹄斋，光绪二十六年刻清汪中撰《容甫遗诗》5卷《补遗》1卷《附录》1卷。

同善堂，光绪三十二年刻清泰州李顺观撰《醒世编》1卷。

述古斋，光绪间刻《汪容甫遗诗》5卷、五代后蜀韦縠撰《才调集》10卷。

大儒坊柏碧山堂，刻印《未村诗钞》。

集贤斋，刻印《江都县续志》《甘泉县续志》。

存济堂，刻印扬州名医吴尚先撰《理瀹骈文》。

聚贤斋，刻印《叶天士眼科》。

泰州怀德堂，刻印《养蒙针度》《普济应验良方》。

泰州墨稼山房，刻印《赋律又新》等。

云蓝阁，刻《云蓝阁笺谱》、版刻年画等。

四、上海书坊

晚清上海书业后来居上，发展成中国近代书业中心。至光绪三十二年，上海主要出版机构有文明书局、开明书局、点石斋书局、商务印书馆、广智书局、昌明书局、中国教育器材馆、启文社、新智社、会文学社、通社、新民书店、群学会、东亚公司新书店、彪蒙书室、时中书局、有正书局、小说林、乐群书局、普及书局、鸿文书局、新世界小说社、作新社、蒙学书局、藻文堂、湖南新书局、上海排印局、福瀛书馆、华美书馆、文澜堂、东亚书局、同文书局和拜石山房等约90家。同治元年至光绪三十四年，上海创办出版机构有100多家。宣统二年(1910)，上海较重要的中文图书出版销售机构有中国图书公司、时中书局、集成图书公司、有正书局、均益图书公司、至诚书局、广学会售书处、江左书林、商务印书馆、扫叶山房、南洋官书局、千顷堂、文明书局、作新社、广智书局、广益书局、科学书局等10多家，洋文图书出版销售机构有别发洋行、美华书馆、美生书馆等3家。

据朱联保的《近现代上海出版业印象记》统计，上海公私出版机构多达500余家。[1]《全国书店调查录》序载，到1937年"八一三"事变前上海福州路一带有报纸数十家、杂志数百种、新旧书肆300余家。潘建国据《近现代上海出版业印象记》《扫叶山房书目》等统计，旧上海书肆在福州路有：传薪书局(福州路260号，店主徐绍樵)、文汇书店(福州路397号，店主王昭美)、汉文渊书肆(福州路近福建路处，店主林子厚)、受古书店(福州路近福建路，店主翁培栽)、龙虎书局、广益书局、博文书局、广艺书局、国粹书店等。在汉口路西段和广西路一带有：抱经堂书局(店主朱遂翔，1938年由杭州分沪)、来青阁(店主杨寿祺，原在福州路近福建路口，后迁至汉口路706号)、来薰阁(店主陈济川，总店设于北京，上海分店设于广西路281号)、忠厚书庄(店主黄廷斌，设于汉口路708号)、富晋书社(店主王富三，总店设于北京)、文海书店(店主步恒猷)、汉学书店(店主郭石祺、杨金华，设于汉口路693号)、温知书店(店主孙助廉)、艺林书店(店主孔里千)、文瑞楼(原设于南市城内，后迁至河南中路广东路

① 朱联保：《近现代上海出版业印象记》，上海：学林出版社，1993年。

之南)、蟫隐庐(位于汉口路,店主罗振常)等。在城隍庙附近有:饱墨斋、葆光、学海书店、粹宝斋、梦月斋、传经堂(蓬莱市场内)等。此外,在淮海中路上有修文堂(淮海中路近重庆路的五凤里,店主孙实君),在复兴中路上有春秋旧书店,在常熟路上有萃古斋(常熟路华山路口,店主于士增),在交通路上有六艺书局,在广西路小花园有古书流通处,在愚园路静安商场内有金氏文都书店等。① 至光绪二十三年,商务印书馆在上海成立,后与文明书局、中国图书公司、集成图书公司等出版社发展成大型出版机构,经营业务约占上海图书业 2/3,棋盘街一带成为中国图书业的集中地。

五、其他区域书坊

镇江书坊,除《江苏省志·出版志》所载文光阁、快志堂、善化堂 3 家外,据徐苏的《清代镇江的官刻书和坊刻书》考证,还有京口大成堂、文会堂、宝善堂、文成堂 4 家:

京口大成堂,明万历年间创办,至清仍存,乾隆五十四年(1789)刻有清罗国纲选辑的《罗氏会约医镜》20 卷。

文会堂,嘉庆间京口名医号"爱虚老人"创办,由文会堂刻所著《喉症全科紫珍集》《古方汇精》,分别为"嘉庆甲子重订""嘉庆甲子春刻"。

宝善堂,同治五年(1866)之前创办,同治十一年刻翁方纲手书上版《金刚经》1 卷。

文成堂,同治元年之前殷氏创办,同治元年刻清汪昂撰《本草备要》。还刻有宋朱熹撰《中庸章句》1 卷、《易经》4 卷、《论语集注》1 卷,清孙侃撰《尔雅直音》2 卷,清于元庆选《唐诗三百首续选》,清沈德潜编《古诗源》,清吴懋政编《八铭塾钞初集评注》,清曹仁镜撰《欣偿斋尺牍》5 卷,清王仁云撰《增注四字鉴略》1 卷、《评注分类试帖青云集》《诗经读本》等,清吴仪洛编《本草丛新》,清文晟辑《药性摘录》、《本草饮食谱》、《偏方补遗》7 卷、《急救便方》,清汪昂撰《医方

---

① 潘建国:《近代书肆与古代通俗小说书目》,《中国古代小说书目研究》,上海:上海古籍出版社,2005 年。

集解》，清鲍相敖编《验方新编》8 卷首 1 卷，唐汪冰撰《黄帝内经素问》24 卷、《黄帝内经素问灵枢》10 卷等。[1]

第二节　书坊刻书与营销

书坊多重营利，因降低成本而影响书品质量，版本不如官刻、家刻精美，但在便民和繁荣市场、普及文化方面却发挥了重要作用，同时反映民间生活、社会风俗的文献也可从坊刻中得到。书坊刻书注重营销，刻书达到经济效益与社会效益相统一。

一、坊刻内容

书坊刻书内容主要集中于民众用量较大的大众启蒙读物、文史选本、类书、丛书、小说、戏曲、医书、善书、佛经、农书等。

1. 启蒙读物。如苏州金阊书林传万堂乾隆三十七年刻《周易启蒙课本》4 卷。清代扬州书坊刻印量之大首推各种启蒙读物，有《三字经》《百家姓》《千字文》《龙文鞭影》《幼学琼林》《女儿经》《增广贤文》《四言杂字》《神童诗》《千家诗》《大学》《中庸》《论语》《孟子》《左传》等。[2] 南京李光明庄刻启蒙读物 34 种。

2. 文史选本。如苏州绿荫堂刊《国语》，封面题"苏州绿荫堂藏版"，并钤盖"苏州绿荫堂鉴记精选书籍章"长方戳记。乾隆四十一年金陵胜玉堂刊清任邱王应鲸撰《通鉴纲目注证》4 卷。嘉庆二十三年金陵书坊三山堂刊清白下林淳撰《宁我斋稿赋》2 卷、《文》2 卷、《诗》3 卷、《词》3 卷。乾隆金陵三乐斋刊清高淳吴瑞荣辑《唐诗笺要》16 卷、清濮阳臧岳编《唐诗类释》19 卷。乾隆金陵状元境三多斋刊清朱鹤龄辑注《杜诗笺注》20 卷。扬州道盛堂乾隆间泰州书林道盛堂据康熙间泰州邓氏慎墨堂原刻本重刻泰州邓汉仪辑《天下名家诗观初集》12 卷、《二集》14 卷、《三集》13 卷、《闺秀别集》1 卷。

---

① 徐苏：《清代镇江的官刻书和坊刻书》，《镇江日报》2010 年 11 月 22 日，第 3 版。
② 王澄编著：《扬州刻书考》，第 295 页。

3. 丛书、类书。如姑苏聚文堂刊《十子全书》，封面题"嘉庆甲子（1804）重镌，姑苏聚文堂藏板"。苏州江氏文学山房光绪二十五年（1899）设肆于苏州获尤街嘉余坊，刊谢家福辑《望炊楼丛书》7种、蒋凤藻辑《心矩斋丛书》10种等。又以木活字排印《江氏聚珍版丛书》（亦名《文学山房丛书》，共4集）为最著名。维扬书林述古堂同治十一年（1872）重刻清文晟辑《萍乡文氏所刻医书》6种24卷为医学丛书。

4. 小说戏曲。如苏州书业堂刻书以小说为重点，据所见传世本有乾隆四十四年刊《说呼全传》12卷40回，封面题"乾隆己亥夏镌，金阊书业堂梓"。乾隆四十六年刊艾衲居士编《豆棚闲话》12卷，乾隆五十八年刊《新刻批评绣像后西游记》40回，有图赞16幅，封面题"《重镌绣像后西游记》，天花才子评点，金阊书业堂梓行"。嘉庆十年刊《英云梦传》8卷，封面题"嘉庆乙丑新镌，书业堂梓行"。金阊书坊黄金屋刊《新刻世无匹传奇》4卷16回，封面题"黄金屋梓"。书分风、花、雪、月4集，每集4回。苏州四美堂刊《龙图公案》10卷，附图10幅，封面题"姑苏原板，四美堂梓行"。特别是坊刻通俗小说，促进了通俗小说创作的全面繁荣。乾隆五十六年金陵萃文书屋活字刊本《红楼梦》120回（程甲本），为120回《红楼梦》最早的版本。据王澄的《扬州刻书考》统计，清代扬州书坊刻印书籍比较多的是各种通俗小说、唱本、说唱本、剧本，各家竞相刊刻，计有49种。其中，历史演义小说15种、世情小说13种，约占总数的57%。[①] 李斗《扬州画舫录》卷11记载清乾隆间扬州玉版桥一乞儿所唱《小郎儿曲》被书坊竞相刊刻的情况："郡中剞劂匠多刻诗词戏曲为利。近日是曲翻板数十家，远及荒村僻巷之星货铺，所在皆有。"[②]

5. 医书。如苏州绿荫堂刊《瘟疫论》，封面题"苏州绿荫堂藏版"，并钤盖"苏州绿荫堂鉴记精选书籍章"长方戳记。苏州金阊书林明德堂乾隆二十四年刻《本草逢原》4卷。苏州金阊书林函山堂乾隆二十四年刻《外科大成》4卷。金阊书业堂嘉庆二十四年刻明张介宾撰《景岳全书》

① 王澄编著：《扬州刻书考》，第295—326页。
② 王澄编著：《扬州刻书考》，第295—296页。

64 卷,嘉庆间刻清张璐、张登撰《张氏医书七种》27 卷。苏州扫叶山房嘉庆间刻清长洲张璐撰《小儿推拿广意》3 卷、《千金方衍义》30 卷。昆山文墨斋同治十二年刻清王兆鳌辑《妇婴至宝五种》8 卷。苏州姑苏来青阁光绪二年刻清潜江刘若金撰《本草述》32 卷。扬州达安堂乾隆二十五年刻清顾世澄撰《疡医大全》40 卷。扬州文盛堂乾隆三十四年刻不署撰人《痘疹定论》4 卷。扬州文英堂道光三年(1823)刻清邗东包永泰撰《喉科枕指》4 卷附《集验良方》。扬州文成堂同治三年(1864)刻明吴又可原撰清仪征郑重光补注《瘟疫论补注》2 卷。扬州敦仁堂同治九年刻清顾世澄撰《疡医大全》40 卷。扬州文富堂同治十年刻清江涵暾撰《笔花医镜》4 卷。扬州文富堂光绪十一年重刻明吴又可撰清仪征郑重光补注《瘟疫论补注》2 卷。维扬书林述古堂同治十一年重刻清文晟辑《萍乡文氏所刻医书》6 种 24 卷。广陵林敬堂光绪十九年刻明林长生撰清宝山补辑《眼科简便验方》无卷数。金陵书坊三山堂道光间刻清京口蒋宝素撰《问斋医案》5 卷。南京李光明庄光绪十七年刻《医宗己任编四种》8 卷。镇江快志堂光绪十五年刻清镇江蒋宝素撰《医略稿》67 卷。

6. 善书。据张祎琛的《清代善书的刊刻与传播》统计,清代善书主要是通过坊刻,然后在民间广泛流通,上海、苏州、南京等刻书中心刻印善书的情况尤其如此。①

7. 农书。如苏州宁止堂于顺治十一年刊长洲周之屿撰《农圃六书》4 卷。

二、书坊营销

书坊刻书营销有与官刻、家刻不同之处。

(一)书坊在闹市区设书肆发行,甚至在多地设书肆发行。例如,陶正祥(1730—1797),字庭学,号瑞庵。苏州人,原籍湖州,营书业于苏州而入籍。幼时家贫,以贩书为业,后在京师设五柳居书坊,往来书肆间,闻见益广。孙星衍《五松园文稿》卷 1《清故封修职郎两浙盐课大使陶君墓志铭》称陶正祥一书在手,能知何书为宋元佳本,有谁氏刊本,板贮何

---

① 张祎琛:《清代善书的刊刻与传播》,第二章"清代善书的刊刻"第一节"清代坊刻本善书的兴盛",复旦大学 2010 年博士学位论文,第 53—74 页。

所，谁氏本善且备，谁氏本删除本文若注，或舛误不可从。黄丕烈收藏书半由陶正祥过眼，故精善本多。乾隆三十八年（1773）四库馆开，陶正祥由安徽提学使朱筠荐于朝，任搜访秘书官，典司购访鉴定等事。翁方纲《翁氏家事略记》："每日清晨入院，午后归寓，以是日所校阅某书，应考某处，在宝善亭与同修程晋芳、姚鼐、任大椿诸人对案，详举所知，各开应考证之书目。是午携至琉璃厂书肆访查之。是时，江浙书贾亦皆踊跃，遍征善本足资考订者，悉聚于五柳居、文粹堂诸坊舍，每日检有应用者，辄载满车以归。请陆镇堂司其事。凡有足资考订者，价不甚昂，即留买之；力不能留者，或急写其需查数条，或暂借留数日，或又雇人抄写，以是日有所得。"陶正祥家藏亦富，有藏书楼五柳居，所藏多旧书、吴泰来藏本。李文藻《琉璃厂书肆记》："五柳居陶氏在路北，近来始开，而旧书甚多。与文粹堂皆每年购书于苏州，载船而来。五柳多璜川吴氏藏书，即吴企晋舍人家物也。""不沾沾计利，所得书若值百金者，自以十金得之，止售十余金，自得之若干金，售亦取余。其存之久者，则多取余，曰吾求赢余以餬口耳。人之欲利，谁不如我，我专利而物滞不行，犹为失利也。"陶正祥刻有《太玄经集注》《古今名医汇粹》《十三经注疏》《抱朴子》等，注重选择底本和审慎校勘。《太玄经集注》字体方整，文中避清讳"玄"字很严，前有封面刻篆文"五柳陶氏藏版"长方木记。陶正祥曾谓孙星衍："尝慕宋陈思之为《宝刻丛编》，恨不为一书，记所过目宋元明刊刻经传诸子各本卷帙、文字异同优劣，补书目家未备，惜今晚矣。"苏州韦氏文粹堂也购书于苏州，载船至京师出售。扫叶山房在苏州、松江、上海、南京、武昌等地设书营销。

（二）书坊通过编发书坊书目营销。书坊或在新刻书后附录书坊书目、预告书目，或单独发布书目，清末出现报刊后书坊则在报刊上登书坊书目。例如，南京李光明庄（又称状元阁爵记），主人李光明，字椿峰，号晓星樵人，室名"何陋居"，设肆于金陵聚宝门三山街大功坊郭家巷内电线局西首秦状元巷中，并设分肆于状元境口状元阁。所刻各书，前面多印有推广文字的告白启事，版心下刻"李光明庄"四字，还多附刻目录。李光明庄的营销手段收到较好的营销效果。同时，通过目录别人也可更方便了解李光明庄的出版情况。据李光明庄刻《书经》刊叶目录载，李光明庄刻印了 167 种书,经部 41 种、史部 6 种、子部 3 种、集部 52 种(其中所刻尊经书院、钟山书院、惜阴书院的文章 12 种)、启蒙类 24 种、闺范类 4 种、医算杂学类 24 种、善书类 13 种。目录下方用白文标明"以上价目一律制钱,不折不扣"。李光明庄刻书用两种字体,一是宋体方字,占多数;一是写刻欧体楷书,如刻《益幼杂字》,字体书写秀劲。书版多委金陵唐鲤跃雕镌,旌德李鸿才校字,在坊本中颇有影响。

(三)书坊通过在书上插图绣像,力求图文并茂,增加书籍的可读性,以达到更好的销售效果。因此,书坊书插图本特别多。如苏州古吴三多斋顺治间刻《列女传演义》6 卷有《图像》1 卷。苏州金阊"赵氏"书业堂康熙二十七年刻《花镜》6 卷有《图》1 卷。苏州金阊崇德书院乾隆间《重刻绣像说唐演义全传》68 回。扬州宝翰楼道光二十七年(1847)刻无名氏撰《绣像绿牡丹全传》(亦名《四望亭全传》)8 卷 64 回。邗上文运堂光绪间刻明无名氏撰《新锲重订出像注释通俗演义东西两晋志传》12 卷 50 回。甚至扬州出现集刻印、纸墨、装裱等于一体的综合性书坊,如同治初创立于扬州南皮市街的云蓝阁。① 南京李光明庄刻启蒙读物注意儿童特点,采用便诵韵文,配有插图。

(四)书坊通过联系作者、刻者、读者,扩大书源,集编书、著书、印书、销售于一身。② 一些书坊还请名人导读(包括选评、作注、作序、校定等),书坊出版批评本等,以名人批评本扩大读物的影响。例如,雍正间扬州善成堂据康熙间四雪草堂刻本重刻明陆西星撰、钟惺评《新刻钟伯敬先生批评封神演义》19 卷 100 回。

---

① 王澄编著:《扬州刻书考》,第 311 页。
② 潘建国:《近代书肆与古代通俗小说书目》,《中国古代小说书目研究》。

第九章 各类出版物

　　江苏省是中国刻书业最兴盛的地方,胡应麟就在《少室山房笔丛》里谈道:"余所见当今刻本,苏常为上,金陵次之,杭又次之。"又说:"吴会、金陵,擅名文献,刻本至多,巨帙类书,咸荟萃焉。"①清代江苏各类出版物丰富,在丛书、总集、别集、报刊、翻译图书、科技图书、宗教图书、少数民族图书等出版物均特色明显,本章通过这些出版物从另一个视角来观察清代江苏的出版特色。

第一节 丛书

　　丛书是汇集多种单本著作、按照一定的原则和体例统一编纂印制并冠以总书名的一套书。古今丛书数量很大,古籍丛书据《中国丛书综录》所著录的已达 2797 种,尚有不少遗漏,而《中国丛书目录及子目索引汇编》著录、《中国丛书综录》漏收的竟达 977 种。现代丛书仅据《中国近代现代丛书目录》著录的有 5549 种,所收仅上海图书馆一馆所藏。另据《中国丛书综录》及《中国丛书综录补正》收录有民国时期丛书 817 种,缺漏也多,估计总数可达 7000 种。从唐五代起用雕版印刷刻书到辛亥革命止,估计现存古籍约有 15 万种,赖丛书辑刊流传的约 7 万种,数量上占现存整个古代典籍的三分之二,这些古代典籍在学术内容、史料价值

---

① 胡应麟:《少室山房笔丛》卷 4,《经籍会通》4,上海:上海书店出版社,2009 年。

上均有代表性,历代许多重要的或难得的著作几乎都收在丛书里。丛书以其网罗宏富远胜于单刻本,大至经、史、子、集四部以及大型类书等,小至朝章典故、遗闻轶事、小品杂著,无不可于丛书之中找到。丛书一般会鉴别、精选其所录子目,提挈宏纲,网罗巨帙,成学海巨观,或别裁为体,成妙选佳椠,稽核同异,示人以学问途辙,具有汇集、辑佚、普及和提供精善本的功用,有利于积累和总结古代文化,校勘和整理古籍,保存文化典籍,有利于文化传播和学术研究,便于人们阅读和利用前人典籍,继承人类文化遗产。区域的丛书辑刊情况反映了区域的出版水平,江苏藏书出版家在丛书辑撰方面成就卓著,为中华传统文化的传播和繁荣作出了重要贡献。清代刻书的显著特点是丛书刊刻众多,据张之洞《书目答问》与叶德辉《书林清话》记载,有清一代共计有 130 余种丛书,江苏的苏州府等是丛书辑撰最集中的区域。

一、苏州

苏州出版家辑撰的丛书多精本,内容多唐诗、小说、家族文献、师友著作、藏书精品、乡邦文献等。例如:

潘耒(1646—1708)遂初堂康熙中间刻《亭林遗书》10 种、《日知录》。席启寓琴川书屋于康熙四十一年(1702)辑刻《唐诗百名家全集》,席世臣扫叶山房又刻《十七史》等。

顾嗣立(1665—1722)辑《闾邱辨囿》10 种,康熙中顾氏秀野草堂刻本,随收随刻,元李孝光《雁山十记》足裨异闻,于雁山风物所记尤详,流传较稀,于各种丛书中,仅入本丛书。

毕沅(1730—1797),辑刊《经训堂丛书》21 种,乾隆中镇洋毕氏刊本,所收各书以校勘精善见长,有很高的学术价值和实用价值,主要包括诸子、地理、小学、金石四个方面的内容,著名学者洪亮吉、孙星衍、卢文弨参加了部分书的校订。

吴翌凤(1742—1819)辑《艺海汇编》28 种,抄本,此集汇钞稀见晚明史籍与术数类图书。又辑《秘册汇丛》17 种,现存《诗经疑问》、《竹崦盦金石录》、宋洪适撰《隶释》3 种。

杨复吉(1747—1820)于乾隆三十八年(1773)至嘉庆二十一年(1816)前后四十余年续编成《昭代丛书》丁、戊、己、庚、辛 5 集,每集

50 种。又辑《艺芳阁艺海奇钞》14 种,稿本。

顾之逵(1753—1797)辑刊《艺苑捃华》48 种,多为晋唐小说笔记,同治七年(1868)务本堂序刊本。

黄丕烈于嘉庆二十三年(1818)刻《士礼居黄氏丛书》,嘉靖道光间吴县黄氏刻本 20 种,所收多系罕见珍本。

任兆麟辑《述记》,乾隆五十三年(1788)映雪草堂刻本 24 种,嘉庆十五年遂古堂刻本 46 种,摘取钞上溯夏商下迄汉代著述,各种均非全本,但精选简约。

顾禄撰《颐素堂丛书》,于嘉庆二十二至道光元年(1818—1821)刻本 16 种,收其自著及友人所撰诗文、丛杂小品数种。

顾沅(1799—1851)于嘉庆十八年辑《赐砚堂丛书未刻稿》,清然松书屋钞本 46 种,存掌故、资博闻之类清人著作。于道光十年(1830)又辑刊《赐砚堂丛书新编》4 集 41 种,专收清人著作。

吴志忠辑《真意堂丛书》,嘉庆十六年长洲吴志忠木活字本,收《洛阳伽蓝记》《兼明书》《河朔访古记》3 种。又有《璜川吴氏经学丛书》等行于世。

陆绍曾辑《白斋七种》,清抄本,收《吉光片羽》《金石砖瓦遗文》《野航公遗稿真迹》《续铁纲珊瑚》《名扇录》等 7 种。

张紫琳辑《霞房丛钞》17 种,稿本,所辑以诗、笔记为主,收吴可荣《百花诗》、屠璜《秋鞠百咏》、王文斌《北窗杂缀》等秘本极为罕见。

潘遵祁于光绪六年(1880)刻父潘世璜著《不远复斋遗书》6 种。

潘祖荫于光绪十年辑《滂喜斋丛书》50 种,又辑《功顺堂丛书》18 种,同治十一年辑刊《潘刻五种》。

朱记荣(1836—1905)于光绪十一年朱氏槐庐重刻孙星衍《平津馆丛书》,又先后刻《槐庐丛书》5 编 54 种、《历代纪事本末》9 种、《徐氏医书八种》、《行素草堂金石丛书》(一名《孙溪朱氏金石丛书》21 种)、《行素草堂经学丛书》13 种、《拜经楼丛书》、《校经山房丛书》27 种、《亭林先生遗书汇辑》25 种、《金石全例》11 种等。

赵元益(1840—1902)辑《高斋丛刊》(一名《新阳赵氏丛刊》),子诒琛(1862—1946)刻《峭帆楼丛书》18 种、《又满楼丛书》、《对树书屋丛刻》等。

邵廷烈辑《棣香斋丛书》(一名《娄东杂著》)道光十三年至十九年(1833—1839)太仓东陵氏刊本56种,道光二十五年竹西锄蕷馆续刊12种。

缪朝荃(1841—1915)于光绪二十九年辑刊《东仓书库丛刻初编》,清光绪中太仓缪氏刊本11种。宣统元年(1909)缪朝荃又辑刊《汇刻太仓旧志五种》。

蒋凤藻(1843—1908)于光绪八年至十四年刻《铁华馆丛书》6种,又刻《心矩斋丛书》10种。

江标(1860—1899),于光绪中辑刊《灵鹣阁丛书》6集56种,又辑刻《唐贤小集五十家》。

顾曾寿辑《惟惠堂五种》,同治十三年(1874)刊本。

雷浚(1814—1893)、汪之昌等辑《学古堂日记》,光绪十六年刻本15种。

赵元益(1840—1902)辑《高斋丛刻》,光绪中新阳赵氏刻本14种,半数据原稿本或珍稀钞本校刻。

胡祥鑅辑《渐学庐丛书第一集》,光绪中元和胡氏石印本16种附1种,所辑多边疆史地类书、传记及术数类书。

常熟清代的丛书辑撰者有26人,他们辑撰的丛书有的为现有各种丛书目失载的罕见丛书,有的是在丛书发展史上有影响的重要丛书。例如,毛晋共辑刊丛书24种:《四书六经读本》110卷、《十三经注疏》330卷、《十七史》1574卷、《津逮秘书》15集141种755卷、《十家宫词》12卷、《三家宫词》3卷、《二家宫词》2卷、《宝晋斋四刻》、《山居小玩》11种14卷、《道藏八种》、《屈陶合刻》17卷、《汲古阁合订唐宋元诗五集》13卷、《诗词杂俎》15种25卷、《五唐人集》5种26卷、《唐六名家集》6种42卷、《唐人八家诗》8种42卷、《唐三高僧诗》3种47卷、《三唐人文集》3种34卷、《唐人四集》4种12卷、《唐人选唐诗八种》23卷、《元人十种诗》61卷、《元诗四大家》27卷、《宋六十名家词》6集61种90卷、《词苑英华》9种45卷、《六十种曲》115卷。其中《津逮秘书》汇辑多宋元旧帙,所收子目全帙为多,力改以前诸家丛书割裂删节、多非足本之弊,开启其后刻书新风。

毛扆刊有《汲古阁影抄南宋六十家小集》等 4 种,顾棫辑《归钱尺牍》,王材任辑《虞山四子集》,陈祖范撰《陈司业集四种》11 卷,沈淑撰《春秋经玩》《沈氏经学六种》,黄廷鉴辑刊《琴川黄氏三集》。

张海鹏辑《学津讨原》,嘉庆十年(1805)虞山张氏照旷阁刻本 20 集 173 种 1053 卷。又辑《墨海金壶》,嘉庆二十二年海虞张氏刊本 115 种 734 卷。《借月山房汇钞》,嘉庆中虞山张氏刊本 16 集 135 种 283 卷。《千字文萃》,抄本 27 种等。张海鹏辑刊的《学津讨原》等丛书,形成博采广收、集诸家之长的综合派特色,在清代丛书辑撰流派中独树一帜。

此外,黄泰辑《虞山黄氏五集》5 卷,秦嘉乐辑《三家诗草合刊》3 卷,瞿绍基辑刊《启祯宫词合刊》,郑光祖辑《舟车所至》21 种,方熊辑《忘年集》3 卷,陈揆辑《稽瑞楼丛书》,蒋光弼辑刊《省吾堂四种》25 卷,张廷桂辑刊《南张三集》,张金吾辑《诒经堂续经解》1436 卷,庞大堃撰《庞氏音学遗书四种》15 卷,翁心存撰《知止斋遗集》22 种,王振声撰《王文村遗著》13 种,顾湘辑《篆学丛书》28 种、《玲珑山馆丛刻》6 种、《小石山房丛书》38 种、《小石山房坠简拾遗》6 种,苏景韩辑《屈王两先生遗诗》2 卷,姚福增辑《墨花仙馆合刻》13 卷,翁同书辑《选学刊书》,杨沂孙辑《海虞三陶先生集合刻》、撰《观濠居士遗著》21 卷,吴鸿纶辑《无竟居士杂录》,宗廷辅撰《宗月锄先生遗著八种》、辑《湘茝合稿》3 种,赵宗建辑《赵氏三集》3 卷,翁同龢撰《瓶庐丛稿》《翁文恭公遗集》,邵震亨辑《昭文邵氏联珠集》5 卷,徐元霖辑刊《虞山潘氏丛书》4 种,潘文熊辑《宝研斋诗词集》,钱禄泰辑《虞山七家试律钞》,俞钟诒辑刊《琳琅新馆汇刻诗四种》5 卷,鲍廷爵辑刊《后知不足斋丛书》56 种,翁之润辑《题襟集》8 卷,潘任撰《虞山潘氏丛书》。

清末常熟丛书辑撰者有 9 家,丁国钧撰《常熟丁氏丛书》、辑《枕秘录存》3 种,孙雄撰《诗史阁丛刊甲集》6 卷、辑《三君酬唱集》,徐兆玮撰《蒙学诸书考》9 种、《虹隐楼书目汇编》47 卷、《北松庐杂著》10 种、辑《虹隐楼考古丛录》11 卷、《海虞六家诗选》6 卷、《邑志拾遗》6 卷、《海虞稗乘》20 卷,丁祖荫辑《虞山丛刻》《虞阳说苑》《淑照堂丛书》《章韩片羽》,张继良辑《佚丛甲集》,瞿启甲辑《铁琴铜剑楼丛书》13 种,杨圻撰《云史悼亡五种》、陈文钟撰《中国医学入门丛书》16 种。其中，徐兆玮、丁祖荫辑撰的几种丛书汇辑丰富的地方史料，瞿启甲、张继良所辑丛书汇集罕传之书，颇有价值。

二、无锡

黄传祖辑《扶轮广集》14 卷，顺治十二年黄传祖侬麟草堂刻，黄传祖、陆朝瑛辑《扶轮新集》14 卷，顺治十六年黄传祖刻。

刘执玉撰《国朝六家诗钞》8 卷，乾隆三十二年刘执玉贻燕楼刻。

王先谦、缪荃孙辑《南菁书院丛书》，光绪十四年(1888)江阴南菁书院刻本 41 种，专收清人考订著述。

缪荃孙辑《云自在龛丛书》，光绪间江阴缪氏刊本 19 种，汇辑历代著述。又辑《藕香零拾》光绪宣统间江阴缪氏刻本 39 种、《对雨楼丛书》光绪中江阴缪氏影刻本 5 种、《烟画东堂小品》26 种。

金武祥辑《江阴丛书》，光绪三十三年江阴金氏据《粟香室丛书》板印行 32 种。

安念祖(1780—1843)辑《安氏家集》，光绪间刻本存 4 种。

季伦全辑《江阴季氏丛刊八种》8 卷，光绪季伦全栩匦刻。

三、常州

臧琳(1650—1713)、臧庸(1767—1811)辑《拜经堂丛书》，乾隆嘉庆间武进臧氏同述观刊本，10 种。

孙星衍(1753—1818)辑《岱南阁丛书》，乾隆嘉庆间兰陵孙氏刻本 16 种，民国十三年(1924)上海博古斋据清孙氏刻本影印 19 种，收孙氏辑补原书早已亡佚而仅以零简残编流传于世的古籍、重加校勘印行流传稀少的宋元古籍，及其孙氏自撰文稿、诗作。

孙星衍又辑《平津馆丛书》，嘉庆中兰陵孙氏刊本 42 种附 2 种，光绪十一年吴县朱氏槐庐家塾刊本 42 种附 4 种，汇辑周秦以来古籍，多据善本，校勘尤精。

张琦辑《宛邻书屋丛书》，道光中阳湖张氏宛邻书屋刻本 17 种，随刻随印，所收多琦所汇辑、诠释、序刊之医书。

杨葆彝辑《大亭山馆丛书》，光绪七至十五年(1881—1889)杨氏刊本 17 种，经部收朱骏声《六书假借经征》、杨锡观《六书例解》，史部收《东南纪略》《夏虫自语》,集部多乡人著述。

谢兰生辑《酌古准今》,光绪十二年毗陵谢氏瑞云堂刻本 8 种,收元谢应芳、谢珍、谢兰生父子著述 8 种。

盛宣怀、缪荃孙辑《常州先哲遗书》,光绪中武进盛氏刊本前编 41 种附 3 种后编 28 种补遗 2 种。

盛康辑《皇朝经世文续编》120 卷,光绪二十三年盛宣怀思补楼刻。

杨方达撰《杨符苍七种》56 卷,雍正武进杨方达复初堂刻。

段玉裁撰《经韵楼丛书八种》106 卷,道光金坛段玉裁刻。

庄存与撰《味经斋遗书十二种》41 卷,道光武进庄绶甲宝研堂刻。

陆耀遹撰《金石续编》21 卷,同治十三年陆氏双白燕堂刻。

四、扬州

张潮(1650—?),歙县人,居江都。张潮与张渐辑《昭代丛书》,康熙三十六至四十二年(1697—1703)诒清堂刻本 150 种,全系清初人小品杂著,内容兼及四部、采辑甚广,其中尤以掌故琐记为多。王晫、张潮编《檀几丛书》,康熙三十四年、三十六年新安张氏霞举堂刻本 157 种 103 卷,收明清笔记杂著。张潮还刻《虞初新志》。

秦恩复(1760—1843)辑《石研斋校刻书》,嘉庆道光间秦氏石研斋刻本 7 种。其中《隶韵》为世间秘本,《鬼谷子》据钱氏述古堂藏本。《词学丛书》6 种 23 卷,清嘉庆、道光间秦恩复享帚精舍刊本

阮元辑《宛委别藏》,原稿本 161 种,多有世不经见之秘籍。又辑《小琅嬛僊馆叙录书》,嘉庆三年(1798)仪征阮氏刻本 3 种,为汪中《述学》、钱塘《溉亭述古录》、孔广森《仪政堂文集》。

阮元、阮亨辑《文选楼丛书》,嘉庆道光间仪征阮氏刊本 32 种,多为阮元原刊,所收一半为阮元著作,一半为同时学者焦循、凌廷堪、钱大昕、孔广森等人著作。

阮亨辑《洪刻五种》,道光二十六年(1846)编订,二十七年阮氏珠湖草堂据至德堂藏板重订本 5 种。

焦循(1763—1820)辑《焦理堂先生丛钞》手抄本 4 种,有明孙兰撰《大地山河图说》、清徐石麒撰《坦庵枕函待问编》、徐石麒辑《古今青白眼》、焦循自撰《诗笺异同释》。焦循撰《焦氏丛书十种》143 卷,嘉庆、道

光间焦循半九书塾、雕菰楼刻。

夏洪基辑《尚友丛书》，清初刻本 7 种，辑集有关藏书、读书事迹的笔记。

黄奭辑刻丛书多种，有《汉学堂丛书》，道光中甘泉黄氏刻光绪十九年(1893)印本 216 种，多史部佚书。又有《汉学堂知足斋丛书》，清刻本 214 种附 1 种，分《知足斋丛书》55 种、《通纬》55 种、《子史钩沉》88 种、《汉学堂经解》，附《诸书序跋》1 卷。黄奭辑《知足斋丛书》道光间甘泉黄氏刻本 11 种，为黄奭辑佚书生前刊行。黄奭辑《黄氏逸书考》，道光中甘泉黄氏刻民国十四年(1925)王鉴修补印本 272 黄奭辑种，民国二十三年江都朱长圻据甘泉黄氏原版补刻印本 274 种附 6 种。黄奭辑《清颂堂丛书》，道光间(1845—1850)甘泉黄氏刻本 11 种。

吴丙湘(1850—1896)辑《传砚斋丛书》光绪十一年(1885)仪征吴氏刻本 10 种，多焦循、徐石麒艺文、杂记等。另有辑有《蛰园丛刻》。

宗元豫辑《两汉文删》24 卷，康熙十五年兴化宗元豫刻。

潘瑛辑《国朝诗萃》10 卷，嘉庆九年江都潘瑛刻。

夏荃辑《海陵诗征》16 卷、《文征》20 卷，道光十九年泰州夏荃刻。

五、上海

姚培谱、张景星辑《砚北偶钞》，乾隆二十七年(1762)姚氏草草巢刻本 12 种，所收为南朝至明人撰述，多为诗文评及书画类。

戴范云辑《戴机父所辑书》，钞录稿本 13 种，以宋元人的诗文别集为主。

秦鉴辑《汗筠斋丛书第一集》，嘉庆三年(1798)嘉定秦氏刻本 4 种均为嘉定钱氏辑佚考证之作。

吴省兰辑、钱熙辅增辑《艺海珠尘》，嘉庆中南汇吴氏听彝堂刊本 8 集 163 种，道光三十年(1850)金山钱氏漱石轩据吴氏原版重印增刊本 10 集 205 种，内容包括经学、小学、舆地、掌故、笔记、小说、天文、历算、诗文等著作，多为宋以后著述，尤多清人著述。

陈璜辑《泽古斋重钞》，道光四年上海陈氏据借月山房汇钞刊版重编本 12 集 115 种。

张祥河撰并辑《鸠坞随手录》，道光间稿本 9 种，为张氏自撰诗文及其所辑他人诗文的汇编。

郁松年辑《宜稼堂丛书》，道光二十年至二十三年上海郁氏刊本 11 种，多世不多见旧本。

徐渭仁（1788—1853）、徐允临辑《春晖堂丛书》，道光二十一年至同治十年（1871）徐氏寒木春华馆校刊本 12 种，多有行将散佚或流传不广之书。

钱熙祚（1800—1844）辑，钱培让、钱培杰续辑《指海》，道光中金山钱氏据借月山房汇钞刻版重编增刻本 20 集 144 种。

钱熙祚辑《珠丛别录》，道光中金山钱氏据墨海金壶刊版重辑本 28 种。

钱熙祚辑《式古居汇钞》，道光二十六年金山钱氏据借月山房汇钞刊版重编本 49 种。

钱熙祚辑《守山阁丛书》，道光二十四年金山钱氏据墨海金壶刊版重编增刻本 112 种，清光绪十五年（1889）上海鸿文书局据清钱氏本景印。

钱培名辑《小万卷楼丛书》，咸丰四年（1854）刻本 17 种，光绪四年（1878）金山钱氏重刻，所收以宋人著述为主，多流传甚少之书。

陶骏保辑《京口掌故丛编初集》，光绪三十四年丹徒陶氏刊本 6 种，所收皆为有关丹徒故实之书。

六、南京

曹寅辑《楝亭藏书十二种》，康熙四十五年（1706）扬州诗局刻本，所收多为世不经睹之宋元遗制。另有《楝亭五种》，汇刻前人音韵之书。

刘然辑《国朝诗乘初集》10 卷，康熙四十九年上元朱豫拙真堂刻。

七、淮阴

王锡祺（1855—1913）辑《小方壶斋丛书》，稿本 259 种，收清代舆地著述。光绪六年（1880）南清河王氏铅印本 53 种，光绪十七年补编二十年再补编二十三年上海著易堂铅印本 1431 种。

汪汲撰《古愚丛书》62 卷，嘉庆三年清河汪汲刻。

丁晏撰《颐志斋丛书二十六种》40 卷，咸丰、同治间山阳丁氏六艺堂刻。

八、镇江

王豫辑《群雅二集》18 卷,嘉庆十六年丹徒王豫种竹轩刻。

王豫、张学仁辑《京江耆旧集》13 卷,嘉庆二十二年丹徒王豫刻。

陶骏保辑《京口掌故丛钞六种》7 卷,光绪三十四年陶骏保刻。

九、南通

葛元煦辑《学古斋金石丛书十二种》75 卷,光绪葛氏学古斋刻。

第二节　总集和别集

　　总集是传统图书分类法中的一个类目名称,指汇录多人的多体裁的著作成为一书,相对于汇录一人著作为一书的别集而言,由于它内容广博、包罗万象,举凡学术专论、诗词歌赋、人事杂记、传状墓志乃至题跋赠序、哀祭箴铭等无所不有,被誉为学术总汇。它所汇录的各家著作一般不是独立的书,又基本上是整篇作品,这区别于丛书和类书。总集依其收录面分为全集、选集,前者极力网罗一代文献,务致完备,后者旨在去芜存精,推荐佳作。总集编纂需要有藏书保障及编纂者的文献整理经验,江苏学者辑撰出版有影响的总集较多。

　　常熟钱谦益明末清初汇辑《列朝诗集》81 卷、《吾炙集》、《东山酬唱集》、《国初群雄事略》15 卷。其中,《列朝诗集》仿金元好问《中州集》而作,收明人诗集 2000 余家,分甲、乙、丙、丁四集。另外帝王诗集冠前为乾集,僧道妇女及域外诗列后为闰集,元末明初诗列甲集前,为甲集前编。书以人系诗,各加小传,以诗存史,保存一代文献,书中评论各家诗精辟独到。《列朝诗集》编于明末清初,顺治六年成书,毛氏汲古阁刻。康熙三十七年(1698),钱陆灿将各家小传别录为《列朝诗集小传》单行。

　　常熟毛晋凭丰富的藏书辑《六十种曲》,原名《绣刻演剧十本》,所收除一种元杂剧《西厢记》外,均为明传奇,有明崇祯间至清初毛氏汲古阁刊,分 6 帙,每帙 10 种,为中国戏曲史上最早的传奇总集,也是规模最大的戏曲总集。

　　康熙敕编、曹寅校阅、彭定求等校,由扬州诗局刻的《全唐诗》900

卷,据季振宜《全唐诗》、胡震亨《唐音统签》重编增辑成,收唐五代 2200 余人诗作 48900 多首,附唐五代词,诗人有小传。

长洲顾嗣立编《元诗选》,分初、二、三集,每编再分为甲集至壬集,康熙三十三年、四十一年、五十九年刻,各收 100 家,另附录若干家,总计 340 家,1200 卷,所收各家均有小传,并附评语。癸集收录零篇断章和不成卷帙之作,刊刻未竟,顾氏故去,由其再传弟子席世臣与顾氏曾孙顾果庭共同整理补订,于嘉庆三年(1798)刻。癸集收 2300 多家,其中籍贯时代不明者 420 家,共收作家 2600 多人。《元诗选》成为研究元代诗歌以及元代历史的重要资料。

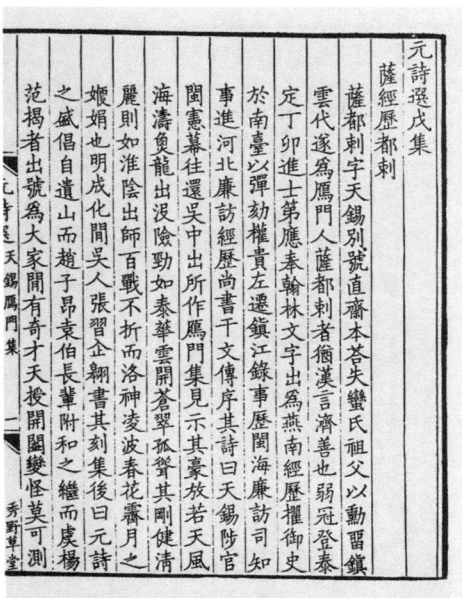

图 9-1　顾嗣立编《元诗选》

常熟席启寓康熙四十一年辑刻《唐诗百名家全集》326 卷,又刻《四朝别史》5 种 307 卷。

扬州郭元釪编《全金诗》74 卷,据元好问《中州集》增订而成,收 358 人 5544 首诗。

长洲沈德潜于康熙、雍正年间汇辑《唐诗别裁集》120 卷、《古诗源》14 卷、《明诗别裁集》12 卷、《清诗别裁集》14 卷。

常熟张金吾编《金文最》120 卷,收金代作家 458 人,文 1800 余篇。道光二年成书,分体编次,分 42 类。光绪八年粤雅堂初刻。

江阴缪荃孙光绪年间汇辑《国朝常州词录》31 卷。

武进盛康光绪间汇辑《皇朝经世文续编》120 卷。

元和江标光绪年间汇辑《唐人五十家小集》73 卷。

江苏学者的别集林林总总,特别是刊刻大量经整理的辑注、笺注、补

注本等等,例如:

《杜工部集辑注》23 卷,清吴江朱鹤龄辑注,顺治三年吴江朱鹤龄刊本;

《李义山诗注》3 卷,补注 1 卷,清吴江朱鹤龄注,顺治十六年吴江朱鹤龄刊本;

《笠翁一家言全集》16 卷,清李渔撰,雍正八年金陵芥子园刊本;

《杜工部集笺注》20 卷,清虞山钱谦益注,康熙六年泰兴季振宜静思堂刊本;

《尤西堂全集》61 卷,清长洲尤侗撰,康熙二十五年尤侗刊本;

《石湖居士诗集》34 卷,宋范成大撰,康熙二十七年长洲顾嗣立刊本;

《温飞卿诗集笺注》7 卷、别集 1 卷、集外 1 卷、唐温庭筠撰、明曾益注、清长洲顾予咸补注,康熙三十六年长洲顾氏秀野草堂刊本;

《昌黎诗集注》11 卷,唐韩愈撰、清长洲顾嗣立删补,康熙三十八年长洲顾氏秀野草堂刊本;

《柳塘诗集》12 卷,清吴江吴祖修撰,康熙三十八年吴江吴晋涛刊本;

《钓矶立谈》1 卷,南唐史虚白撰,康熙四十五年扬州诗局刊本;

《元遗山集》41 卷,金元好问撰,康熙四十六年无锡华希闵刊本;

《李太白文集》30 卷,唐李白撰,康熙五十六年吴县缪日芑刊本;

《亭林遗书》,清昆山顾炎武撰,康熙吴江潘耒刊本;

《博山堂三种曲》18 卷,明范文若撰,清康熙金陵芥子园刊本;

《牧斋初学集笺注》20 卷,有学集笺注 14 卷,清钱曾笺注,康熙钱曾玉诏堂刊本;

《高青邱诗集辑注》18 卷、《扣舷集》1 卷、《遗诗》1 卷、《凫藻集》5 卷,明高启撰、清金檀注,雍正金坛金檀文瑞楼刊本;

《笠泽丛书》4 卷、补遗 1 卷,唐陆龟蒙撰,雍正江都陆氏水云渔

屋刊本;

《板桥诗钞》3 卷、词钞 1 卷、小唱 1 卷、题画 1 卷、家书 1 卷,清兴化郑燮撰,乾隆八年上元司徒文膏刊本;

《姜白石诗集》2 卷、诗说 1 卷、歌曲 4 卷,宋姜夔撰,乾隆八年江都陆钟辉刊本;

《渔洋山人精华录训纂》20 卷、自订年谱 2 卷、《金氏精华隶笺注辨讹》2 卷,清王士祯撰、清惠栋训纂,乾隆二十二年元和惠栋红豆斋刊本;

《放鸭亭小稿》1 卷、《环溪词》1 卷,清江都陆钟辉撰,乾隆二十八年江都陆钟辉刊本;

《豆棚闲话》12 卷,圣水艾纳居士编,乾隆四十六年金阊书业堂刊本;

《杨氏全书八种》35 卷,清江阴杨名时撰,乾隆江阴叶廷甲水心草堂刊本;

《唐诗类释》19 卷,清濮阳臧岳编,乾隆金陵三乐斋刊本;

《杜诗笺注》20 卷,清朱鹤龄辑注,乾隆金陵状元境三多斋刊本;

《诚斋诗集》16 卷,宋杨万里撰,嘉庆五年徐达源刊本;

《刘瑞临先生遗书九种》10 卷,清宝庆刘端临撰,嘉庆十一年扬州阮常生刊本;

《札记》2 卷,清黄丕烈撰,嘉庆十六年吴县黄丕烈刊本;

《瓯北诗话》10 卷、《瓯北诗集》53 卷,清阳湖赵翼撰,嘉庆赵翼湛贻堂刊本;

《履园丛话》24 卷,清金匮钱泳撰,清道光十八年钱泳刊本;

《船山遗书六十八种》212 卷,清王夫之撰,清同治金陵节署刊本;

《吴学士文集》4 卷、诗集 4 卷,清全椒吴鼒撰,清光绪八年江宁藩署刊本;

《王子安集注》20 卷,唐王勃撰、清吴县蒋清翊注,光绪九年吴县蒋清翊双唐碑馆刊本;

《儆季杂著七种》23 卷,清定海黄以周撰,光绪二十年江阴南菁书院刊本;

《白雨斋词话》8 卷、诗钞 1 卷、词存 1 卷,清丹徒陈廷焯撰,光绪二十年丹徒陈氏家刊本;

《庸庵全集七种》66 卷,清无锡薛福成撰,光绪无锡薛福成刊本;

《藏书纪事诗》7 卷,明长洲叶昌炽撰,宣统元年长洲叶昌炽刊本。

第三节　报刊

近代以上海为中心,辐射苏州、南京、无锡等地出版的一批报刊从一个侧面反映了江苏出版业的繁荣。

一、上海

近代中文报刊是中西文明冲突融合的产物,明清时期,上海地区有邸钞、《京报》流传。道光二十三年(1843)上海开埠后,上海成为中国的报业中心,编辑出版报刊数量多。据统计,1911 年以前,全国出版中文报刊 1753 种,其中,在上海出版 460 种,占 26.24%。上海图书馆编的《晚清期刊全文数据库》,收录 1833 至 1911 年间出版的期刊达 300 余种,28 万余篇文献。

上海最早的英文报纸是道光三十年六月二十六日创刊的《北华捷报》,第一种中文报纸是咸丰十一年(1861)十月十七日创刊的《上海新报》。同治十一年(1872)三月二十三日《申报》创刊,同治十三年五月,中国最早官私合办的报纸《汇报》创刊。光绪二年申报馆出版的《环瀛画报》,是第一种使用标点符号的白话报纸《民报》创刊。同年上海最早的非营利性的"准官报"《新报》创办。光绪八年四月《字林沪报》创刊,光绪十年四月《点石斋画报》创刊,光绪十九年《新闻报》创刊,至光绪十六年上海先后发刊中文报刊 33 种,至光绪二十年先后创刊中外文报刊约 100 种,占全国 50%。光绪二十一年第一种维新报纸《强学报》创办,光绪二十二年维新报刊有《时务报》等 27 种,光绪二十三年消闲小报《游戏报》发刊。至光绪二十五年上海有《新闻报》《苏报》《中外日报》《申报》《字林沪报》5 种中文大报。至光绪三十年上海发行白话报纸约 15 种,占全国 50%。宣统二年,上海还设立中国报界俱进会事务所。

咸丰七年(1857)一月由英国传教士伟烈亚力在上海创办的《六合丛谈》月刊,是近代江苏创办最早的中文刊物,最早系统介绍外国文学。光绪二十九年(1903)十一月金山人高旭、高增

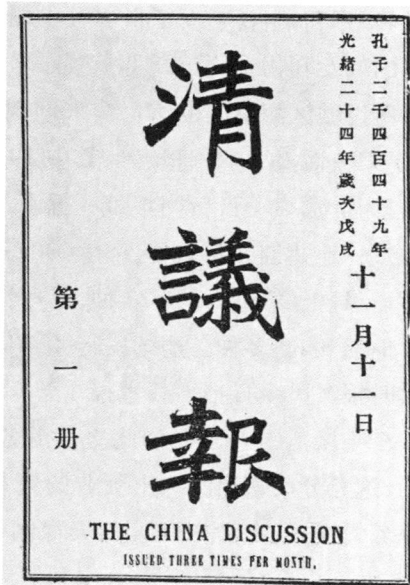

图 9‐2 《清议报》第一册

兄弟与叔高燮等人在金山张堰镇创刊《觉民》月刊,为觉民社社刊,初为油印,第 6 期起铅印,设有论说、哲理、政法、教育、军事、卫生、婚制、时局(时事、时评)、传记、小说、谭丛、杂录(杂俎)、尺素、文苑、演说等栏目。①

二、苏州

苏州市区最早的报纸是常熟黄人主编的《独立报》日刊,创办于清光绪二十六年三月。光绪二十七年十月,包天笑创办《苏州白话报》七日刊。光绪二十九年,柳亚子在吴江县黎里镇办《新黎里》报。

光绪三十年一月,王薇伯等在苏州创办《吴郡白话报》。包天笑主编的《励学译编》月刊,创刊于清光绪二十七年四月,是最早的期刊。稍后,黄人主编的《雁来红丛报》周刊,1906 年 4 月创刊。自 1900 年至新中国成立,苏州先后共有报纸 139 种,期刊 189 种,出版报刊的数量,在江苏省位居前列。

常熟一地办报刊始于清末。光绪三十年(1904),丁祖荫创办《女子

---

① 江苏省地方志编纂委员会编著:《江苏省志·报业志》,南京:江苏古籍出版社,1999 年。

世界》月刊，由常熟女子世界社编辑，这是常熟第一家刊物，也是江苏最早的妇女刊物。同年 9 月 19 日，琴南学社创刊《江苏白话报》月刊，总发行所设城区海虞图书馆。清末创刊的报刊还有《常昭月报》《虞阳新闻》《虞阳白话报》《虞阳报》等，其中 1910 年 5 月 8 日创刊的《虞阳新闻》周报，为常熟第一张新闻报纸。据新编《常熟市志》①载，清末至民国期间常熟一地共创办报刊至少有 230 多种，包括日报 72 种，周报、周刊 32 种，三日报 25 种，月刊 23 种，双月刊 1 种，半月刊 9 种，旬报、旬刊 7 种，其他期刊 60 多种。连续发行 4 年以上的有《工商日报》《每日新闻》《常熟时报》《民众日报》《新生报》《刍言日报》《琴报》等 12 种。在常熟这样一个县城范围内创办如此之多的各类报刊，这在中国报刊史上是少见的，这充分反映出常熟出版业的繁荣。常熟的书店林立，多兼报刊刻印业务，较早的有清末开设的天禄阁、学福堂、醉经阁、孚记书庄、振华公司、漱石山房、海虞图书馆、水利信局、镜记、抱芳阁、北庭山房、小石山房等。常熟清末民初主要的印刷企业有开文印刷社、铸新印刷社、开文铸记印刷社、同文印刷社、同文长记印刷社、新华印刷所、联益印刷公司、精益印务局、萃英印刷所、倪福兴印刷所、心亚石印社、三三石印社、孔雀石印社、明兴印刷所、江南印刷所、开明印务局、建业印刷所、生生印刷所、良友印务局、三多印刷所等 20 多个，印刷各类报刊。常熟文人纷纷在外地办报刊，或任报刊主笔等。如光绪三十年，曾朴与丁祖荫、徐念慈在上海创办小说林社，还设真美善书店，发行杂志，刊布中外小说；黄人与庞树松于光绪二十六年在苏州创办《独立报》，为苏州第一种报纸，黄人还任《小说林》主编；徐念慈曾兼任《小说林》杂志主编；庞树松除办《独立报》外，还是《无锡日报》社成员；庞树柏曾参与编《国粹学报》等；吴双热曾与徐天啸、徐枕亚同任上海《民权报》编辑，任民权文艺附刊主编，又与徐枕亚等创刊《小说丛报》，其也曾赴广州任《大同日报》编辑；徐天啸曾主《民权报》笔政，又办《黄旬》旬报，编《大同报》；徐枕亚曾任上海《民权报》新闻编辑，又任上海中华书局编辑，1914 年任《小说丛报》主编，又在

---

① 江苏省常熟市地方志编纂委员会：《常熟市志》，上海：上海人民出版社，1990 年，第 811—819 页。

上海创办清华书局,编《小说季报》等。

值得注意的是晚清以来苏州一批文人从事报刊编辑出版活动,呈现出报刊人、出版人与作家融为一体的饶有趣味又值得重视的独特文化现象。他们通过报刊编辑出版活动形成出版、创作群体和文学流派、社团。如1904年8月曾朴、丁祖荫、徐念慈在上海创办小说林社、发行《小说林》杂志,在其周围形成了一批主要作家群体,包括曾朴、丁祖荫、徐念慈、黄人、包天笑、陈鸿璧、奚若、吴步云、金天翮、周作人、杨紫麟、吴梅、马汝贤等,出版发表了许多作品。

图9-3 《小说林》第一期封面

三、南京

光绪三十年(1904)二月十六日创刊的《南洋官报》,是南洋通商大臣和两江总督衙门主办的地方当局官报,南京近代最早的官办报纸。光绪三十一年八月一日,《南洋日日官报》创刊于江宁,为江苏最早的大型日报。

光绪三十二年八月初一日,《南洋商务报》创刊于南京,江南商务局主办,为江苏最早的专业报。宣统元年(1909)十二月二十二日,南洋劝业会主办《劝业会旬报》,宣统二年四月二十九日又创刊《劝业日报》创刊。宣统二年九月,谘议局会议期间出版《江苏谘议局会期日刊》。

四、无锡

光绪二十四年(1898)五月十一日,《无锡白话报》创刊于无锡,为江苏第一份近代报纸,也是我国创办最早的白话报。九月,《无锡新闻》创刊,为江苏第二份近代报。光绪三十四十一月十三日,锡金《白话报》创刊于无锡,由无锡、金匮两县教育会编辑发行,上海公益印刷局油光纸铅印,为无锡最早的铅印报。宣统元年(1909)十一月二日,秦毓鎏、孙保圻、吴廷枚、蒋哲卿等集资创办《锡金日报》,为无锡第一份日报,也是江苏第一份民办日报。

五、江苏其他地区

光绪三十年十二月,《扬子江白话报》创办于镇江,为镇江第一份民办报纸。

宣统二年四月十日,《如皋白话报》创刊,为如皋最早出版的近代报纸,后又有《通俗报》《如皋周报》等。

光绪三十三年九月,张謇创办的《星报》,为南通第一张报纸。

民国元年(1912)八月一日,《东台日报》创刊,为盐城地区第一张报纸。

第四节　翻译图书

道光二十三年上海开埠后,上海成为西学传播的中心地之一。该年,上海第一个译书机构墨海书馆成立,继之有美华书馆、江南制造局翻译馆、格致汇编社、益智书会、广学会、译书公会等译书机构创办,翻译出版大批自然科学、社会科学著作。如有王韬、艾约瑟合译《格致西学提要》《光学图说》,伟烈亚力、李善兰合译《几何原本》《代数学》《代微积拾级》,李善兰、艾约瑟译述《重学》,傅兰雅、徐寿译著《化学鉴原》,伟烈亚力、李善兰合译《谈天》,韦廉臣、李善兰合译《植物学》,华蘅芳、傅兰雅译著《地学浅释》,合信、陈修堂编译《全体新论》,傅兰雅、赵元善编译《西药大成》《儒门医学》,张福僖、艾约瑟合译《光论》等。还有西方工业科技书籍《运规约指》《汽机发轫》《化学工艺》《汽机必以》《汽机新制》《镀金法》《电气镀镍》《井矿工程》《泰西采煤图说》等。咸丰三年(1853)至六年,慕维廉编《地理全志》、慕维廉译英国托马斯·米纳尔《大英国志》,是上海最早的社会科学译著。道光二十年至光绪二十四年(1898),上海译西方哲学、社会科学类著作 73 种,几乎包括国内有影响和开创性的全部译著。江南制造局翻译馆从初建至民国成立共翻译出版自然科学总论及各种杂著 44 种。

第五节 科技图书

中医中药类图书是我国古代自然科学图书中门类较全、数量最多的品种。据孙殿起《贩书偶记》正、续编统计，江苏撰辑刊刻的中医中药图书达 170 种。上海六神丸创始者雷大升撰有《金匮辨证》《经病方论》《丹丸方论》等书。咸丰二年，王士雄著《温热经纬》，还有《归砚录》《王氏医案》等。宣统元年（1909），陈莲舫著《加批时病论》，还有《医学启悟》《陈莲舫先生医案》《御医清脉评志》等著行世。编译的西医书籍也很多，如咸丰元年，英国伦敦会传教医师合信与江宁管嗣复合作，在上海翻译出版西医书籍，管嗣复撰《西医略论》《妇婴新说》《内科新说》。无锡丁福保宣统二年（1910）在上海发起成立了中西医学研究会，并设立医学书局，大规模编译出版西书。此外，仁济医馆、江南制造局翻译馆、中华医学会出版《医学辞汇》《路氏组织学》《格氏系统解剖学》《实验生理学》《药科学撷要》《儒门医学》《内科理法》《西药大成》《法律医学》《济急法》《保生全命论》《显脉表论》《身体须知》等译著和专著。江南制造局翻译馆从初建到民国成立共出版天文气象类书籍 12 种，数学类书籍 164 种，理化类书籍 98 种，博物类书籍 92 种。①

第六节 宗教图书

佛教、道教出版物在第四章中有专论。光绪三十四年（1908），丁福保创办的医学书局也出版入门佛书、经典、佛学辞典、佛像。宣统元年（1909）至 1913 年，哈同夫人罗迦陵请常熟宗仰入爱俪园频伽精舍编印

---

① 江苏省地方志编纂委员会编著：《江苏省志·报业志》。

的《频伽精舍大藏经》,为国内第一部铅印大藏经。咸丰七年(1857),居士张雪堂办翼化堂善书局,搜集、经销佛、道教书籍出版。

顺治十八年(1661),王岱舆《正教真诠》刊于镇江,是早期的回教书。

道光二十七年(1847)天主教耶稣会徐家汇光启社成立,出版中西教士著作。光绪五至八年出版晁德莅拉丁文著作《中国文学课程》等。道光三十年,青浦蔡家湾孤儿院开始木版印刷。咸丰三年,孤儿院迁徐家汇土山湾,设印刷部对外称土山湾印书馆,光绪二年采用石印,石印技术由此传入中国。

基督教的大多教派有机构印制宗教宣传品。嘉庆九年(1804),上海设立了大英圣书公会中国分会,道光二十七年出版上海译本《约翰福音》《公祷文》及《教会问答》。咸丰七年南京官话译本《新约全书》出版。道光二十四年,伦敦会麦都思创办出版机构印刷书刊,道光二十六年称墨海书馆,其在上海首家用铅铸活字印刷,主要出版《圣经》,聘王韬等与传教士合译西书,形成中国最早的译著群体,同治三年停业。咸丰七年正月初一墨海书馆创办首种基督教刊物《六合丛谈》。咸丰二年至同治元年(1852—1862),太平天国在天京(今南京)设立天王府出经处,刻印《天条书》《旧遗诏圣书》《新遗诏圣书》《天理要论》等。光绪十三年九月,苏格兰传教士韦廉臣创办同文书会,光绪二十年改称广学会,出版《自西徂东》《泰西新史揽要》《中东战纪本末》等,出版刊物有《万国公报》《中西教会报》《女铎》《福幼报》等,至宣统三年广学会出书508种,非宗教类约占一半以上。光绪二十八年,青年会成立书报部,出版中英文青年刊物。

镇江历史上也是全国伊斯兰教刻经的中心之一,主要刻经处有谭氏刻经处、清真堂刻经处、信一堂刻经处。谭氏刻经处,由谭再文发起,从清乾隆年时起先后参与或自刻《归真总义》《清真大学》《四篇要道》《正教真诠》《规真要道》《修真蒙引》《天方性理》《天方至圣实录》《真功发微》等伊斯兰教义书籍。清真堂刻经处,亦称清真寺刻经处,清初设立,乾隆年间刻过《天方典礼》等经书。同治年间刻过《归真总义》《正教真诠》《归真要道》《回回原来》《天方至圣实录年谱》《天方三字经注解》等书。信一堂刻经处,清光绪二十年(1894)由教徒杨大安等10余人发起成立,教徒杨德成任经理,教徒金全义任堂董,刻过《出学入门》《杂学辑要》《宝命真经》《西来宗谱》《教款切要》《清真释疑》《真功发微》《正教真诠》《天方三字经》《大化总规》《清真教典》《穆民须要》等书。此外,位于镇江剪子巷内的清真寺、穆源学堂刻经处也刻过经书。[①]

第七节　少数民族图书

清朝是中国历史上以满族上层为主体联合其他民族的上层建立起来的封建专制政权,清代满文地位高,称清字,定为国书,所以清代刊印了大量的满文古籍文献。满文官刻书由武英殿修书处专管编撰刻印。江苏区域满文官刻本有江南驻防衙门刊印的图书。此外,江苏书局光绪四年也刻《钦定辽金元三史国语解》满文版。满文图书有一定的需求量,刻印可获利,书坊也加入刻印满文图书行列,如最早的有南京听松楼于康熙三十八年(1699)刻《清书全集》,康熙四十一年刻《同文广汇全书》,康熙四十五年刻《满汉类书全集》,还刻《新刻满汉字诗经》《孙吴子兵法》等。

① 徐苏:《清代镇江的伊斯兰教雕版刻经——镇江雕版印刷漫谈(十二)》,《镇江日报》2010 年12 月6 日,第3 页。

第十章　出版技术

　　清代出版印刷技术基本上延续明以前的技术,并不断发展,走向成熟。官刻动员一切财力、物力、人力,将古代出版技术推向极致。家刻以精校著称,坊刻以市场为导向,在出版技术的广泛应用和普及上作用甚大,版刻内容与工艺精致方面也多有亮点。中国现存古籍多写本,江苏学者的精美写本不仅以学术性因素传世,而且在传抄形式和技术上也有创新之处。古代中外出版技术交融发展,互相影响,西学东渐之后,特别是道光二十三年(1843)上海开埠后,江苏最早领风气之先,出版界渐渐使用现代出版技术,报刊业等现代新的出版业态渐渐形成。

第一节　传统出版技术的发展

　　清代雕版印刷技术在原有基础上不断创新发展,尤其是官刻的出版技术十分讲究精致。清代内府刻书规模大、数量多,推为中国历代内府刻书之最,在印刷技术、装帧水平、发行流通等方面,均在继承前代的基础上取得重大突破和成就。翁连溪编著《清代内府刻书图录》[1]和《清代内府刻书研究》[2],前者收录清代内府刻书书影 300 余幅,并附《清代内府刻书总目》,收录清代内府刻书近 700 余种,后者 364—470 页附有

① 翁连溪编著:《清代内府刻书图录》,北京:北京出版社,2004 年。
② 翁连溪:《清代内府刻书研究》,北京:故宫出版社,2013 年。

《清代内府刻书编年目录》，对清代内府刻书作了全面系统的研究和展示。确如李致忠所论："清代内府刻书，特别是康熙十九年（1680）在武英殿设修书处之后，则吸取前明经验，内府刻书不再由司礼监掌管，而专设职司，并改由职事翰林诸臣担任校勘之役，并规定严格的校勘程序，故清代内府刻书不但是引领彼时社会刻书出版的风向，后世学人亦足资考信。"①清代内府刻书，引领社会刻书风向，影响巨大。清代内府刻书在装帧艺术上，继承了卷轴装、梵夹装、经折装、蝴蝶装、包背装、线装，并增加推蓬装、蝴蝶镶、毛订。按内容采用大、中、小型开本，并制作袖珍"巾箱本"。封面、书函、书套的材质，以及黄、红、蓝色彩等又有严格的要求，如黄色用明黄，蓝绫的封面为主，多用于记载帝王《实录》等及钦定的书等；蓝色多用于儒家经典、集部、子部书。书套用多种色彩、纹饰的锦缎、杭细、布做面，用楠木板、彬木板及60层合背纸做内板制成各种形式的插套、四合套、六合套等，用驼骨别或象牙别、玉别、木别、铜镀金别、扎丝珐琅别等书别，用朱色雕漆或紫檀、楠木书盒，书盒外饰以镶嵌、镀金、雕漆、描金、掐丝等，用黄绫、蓝绫、泥金笺、洒金笺纸、藏经纸或刷印或名人题签并钤以朱印书签，真可谓讲究致极。曹寅主持的扬州诗局刻本《全唐诗》900卷，康熙看了朱批"刻的书甚好"。该书缮写工致，软字端严雅丽，刻工精美，墨色晶莹，纸张的遴选和装潢的端庄大雅尽善尽美，成为清代雕版史上的佳作，被誉为"康（熙）版"之典范。扬州诗局本反映出当时扬州写样、雕印艺人的高度技术水平和相当规模的生产能力。晚清江苏金陵、聚珍、江苏、淮南四家官书局所刻书也体现出江苏出版水准。

江苏家刻、坊刻精品很多。乾隆年间，苏州彭氏刻印《论孟注疏》两种，巾箱本，行字极细密，长2寸（约6.7厘米），宽1.7寸（约5.7厘米），方便携带，为江苏罕见的印本。黄丕烈"士礼居"刊宋《严州本仪礼郑注》《论语音义》，汪士钟"艺芸书舍"影刊宋景德本《仪礼单疏》，汪中影刊宋仁仲本《春秋公羊解诂》，沈氏"古倪园"刊《薛涛诗稿》等均有影响。高邮王氏父子、仪征阮元、江都秦恩复、吴县黄丕烈、常熟张海鹏、长洲汪士钟、江阴缪荃孙诸家所刻书，刊刻精良，刷印优美，在国内享有盛誉。

① 李致忠：《〈清代内府刻书研究〉序》，翁连溪：《清代内府刻书研究》，第10页。

清代江苏书坊所刻书，尤其是小说传奇绣像镂版印刷，雕刻精巧，颇受读者欢迎。如南京李光明庄所刻书印书；苏州兴贤堂所刻小本绣像《汉宋奇书》上半页为《水浒》一百十五回，下半页为《三国》一百二十四回；南京聚锦堂所刻《玉娇梨》《平山冷燕》等。

清代江苏古书印刷以雕版为主，插图多为木刻版画，印刷也极为精致。刘源所绘（一说朱宾所画）《凌烟阁功臣图》，由吴中著名工匠朱圭所刻，吴门柱笏堂印，图有长孙无忌、王孝恭、杜如晦、魏徵、房玄龄、高士廉、尉迟敬德、虞世南、秦叔宝等 24 幅，末附"观世音菩萨像"3尊、"关羽像"3 尊，总共 30 幅，笔画纤细工致，有康熙七年（1668）佟彭年、康熙八年萧震，康熙九年尤侗、沈白、袁钫等序，为清代人物绘刻艺术的代表作品之一。康熙三十八年长洲四雪堂所刻《隋唐演义》，插图由王祥宇、郑子文刻版，全书 100 幅插图细致入微。康熙五十年四雪堂刻《封神演义》、乾隆十五年（1750）刻《西游证道奇书》，还有四雪堂所刻《东西汉演义》《东西两晋志传》《西游真铨》《唐书志通俗演义题评》《水浒后传》《玉娇梨》《平妖传》等均许多插图，为清初版画珍品。乾隆五十六年程氏萃文书屋活字本《红楼梦》附图 24 幅，是该书最早的一种版画。

明末，南京胡正言创制的分版分色套印的印制技术饾版，在清代得到继承。吴中著名工匠朱圭所刻、焦秉贞绘图，康熙五十一年内府刊本《耕织图》46 幅，用套版彩色印刷，为清初继承胡氏饾版套印技术印刷的成功之作。清代李渔之婿沈因伯康熙年间用饾版印刷的《芥子园画传》色调绚丽悦目，代表了清代彩印版画的高峰。

清代江苏木版年画的雕版印刷也有新的发展。如苏州桃花坞受饾版技术和清初《芥子园画传》影响，采用套版印刷，兼用着色，以红、黄、蓝、绿、黑为基本色调，所印年画在构图、雕版、印刷等方面均达到很高的水平，代表作品如《三百六十行图》《苏州金闾图》《姑苏万年桥》《玄妙观庙会》《杭州西湖》等。

清代江苏铜版刻印书，有雍正八年南京启盛堂用铜版刻印《四书体注》19 卷。张秀民著、韩琦增订的《中国印刷史》在雕版部分介绍这种"江宁铜版"："清雍正南京启盛堂铜版印本《四书体注》十九卷，封面题

《精镌铜板四书体注》,大字如拳。又小字'字遵部颁正韵',上栏横书'雍正八年校正新本'一行,朱色印。下有朱印广告云:'《体注》一书行世已久……余不惜工本,将铜板精刊,字迹端楷,点画无讹,卑天下学者观之,无不洞心爽目,想亦大快事也。同志君子披览之下,自必不惜重价。争相购买,以成盛举云。"书末行"启盛堂主人谨识",旁有朱印两行云:"江宁启盛堂往奇望街,李氏书林内发兑。"书题《漱芳轩合纂四书体注》苕溪范翔紫登参订。但"既标明'精镌铜版',又说'不惜工本,将铜版精刊',可知它不是木刻,而是铜刻整板,唯没有说出怎样镌刻"。①

民间铜版刻印书,如咸丰八年(1858)常州横林徐氏赐书堂铜活字本(清)徐隆兴、徐志瀛等《九修毗陵徐氏宗谱》24 卷附 1 卷。

太平天国在天京(今南京)所刻洪秀全编纂的《太平天日》,太平天国十二年(1862)刊行,封面题"此书诏明于戊申年冬,今于天父天兄天王太平天国壬戌十二年遵旨准刷印铜板颁行",为太平天国官书中少见的铜版刻印本。

清代江苏的活字印书,继明代在全国负有盛名的是苏南铜活字印书术,清代最早的铜字本有康熙二十五年(1686)吹藜阁铜活字本《文苑英华律赋选》,早于雍正四至六年(1726—1728)清内府用铜活字排印的"铜字版"《古今图书集成》。②

咸丰八年常州铜活字印本《九修毗陵徐氏宗谱》是世存家谱中少见的铜活字印本。

清代江苏的木活字印书也继明代木活字印刷领进,至清代继续发展。地方官署、书坊均有木活字印刷。常州的木活字家谱颇为著名,如木活字本《毗陵前黄杨氏族谱》《毗陵苏氏宗谱》《毗陵前舍苏氏重修宗谱》等。

① 张秀民著,韩琦增订:《中国印刷史》,第 403 页。也有学者提出为木版刊印,见艾俊川:《木版刊印的"铜板四书"》,《金融时报》2009 年 5 月 15 日。艾俊川:《谈铜版》,国家图书馆古籍馆编:《文津学志》第五辑,北京:国家图书馆出版社,2012 年。艾俊川:《文中象外》,杭州:浙江大学出版社,2012 年,第 77—118 页。艾俊川:《再谈"铜版"一词义同"监本"》,国家图书馆古籍馆编:《文津学志》第八辑,国家图书馆出版社,2015 年。
② 石龙子:《铜活字本〈文苑英华律赋选〉发现记》,《江苏图书馆学报》1992 年第 1 期。

同治六年(1867),李鸿章所创建的江宁聚珍书局,为清代江苏官办木活字印书局,曾以木活字排印《三国志》等,字体清秀悦目,字迹刷印清晰。

光绪八年(1882)黄氏木活字排印日本林衡(林述斋)所编、日本宽政至文化间(清、嘉庆间)活字印本《佚存丛书》17种111卷。光绪十一年,王韬创办弢园印书局,以木活字印书。清末存古学堂也采用木活字印《江苏存古学堂纲要》等。苏州文学山房道光二十九年(1849)以木活字刻清钱大昕撰《声类》4卷,咸丰七年(1857)以木活字刻清潘曾莹撰《墨缘小录》,宣统三年(1911)以木活字刻清窦镇辑《国朝书画家笔录》4卷,后来还有聚珍木活字精印综合性丛书《文学山房丛书》(又名《江氏聚珍版丛书》)4集28种168册。

第二节　新兴出版技术的应用

江苏经济社会与文化发达,领风气之先,采用新兴出版技术。如采用铅活字印书技术,道光二十三年十一月初八日,英国传教士麦都思在上海县城小北门外大境阁创办的墨海书馆,是上海最早有铅印设备的出版机构。咸丰十年,美国基督教长老会宁波花华圣经书房迁至上海北四川路,改名为美华书馆,出版图书最早使用电镀法制造汉字字模。同治四年,在沪成立的官办江南制造厂,也用铅字印刷西方科技译本。光绪九年,日本人在上海开办的修文堂率先采用纸型浇铸铅版印刷。光绪十五年,上海广百宋斋铅印《绣像封神演义》100回本等,广百宋斋有光绪活字排印本《广百宋斋书目》1函1册有《小启》称:"自制各种铜模铅字。"光绪二十三年,由夏瑞芳、鲍咸昌、鲍咸恩、高凤池等4人集资创办于上海的上海商务印书馆,建有铅印工厂。光绪二十八年,张謇创办的中国近代早期印刷出版机构南通翰墨林印书局也用铅活字印书。宣统三年,徐寿山创办的镇江大成书局印刷公司等用铅活字印书。

一、采用照相铜锌版印书技术

照相铜锌版印书技术与照相石印技术均由英国人詹姆斯和斯科特

在 1859 年发明,并且早在 1876 年就通过《测地绘图》一书中所附的《照印法》首次被介绍到中国。① 江苏最早使用该技术的是上海江南制造局印书处,当时属于内部使用,印刷广方言书馆的书籍。

新兴出版技术的应用是中外交流融合发展的结果。据邹振环研究,"尽管土山湾后来一直被视为西方近代印刷术东传中国的最重要的据点之一,但早期该馆缘于客观条件,采用的是中国传统的雕版印刷术,因此,土山湾印书馆事实上是在印刷术领域实施中西印刷技术对话与交流的一个重要的场所。土山湾印书馆不久后成为上海印刷出版业采用西方新式印刷技术的引路人,是与该馆已经能够娴熟地运用中国传统的雕版印刷术有着密切的关系"②。

光绪二十六年(1900),上海徐家汇土山湾印刷所夏相公首先试制照相铜锌版,第二年成功,并将这一技术传授给华人顾掌全、许康德。顾掌全后入上海中国图书公司摄制铜锌版,许康德光绪三十四年入上海商务印书馆摄制教科书照相锌版。为提高效率,光绪二十九年,上海商务印书馆请日本技师摄制照相网目铜版。光绪三十二年,上海图书公司由我国技工自制铜锌版。宣统元年(1909),聘请美国技师试制成三色版,照相铜锌版技术日臻完善。

二、采用石印印书技术

英国传教士麦都思在上海传教创设的中国第一个近代印刷所墨海书馆在道光二十六年(1846)用石印技术印刷《耶稣降世传》《马太传福音注》等书籍,为上海石版印刷之始。

同治十三年(1874),上海徐家汇土山湾印刷所设立石印印刷部,由法国人翁寿祺和华人邱子昂主其事,采用石版印刷技术,专门印刷天主教宣读本。光绪五年三月十六日,上海徐家汇天主堂创办《益闻录》半月刊由土山湾印刷所石印出版。

光绪二年(1876)英国商人美查创办点石斋书局(又名点石斋石印

---

① 吕道恩:《照相锌版印刷术和照相石印术的发明及传华时间新考》,《中国科技史杂志》2013年第 1 期,第 66—73 页。
② 邹振环:《土山湾印书馆与上海印刷出版文化的发展》,《安徽大学学报》2010 年第 3 期,第1—14 页。

局），从土山湾印书馆聘用华人邱子昂为石印技师，并购进手摇石印机，印行《圣谕详解》等书。光绪九年点石斋印书局用石印技术照武英殿本缩印《康熙字典》，先后两批印 10 万部，畅销一时。光绪十年创刊的《点石斋画报》，每月出版三期，用连史纸石印，随《申报》附送，行销广远。

图 10－1　《康熙字典》石印本

光绪七年，南京人在上海开办拜石山房用石印印书。苏州扫叶山房及上海、松江等地的分号，以及南通翰墨林印书局、镇江大成书局印刷公司等也采用过石印。据《贩书偶记》《中国丛书综录》《中国通俗小说书目》等统计，清末至民国，全国各地采用石印技术印书的多达上百家。①

三、采用珂罗版印书技术

光绪元年，上海土山湾印书馆安相公率先引进由德国慕尼黑工艺师阿尔贝特 1869 年发明的珂罗版印书技术，购买圆盘机等印刷机械，印制耶稣、圣母像等图片。其时上海采用珂罗版的还有英国别发洋行，不久上海有正书局聘用日人龙田来华举办珂罗版印刷，教华人学习。光绪二十八年，文明书局的赵雪鸿也实验珂罗版获得成功。光绪三十三年，商务印书馆采用珂罗版。无锡秦氏艺苑真赏社、无锡王子秀创办的理工制版社、苏州寿楣图画制版社等也采用过珂罗版印刷。

----

① 曹之：《中国古籍版本学》，武汉：武汉大学出版社，2002 年，第 456 页。

四、采用孔版油印技术

光绪六年(1880),竹香馆油印本清赵之谦撰《勇庐闲诘》是中国最期的油印本。昭文(常熟)孙雄光绪末纂集道光、咸丰以来诸家诗稿本初名《道咸以来所见诗》,光绪三十四年起以钢板手写油印出版,改名《道、咸、同、光四朝诗史一斑录》,正编 4 册,从阮元以下 94 家,至宣统三年(1911)止,共印至 20 编,各编收数十家不等。宣统二年,孙雄又将油印的第 1 至 8 编整理增删合刻为《道、咸、同、光四朝诗史》甲集;次年,将第 9 至 16 编刻为乙集。孙雄于光绪三十三年油印出版《北洋客籍学堂识小录》,前后五年中连续出版了至少 21 部油印书。

五、采用新式装订如精装

光绪二十年上海美华书局出版的《新约全书》、光绪二十二年上海申昌书局出版的《增广华英字典》是早期精装本。

第十一章　图书营销和出版管理

　　江苏清代出版物的经营、流通在全国领先,江苏也是清代出版物对外交流的重要窗口。

第一节　出版物经营、流通与交流

　　江苏清代各个出版系统在出版物经营与流通上富有特色,江苏是中国出版物流通与交流最活跃的地区。

一、图书营销

　　不同的出版系统由于体制差异,出版物经营与流通各有特点。

　　清代官府出版物的发行,以清政府颁发为主。清代武英殿修书处下设翰林校对处、监造处、通行书籍售卖处,后者主管图书的发行。扬州诗局刊刻的《钦定全唐诗》,也由清政府统一颁发。乾隆朝成书的铜活字本《古今图书集成》部分赏赐给编纂《四库全书》的有功之臣与献书最多的藏书家。扬州马曰璐之子马裕,乾隆三十八年(1773)由于献书 776 种而受到乾隆皇帝嘉奖,赏赐《古今图书集成》1 部、《平定金川得胜诗图》、《平定伊犁图》数卷。

　　光绪年间,由清政府出资交与上海同文书局承印的《古今图书集成》,即依总理各国事务衙门奏,由清廷赠送外国或颁赏大臣等。清政府还准许学宫书院购买,"如有学宫书院拟购此书者即由该处按照每部三千五百余两备价承领"①。后来，"该书局报效之黄绩本一部进呈御览，另提一部咨送总理衙门，余书存储沪栈。仅据四川、安徽、陕西、贵州、福建、广东、新疆等省各备价银购领一部，直隶省购领二部，臣衙门购取二部，出使日本大臣那桐提取一部，系朝廷赠送日本国礼物，此外他省迭次咨电催询，均以无力购办，迄未领取"②。

清政府还用"扣俸还项"法预订营销图书。乾隆三年(1738)，礼部和修书处遵旨清查武英殿、翰林院、国子监、礼部所储书板及藏书，得76种图书，上奏提出："于学术有所裨益，宜广为流布。将其印刷各书所需纸墨工价核定，凡满、汉官员愿意指俸若干印刷者，由其所在旗、县衙门查明，咨送武英殿照数刷给，并行文户部，扣俸还项。"③乾隆准奏，书款则由户部从应拨给各地政府官员的俸禄总额中相应"扣俸还项"。乾隆七年，乾隆帝批准"武英殿所贮书籍，凡各衙门官员欲买准予发给，由翰林院给咨、齐银办理。武英殿所贮存书板，亦听官员人等刷印。以后每刻得新书，于呈祥之日，即将应否听其刷印请旨，永著为例"④。

官办出版机构在上海设立的江南制造总局翻译馆，主要呈送和销售出版物。傅兰雅《江南制造总局翻译事略》载，翻译馆不定期编印《西国近事汇编》，"每若干时则印三百至五百本，分呈于上海及各省官员"，同时公开售卖。魏允恭《江南制造局记》记在1871至1905年间出版书籍178种，1909年翻译馆人员陈洙编的《江南制造局译书提要》载160种。翻译馆开办的前11年内销售书籍31111部，共计83454本，又销售地图及海道图共4774张。

书院所刻书作为官府刻书的重要组成部分，其讲义、课艺、文集、试牍、课集、会艺、课士录、日记、学报等出版物主要用于书院教育与流通交流，不以销售为目的。

寺观出版物主要保存经典、赠予信徒流通，以扩大影响为主要目的，

---

① 《史料旬刊》，故宫文献馆排印 1930—1931 年。见王大忠：《清光绪朝石印本〈古今图书集成〉刊印述略》，《大观周刊》2012 年第 12 期，第 166—167 页。

② 刘坤一：《刘忠诚公遗集·刘忠诚公奏疏》卷 36，《请将〈图书集成〉颁发各省片》，《清代诗文集汇编》，上海：上海古籍出版社，2010 年，第 715 册，446 页。

③ 翁连溪：《清内府刻书档案史料汇编》(上)，扬州：广陵书社，2007 年，第 107 页。

④ 翁连溪：《清内府刻书档案史料汇编》(上)，第 110 页。

不以营利为目的。

私家藏书主要传承学术文化、保存私家著述，也主要不是为营利。

大量的书坊、民间出版机构刻书以商业性经营、市场流通为主，图书流通的渠道和营销方式丰富多彩。

明后期以来，江苏一直是全国图书市场重要集散地，全国四大图书集散地中江苏就有南京、苏州二地。藏书家集中，书商云集，书市兴盛。江苏繁荣的书市，特别是近代上海出版业的市场营销，出版市场经济萌芽，可以说是江南社会早期资本主义萌芽的一个重要标志。

江苏书坊、民间出版机构的出版物经营和流通，方式多样，有定点销售的固定店铺、书摊、科考市场临时售书点、图书租赁点，也有流动销售的书船、专送或邮寄等。定点销售还广设分店，扩大发行。销售书外，还多业经营，销售文具等。图书发行网络由城市向乡村集镇延伸，书船（亦称书舫）成为江南水乡特色的"流动的书肆"。书肆为方便民众，大多也兼营图书租赁业务。道光年间，赁书铺（或称为税书铺）在江苏城乡遍布。晚清，出版机构还用邮寄，新兴的交通、通讯工具，实施商品式销售、寄售，加大图书销量。

江苏书坊、民间出版机构重视出版宣传，早期书坊在所刻书中利用图书自身的序跋广告、牌记广告或刻套印插图广告和书目广告宣传图书。近代报刊业出现后，又利用报刊发布书目广告、评论等，而《上海新报》《申报》《新闻报》等商业性报纸大量登载广告，不少是书目广告。

国人自办出版机构有采用"股印"预约形式出版营销图书的，如由徐鸿复、徐润等集股于光绪八年（1882）创办于上海的同文书局，是国人自办的第一家石版印刷图书出版机构，采用"股印"《古今图书集成》和《二十四史》，分别股印启。

股印《古今图书集成》启

若我圣祖仁皇帝钦定《古今图书集成》，凡为卷一万，为册五千零二十，为案四十二万六千三百零四，为典三十有二，分部六千一百零九，为图八千零四十一，经两朝圣主之心传，从千百文臣所手录，沟千秋之至宝，亦六合之奇观矣。本现以万余金购得白纸者一部,用以缩印;又以六千金购得竹纸者一部,用以备校,约两年为期,其工可竣。去年会经启知,以招印一千五百股为额,并呈书样四式,嗣蒙诸大雅示复,皆以字大行疏,每部三百六十两者为最,本局谨遵众论,即照三百六十两样本开办。凡来认股者,称交半价一百八十两为定,一侯目录告成之日,再登《申报》通知在股诸君来取目录,即将所余半价缴足,本局并发分次取书单三十二纸,以后各典续出,随出随取,俾臻两便。目前股份尚未足数,如欲购是书者,尚祈及早惠临,庶几股额早满,藏事亦速,是所厚望焉。①

股印《二十四史》启

兵燹而后,斯文浩劫,志学之士欲求全史而读之,盖有登天之难焉。本局以二千八百五十金,购得乾隆初印开化全史一部,计七百十一本,不敢私为己有,愿与同好共之,拟用石印,较原版略缩,本数则仍其旧。如有愿得是书者,预交英洋壹佰元,掣取收条,并分次取书单念四纸,各史随出随取,两得其便。现经添设汽炉,日不停晷,较诸人力尤为敏捷。《陈书》《史记》《前汉》等书既已告成,《后汉书》及《三国志》俱可计日而就。目前股份尚未足数,欲购者请早来局认取股单;若侯各史送出,股额足数,即行截止矣。此启。②

"股印"典籍是出版营销的一个创新方法,晚清上海广学会还采用在出版前实施市场调查(涉及调查对象 610036 人)的方法,以此制定图书

---

① 张静庐:《中国近代出版史料》(二编),北京:中华书局,1957 年,第 69—70 页。清代《古今图书集成》印制三次。雍正六年(1728)排印的《古今图书集成》选用开化纸和太史连纸两种纸张印刷,细软洁白,印刷精良,装帧富丽大方,书中附图以木刻雕版印制,只印成 64 部,另样书 1 部。第二次印本称"铅字本"或"扁字本",光绪十年(1884)由英国人美查等发起,设立图书集成印书馆,用三号扁体铅字排印,光绪十四年印成 1500 部,绘图部分为石印,用史连纸。同文书局的为第三次印本,称"同文版""光绪版"。光绪十六年光绪皇帝下令石印,由上海同文书局承办,光绪二十年完成,照殿本原式印出 100 部,另进呈御览 1 部,此次印刷增刊《考证》24 卷,校正详细,加工精细,墨色鲜明,胜过殿本。
② 张静庐:《中国近代出版史料》(二编),第 70 页。

销售计划,取得很好的销售效果。①

晚清上海教会和外商所办出版机构更利用中国市场实施灵活的出版物营销策略和经营方式,给近代图书流通传播带来一些新的变化。如上海教会办的出版机构既赠书又售书,赠书、售书结合互补;教会和外商所办出版机构既出书又出报刊,书、刊、报出版互动互补,如申报馆出《申报》,又设图书集成局等出书;一些出版机构定点营销,多设分销点,多点互通互补,如格致书室先后在天津、汉口、汕头、北京、福州、香港、沈阳、烟台、厦门等地设立分销点;一些出版机构印刷、出版、发行结合互补,如美华书馆经营出版、印刷,还从事书刊的代办发行业务;一些出版发行机构,经营书业为主,还经营其他相关行业,包括跨国经营,多业互补。

二、出版物的对外交流

清政府的对外政策以闭关锁国为主,限制和禁止对外交通、贸易。随着对海禁的逐渐放松,特别是被列强的坚船利炮打开中国国门,清政府被迫对外交流,中外出版物贸易渐渐活跃。外国出版物包括国外中国学著作,尤其是科技图书在中国翻译出版;同时,中国典籍向外流出,对国外学术文化产生影响。

江苏是出版物对外交流的重要地区。例如,与日本的典籍交流,据严绍璗研究,日本长崎第五代图书检查官向井富氏编纂的《商船舶来书目》记载,自康熙三十二年(1693)至嘉庆八年(1803)110年间,共有43艘中国商船运输图书至长崎,出口图书品种达4781种。② 据日本学者大庭脩统计,从正德四年(康熙五十三年,1714)至安政二年(咸丰五年,1855)141年间,中国商船到达长崎港,共售出图书6630种,56844部。其中,多是南京和宁波的商船。③ 还有大量的走私贸易,书籍占相当比

---

① 《同文书会年报》,1891年。见孙文杰《清代图书市场研究》,武汉大学2010年博士学位论文,第48—50页。孙文杰《清代图书流通传播渠道论略》,《图书与情报》2012年第6期。孙文杰:《论清代书业营销策略》,《中国出版》2012年第4期。孙文杰:《中国图书发行史》,武汉:武汉大学出版社,2015年。

② 严绍璗:《汉籍在日本的流布研究》,南京:江苏古籍出版社,1992年,第59—60页。

③ [日]大庭脩著,戚印平、王勇、王宝平译:《江户时代中国典籍流播日本之研究》,杭州:杭州大学出版社1998年,第50—51页。[日]大庭脩著,徐世虹译:《江户时代日中秘话》,北京:中华书局,1997年,第61页。

重。据日本永积洋子《唐船输入品数量一览 1637—1833 年》一书统计，近 200 年间仅从乍浦港运往日本的书籍文化用品就有绘画 62586 幅、毛笔 235198 支、墨锭 5792 箱、纸张 202988 连、书籍 742 籍 151229 册。清代约有 15 个省向日本输出商品，最多的省份是江苏，出口商品达 80 余种，书籍出口列第一。[①] 来上海的外国传教士、学者、外交家、商人等，也多收集购藏中国图书回去。清末美国的一些大学图书馆通过各种途径购买中国古籍约 20 万册，大英博物馆购买收藏汉籍图书甚多。英、法、德、俄、美以及瑞典、荷兰等国图书馆收藏中国图书甚多。

清代江南的书船贸易，将南书北运，书船成为国内图书流通的一大通道，书船还通过海运促进中国与各国的图书贸易和文化交流，而这种中书外运、中学西传与西学东渐作为东西方文化双向的交流过程，相辅相成，共同促进了不同文明之间互鉴互融，推动人类文明的进步与发展。

第二节　出版管理

清政府实施的文化政策，一方面要促进文化的恢复和建设，另一方面要控制文化为统治所用。在促进文化方面，关注刻书，特别是关注以儒家思想为统治思想的经学和理学书籍的刊刻，这影响了地方官府和民间的刻书。清代江苏书坊迅速发展，在书坊集中地区，出现了书业公所之类行业自我管理协会。

一、政府管理

在控制文化方面，清政府对书报刊出版管理和控制非常严厉，屡兴文字狱，禁书不绝，江苏是禁书的重点地区，江苏地区被查禁的书刊达900 余种，江苏还发生了松江府华亭县（今上海松江区）人蔡显的《闲渔闲闲录》、东台县举人徐述夔的《一柱楼诗集》等文字狱案。

康熙二年（1663），清政府颁令："如有私刻琐语淫词，有乖风化者"，查实议罪。

---

① 严绍璗：《汉籍在日本的流布研究》，第 38 页。

清政府查禁的图书,其范围不仅为明代所禁天文、谶纬类图书,还包括:(1) 有"夷夏之辨"思想、攻击满洲以及历史上其他少数民族的图书;(2) 载记明末清初以及满洲部族兴起过程中敏感内容的野史;(3) 涉嫌怨望、谤讪类图书以及未避庙讳的图书;(4) 戏曲、小说类图书。顺治年间,清政府就下令禁止印卖"淫词小说"。

清政府康熙三十六年(1697)3 月,禁淫词小说。康熙五十三年(1714)5 月,查禁淫词小说,毁书销版,违者徒流有差。

乾隆五年(1740)重修《大清律例》47 卷,内有禁卖淫词小说条款:"凡坊肆市卖一应淫词小说,在内交与八旗都统、都察院、顺天府,在外交督抚等,转行所属官吏务搜版书,尽行销毁。有仍行造作刻印者,系官革职。军民杖一百,流三千里。市卖者杖一百。"规定:"凡造谶纬妖书妖言及传用惑众者皆斩。"

"寓禁于征"的《四库全书》不收词意诋触清朝的、著述者人品不足齿的、释道二教之经忏章咒、曲文之类图书。对《四库全书》不收之书或全毁或抽毁,对已收之书或涂改或删削,对违碍清朝之处或有谬于是非之处抽出销毁。据统计,在四库开馆 10 年间焚毁的书籍有 10 万部以上,书版 6 万多片。当时,地方政府设有收书局,专门负责查办本地区的藏书及书肆的书。各省还刻有《违碍书目》,作为查禁依据。江苏为重点审查地区之一。仅乾隆四十年(1775)至四十七年(1782)8 年间,江苏巡抚奏缴禁书 21 次 276 种,而清高宗还是认为搜查未尽,勒令江苏督抚加强查禁力度。

道光十八年(1838)7 月,江苏按察使发布告示,严禁苏州刻字铺、书铺等刊刻、出卖、出租以及与外来书商私相兑换销售淫词、小说,令将旧存淫书版本,概行送局销毁;并禁止民众购买、租阅。违者均按例治罪。① 连《水浒传》、《西厢记》等均列入禁书之列。

同治六年(1867)4 月 7 日,江苏布政司重申禁令,严禁杂唱滩簧淫

---

① 江苏省地方志编纂委员会编:《江苏省志·大事记》,清朝,南京:江苏古籍出版社,2001 年, http://www.jssdfz.com/book/dsj/index.htm

曲,如有再犯,立予惩究斥逐,并将禁令发玄妙观头门勒石。①

同治七年(1868)5 月 7 日,江苏巡抚丁日昌下令查禁淫词小说,在苏州设销毁淫词小说局,严饬府县在规定期限内将各书铺已印陈本及未印版本一律交局销毁。计开应禁区书目:《西厢记》《红楼梦》《唱金瓶梅》《牡丹亭》《水浒传》等杂剧、传奇 121 种;小本淫词唱片目:《小尼姑下山》《王大娘补缸》《庵堂相会》《拾玉镯》《卖胭脂》等 111 种。5 月 13 日又下令续禁《白蛇传》等 34 种。② 丁日昌两次奏请禁书为 269 种,其内容不限于淫词一类,还包括秘密结社、攻击贪官污吏等内容。丁日昌还设立检查局,专门处理禁毁图书事宜。

同治九年(1870),受官府指使,由举人魏庚元、王锡畴募捐筹建的民间慈善机构兴善堂,查审南京城内书坊、画馆、广货店中的"淫书""淫画""小说""淫词""艳曲"等违禁品,禀告江宁知府后批示"严禁"。其后由兴善堂捐资"收买",共收"淫书""淫画"若干,书板 21 副,送至兴善堂纸炉内当众焚毁。兴善堂还又于同治十年(1871)正月二十四日,召集城内各书坊、画馆、广货店等业户,以及缴出"淫书书板"的刻字店、刷印书处的业户开会,商讨如何"永禁"问题,要求江宁知府颁发告示。署江宁知府蒯某为此专门颁布告示,勒石立碑。

光绪年间,清政府对资产阶级改良派所撰编的著作进行了严厉的查禁。清政府在上海查禁被誉为"中国独立宣言"的《革命军》一书及《苏报》。③

光绪三十二年(1906),清政府还颁布《大清印刷物专律》,特设"印刷总局",负责管理书报刊等出版物,各省设相应的机构,实行出版物登记注册制度,凡未经注册印刷出版物,均以犯法论处,印刷成品须呈送当地巡警衙门备查。江苏督抚学政等官吏根据上级命令或依据《大

---

① 江苏省地方志编纂委员会编:《江苏省志·大事记》,清朝,http://www.jssdfz.com/book/dsj/index.htm

② 江苏省地方志编纂委员会编:《江苏省志·大事记》,清朝,http://www.jssdfz.com/book/dsj/index.htm

③ 江苏省地方志编纂委员会编著:《江苏省志·出版志》,第 552—553 页。

清律例》和《大清印刷物专律》对书刊出版实施控制。江苏巡抚丁日昌还曾设立检查局,亲督销毁各书铺呈缴的禁毁书刊。①

二、书业行会

由于书坊多,苏州成立有各种书坊行会,如康熙十年(1671)书业公建的崇德书院,乾隆四年(1739)刻字同业公建的剞劂公所等。

行会有行规,《明清苏州工商业碑刻集》载"造纸印书业"行规有:乾隆二十一年(1756)《元长吴三县严禁纸作坊工匠把持停工勒增工价碑》、乾隆五十八年(1793)《元长吴三县详定纸匠章程碑》、道光二十五年(1845)《吴县禁书坊印手把持行市碑》、同治九年(1870)《纸业创立两宜公所购置房基文契碑》、同治九年(1870)《纸业两宜公所办理同业善举碑》、同治十一年(1872)《吴县为蜡笺纸业创建绚章公所办理善举给示晓谕碑》、同治十三年(1874)《元长吴三县为纸业出进概用制钱给示碑》、同治十三年(1874)《书业捐资重建崇德公所碑》、光绪三年(1877)《纸业兴建两宜公所缘起碑》、光绪十五年(1889)《吴县为禁止蜡笺作坊做手私立行头聚众把持给示碑》、光绪二十年(1894)《吴县为蜡笺纸业公议规条给示遵守碑》等。江苏省博物馆编《江苏省明清以来碑刻资料选集》收碑刻370件,苏州一府就322件,占全书的86%强,其中有道光二十五年的《崇德公所印书行规》等。② 此外,王国平、唐力行主编的《明清以来苏州社会史碑刻集》也收录了一些行业碑刻③。从现存苏州书坊业多碑刻资料可见苏州书坊业的繁荣和书业管理状况。

书坊各种行规,规范行业经营行为。如道光二十五年《吴县禁书坊印手把持行市碑》:"署江南苏州府吴县正堂十级纪录十次,秋为勒石永禁事,照得把持行市,本于例禁。苏郡每以齐行把持,致起讼端,

---

① 江苏省地方志编纂委员会编著:《江苏省志·出版志》,第527页。

② 江苏省博物馆编:《江苏省明清以来碑刻资料选集》,北京:生活·读书·新知三联书店,1959年,第72页。

③ 王国平、唐力行主编:《明清以来苏州社会史碑刻集》,苏州:苏州大学出版社,1998年,第710—711页。

最为恶习。兹据职员李炳初、赵万青,监生林祁、吴逵、徐馨,生员陆焕斗、席元章,抱属李升禀称:职等书坊一叶,贸易四方,苏郡会集之所,是在宪境设立崇德公所。缘刷印书籍,向无行规,前有印手许怀顺倡立行规,霸持各店,收徒添伙,勒加印价,经职员赵万青等禀,蒙贺前县吊毁行簿,许等自知理肘,挽人调处,具结销案,给示禁约在案。近有朱良邦等,仍敢复立行规,霸持各店收徒,勒增节礼,刷印草率,讹诈外来印手入行钱文。职等禀蒙差提,邀沐庭讯,当将朱良邦责敬递籍,附和之朱德超、周基彩、韩宝林从宽。着具嗣后听坊自雇,不敢霸阻切结。许怀顺、焦茂春、李锦山倘再来苏滋扰,禀候提讯递籍。谕差补提名,为创立义冢,实则射利肥己之张益堂、讯究递籍。讵有朱良邦朋党徐老三、汪筱、袁髻痢、任桂等,纠众逼交,勒加印价。又经禀控,复蒙讯断,雇工收徒,应听各坊雇收。礼节钱文,悉照各店各规,除席元章一坊不加外,每节每人外给酒钱三十文。徐老三等出具不敢霸持收徒切结。各在案。但印书人众,贤愚各别,抑恐日后再生别端,禀乞勒石永禁等情到县。据此,除批示外,合行勒石示禁。为此,仰书坊铺户及印手人等知悉,自示之后,印价仍照旧章,礼节钱文悉照各店各规,除席元章一坊不加外,每节每人给酒钱三十文,添伙收徒,应听书坊各店,随时雇收,毋许再行霸持勒增,如敢故违,许书坊各铺指名禀县,以凭究办。地保徇隐,察出并处。各宜凛遵毋讳,特示遵。道光贰拾伍年陆月廿八日示。发书坊勒石尚叉桥。"[1]

一些规定较好地保护了书业行会的利益。如同治十三年《书业捐资重建崇德公所碑》:"补用知县候补直隶州署江南苏州府吴县正堂加二级高,为给示禁约事。据布政司衔前甘肃巩泰阶道金国琛、青浦县廪生席威、钱塘县文童生吴寿朋、抱属金升等禀称:窃照苏城书坊一业,向于康熙十年间曾建崇德书院,在治北利三图汪家坟,供奉梓潼帝君,为同业订正书籍,讨论删原之所,并同业中异乡司伙,如有在苏病故,无力回乡者,代理埋葬狮山义冢等事项宜。历年久远,咸各遵守。

---

① 苏州历史博物馆、江苏师范学院历史系、南京大学明清史研究室编:《明清苏州工商业碑刻集》,北京:江苏人民出版社,1981 年,第 95 页。

兵燹后,公所被毁,故址荒蔓,难以修葺。今同业各愿捐资,更卜新基,在于治下北利四图石幢弄内,重建崇德公所。择吉兴工,次第建造,一应章程,悉循旧规,皆出同业自愿捐办,毫无假公勒捐情事。兴工在即,恐地匪藉端阻挠,有防工作,粘呈碑示,并钞章程,禀叩给示禁约等事。到县。据此。除批示外,合行给示禁约。为此示,仰合司事暨地方人等知悉,现据金绅等在石幢弄内重建书业公所,如有地匪借端阻挠,有防工作,许即指名禀县,以凭提究。该地保徇隐,察出并处,各宜凛遵毋违。特示遵。同治十三年三月十四日示。"①

政府也利用书坊行会实施对书业的控制。如道光十七年(1837),江南按察使司按察使苏松太道周氏,应吴县廪生陈龙甲等人之禀,颁令禁毁淫词小说。苏州的书坊 65 家代表集中在城隍庙"公议规条",订立《公禁淫书议单条约》:

> 立同议单(书业堂 桐石山房 西山堂芝记 文渊堂 师德堂 扫叶山房)等奉臬宪周出示禁毁淫书板本兹于十月十二日邀集同行在邑庙公议规条开列于左:
>
> 一议得凡有应禁淫书板本,各坊自行检出赴局呈缴,照议领价,如有藏匿不缴者,察出议罚,任局吊销;
>
> 一议得外省书友来苏兑换者,先将捆单交崇德书院司月查明,如有应禁书籍,即行交局销毁,祇付纸价,倘匿不呈缴及各坊私相授受者,俱照原价以一罚十,半归崇德书院,充公一半。缴局、充公仍将原书缴局销毁,或外省书友不遵局议,请局发封,任凭局办;
>
> 一议得外间倘有将应禁书籍板片问坊售卖者,实时缴局,照议领价;
>
> 一议得公局于十月二十一日起在吴县学收买销毁,各坊务将所有应禁书籍板片在五日内尽数送局收价,倘过期不缴,即以藏匿论;

---

① 苏州历史博物馆、江苏师范学院历史系、南京大学明清史研究室编:《明清苏州工商业碑刻集》,第 100 页。

一议得所有应禁书籍,或在未禁以前业经付刊未完者,先于五日内赴局呈明,俟板到日即行送局销毁,照议领价;

一议得自禁之后,倘有私行翻刻,察出从重议罚,仍将板片缴局销毁,概不领价;

一议得书板大小、新旧不同,今公同议定,大新板每块一百文,大旧板每块七十文,片头新板每块八十文,片新板每块六十文,旧板每块五十文,摊头小片每块二十文,唱本板每块三十文。书本照批价洋银对扣,倘有模糊不全者,照数减半,抄本每十页五文,每页以四百字为准;

道光十七年十月　日立公同议单

书业堂 扫叶山房 酉山堂 兴贤堂 文渊堂 桐石山房 文林堂 三味堂 步月楼(书坊甚多不及备载)

计共书坊六十五号,各当面齐集城隍庙,拈香立誓,各书花押,一焚神前,一呈臬宪,各执一纸存照。①

苏州的书业同业组织后来为上海等地所效仿。

上海出版业形成规模后,成立了书业同业会。光绪十二年(1886),经著名书坊扫叶山房执事朱槐庐等人倡导,依照苏州书业旧例,上海地区成立了首个书业同业组织崇德公所,先募集基金,购买上海老北门障川路老街一所旧屋,奠定上海书业公所基础。光绪十六年(1890),鸿宝斋经理沈静安、宏文阁主人葛直卿,邀同业朱槐庐、黄熙庭等,另租上海三马路鼎新里房屋为同业办事处。光绪二十六年(1900),沈静安、葛直卿、朱槐庐、黄熙庭共同组成书业崇德堂公所。光绪三十一年(1905)10月,叶九如、傅子濂、席子佩等重新组成,草定章程,推举席子佩、夏颂莱、夏瑞芳为董事,后删去崇德堂三字,改称"上海书业公所",会员以经营木刻及墨色石印业为主。上海书业公所宣统三年(1911)向清廷民政部注册时,有会员500多家,其中,印书局58家,装订作坊72家。上海书业公所每年编印《官商快览》1册,指定

① 纪果庵:《白门买书记》,周越然等:《蠹鱼篇》,沈阳:辽宁教育出版社,1998年。

为公所专利营业,凡是各同行原有性质相同的书底,一律缴存公所,不再单独出版。宣统三年(1911)上海书业公所还组织书业商团,赞助革命。① 上海市档案馆存《清朝书业公所挂号原函汇存簿》录有119家。②

---

① 宋原放辑注:《上海书业公会史》,《出版史料》2001年第1辑(原题《上海书业的团体》,上海《大晚报》1946年5月)。

② 潘建国:《档案所见1906年上海地区的书局与书庄》,《档案与史学》2001年第6期,第62页。

结　语

　　以史为鉴，明兴替。经济、社会文化与书业兴替密切相关，清代江苏出版业的全面繁荣是这一时期经济社会和文化发展的必然结果。经济基础决定上层建筑，社会生活决定文化出版事业的发展，这是我们研究文化出版事业的基本原理。同时，文化事业的发展有其自身发展的规律，即其自身的传承性和相对的独立性。中华民族文化凝聚力与对自身文化的自信由来已久，所以，也就不难理解为什么清军进军江南发生扬州十日等攻城屠戮痛史，南京政治中心转移，而江苏出版业仍能在传承前代文化基础上得以发展。千百年来出版文明滋养的民间文化是中华民族文化精神的支撑，是真正推动出版业发展繁荣的不竭源泉。

　　一部清代江苏出版史，展示了人与书的故事。养育读书人口，书业方能永续。江苏民间耕读传家早成风尚，并深深地影响着中国的乡村社会。① 中华民族有着崇拜优秀文化典籍的好传统，正如清代常熟孙从添在《藏书纪要》中所述："书籍者，天下之至宝也。人心之善恶，世道之得失，莫不辨于是焉。天下惟读书之人而后能修身，而后能治国也。是书者，又人身中之至宝也。"②孙从添把读书与修身、治国紧密联系起来，让人们从这样的高度来认识敬惜书籍、热爱读书的重要性。读书种子不绝，读书人口或者说典籍出版用户的不断发展壮大，是清代江苏民间藏书、刻书持续兴盛的重要因素。确实，随着人的素质逐步提高，一方面在

---

① 徐雁：《"耕读传家"：一种经典观念的民间传统》，《江海学刊》2003 年第 2 期，第 154—161 页。
② 孙从添：《藏书纪要》，见祁承爜等：《藏书记》，第 39—40 页。

提升物质生产水平的同时精神产品的生产也就越来越丰富多彩,另一方面社会对物质文化和精神产品的要求必然也愈越提高。

江苏包括楚汉文化、吴文化、金陵文化、淮扬文化"四主区"和京口文化、淮安文化、江海文化、海盐文化"四亚区"。江苏传承吴文化的精致特征,清代江苏的出版物特别讲究精细雅致,各类出版物精品甚多。特别是,清代江苏涌现出许多著名的政治家、思想家、军事家、文学艺术家、工商企业家、自然科学家,成果享誉全国。清代江苏出现的各种学术流派,不仅丰富了各类著述,而且在理念、方法、技术等许多方面深深地影响清代江苏乃至整个中国的学术界和出版业。例如,清顺治至康熙年间昆山顾炎武的朴学学派,形成于昆山、太仓、常熟,逐渐发展至苏州、镇江、南京等江苏南部地区,又发展到江苏北部、浙江一带,最后发展到黄河流域各省,下启乾嘉之学,学术影响遍及全国。朴学学风给出版业带来的是实事求是的新风气,几乎为清代所有学者所接受。康熙初年至康熙末年淮安阎若璩学派,以历史考据,尤其是历史地理考据见长,该学派形成于淮安,渐渐扩展至江苏南部、浙江、山东、北京等地,学术影响遍及全国,清政府在江苏的编撰活动成果之一苏州洞庭东山书局修纂的《大清一统志》等就包含该学派的成果。雍正初年至嘉庆年间以惠栋、王鸣盛、钱大昕等为代表的苏州(吴)学派,又称乾嘉学派,作为清代朴学的重要流派之一,以苏州地区为活动中心,影响遍及全国。该学派在音韵训诂、金石学、典章制度、氏族年谱、民族学以及地理沿革、历法天算等诸多学科均有突出成就,作为乾嘉考据学又直接影响江苏及全国的出版物学术质量。乾隆至光绪年间以王念孙、焦循、阮元、刘宝楠、刘文淇等为代表的扬州学派,作为乾嘉学派中的一个重要流派,形成于扬州,后发展至浙江、江西、广东、北京等地,学术影响遍及全国。该学派是清代学术的最高峰,在各个方面都取得了突出的成就,尤其是在辨伪、校勘、辑佚和编书、刻书、藏书方面直接影响江苏及全国的出版业。阮元所刻《十三经注疏》附《校勘记》《皇清经解》等,代表清代经学研究和清刻较高的水平。道光至同治年间以庄存与、刘逢禄、宋翔凤、魏源、龚自珍等为代表常州(阳湖)学派,孕育形成于常州,渐渐发展至北京、扬州等地,学术影响遍及全国。该学派提倡"通经致用",在多方面有突出的学术成就,并启发后来的变法思想,同时也影响出版业。

以史为鉴,知未来。一部清代江苏出版史,给我们的启示良多。人与书,读物创作者、读者、出版者,互为依存,而人品决定书品,无论是读物的创作者,还是读物的出版者,传承文化的使命感和责任意识至关重要。毛晋缩衣节食,惶惶然以刊书为急务,不一味以营利为目的,而以高度的社会责任感,注重选本和校勘。张海鹏一生拳拳于流传古书,以剞劂古书为己任,提出"藏书不如读书,读书不如刻书,读书只以为己,刻书可以泽人。上以寿作者之精神,下以惠后来之沾溉"①。有了这种高度的使命感和责任意识,读物的创作者、出版者必然多出精品,以功在当时,惠及千秋。确实,清代江苏优秀出版文化遗产可以传承和弘扬的有很多。

历代读物浩如烟海,而真正能够传世的读物唯有精品,才能让人世世代代诵读,让人永远感恩优秀的作者和出版传播者,例如众多的江苏清刻精品就是。所以,从历史角度和长远利益看,凡是成功的出版者总是顾及社会效益,以传承文化、惠及读者为重,同时得到自身可持续发展的双赢效果。汲古阁刻书数量多、影响大、流传广,扫叶山房刻书历经250多年,均不只是追求经济利益的结果。

出版技术日新月异,读物载体丰富多样,以创新求得出版业发展,近代江苏就是广泛使用新的出版技术带来新的出版业态。

出版物经营、流通、交流采用任何方式和方法,关键还在于出版物与时俱进崇尚精品,满足读者多样化的需求,而引领文化、引导阅读不可或缺,清代江苏众多优秀书目发挥的重要作用就是明证。

全面系统地总结江苏清代出版史,作为中国出版史学史的区域研究部分,尚待深入研究的问题很多,本书仅仅是这方面初步的探索成果,以期抛砖引玉。

---

① 黄廷鉴:《朝议大夫张君行状》,《第六弦谿文六钞》卷4,清光绪十年(1884)虞山鲍氏《后知不足斋丛书》本。

附录一　大事记要

顺治十八年（1661）　王岱舆《正教真诠》刊于镇江，是早期的回教书。

康熙二年（1663）　吴江名士吴炎、潘柽章因《明史辑略》案牵连，被处死。

康熙二十三年（1684）　江南通志局刻《[康熙]江南通志》76卷。

康熙二十五年（1686）　吹藜阁铜活字本《文苑英华律赋选》为清代最早的铜字本。

康熙二十九年（1690）二月　徐乾学奉命出京，在苏州洞庭东山设书局修纂《大清一统志》。

康熙三十八年（1699）　南京听松楼刻满文图书《清书全集》。

康熙四十一年（1702）　席启寓琴川书屋辑刻《唐诗百名家全集》。

康熙四十四年（1705）　康熙皇帝令江宁织造兼两淮盐漕监察御史曹寅奉旨校刻《全唐诗》，在扬州天宁寺开设扬州诗局。太仓人王原祁奉命编纂大型书画类书《佩文斋书画谱》100卷，并任总裁。

康熙四十五年（1706）四月十六日　康熙《御制〈全唐诗〉序》写成颁发。

康熙五十一年（1712）三月　康熙命江宁织造曹寅、苏州织造李煦、杭州织造孙文成等于扬州开刻《佩文韵府》。

雍正三年（1725）　常熟沈氏孝德堂刻印沈淑《经玩》。

雍正八年（1730）　江宁书坊铜板刻印《四书体注》。庶吉士徐骏以诗文稿被杀。

乾隆元年（1736）　黄之隽、章士凤编辑《江南通志》200卷。

乾隆二年（1737）　刻《[乾隆]江南通志》200卷首4卷序目1卷。

乾隆三十八年（1773）　扬州马曰璐之子马裕因献书776种，乾隆帝赏赐《古今图书集成》1部、《平定金川得胜诗图》、《平定伊犁图》数卷。

乾隆四十二年（1777）　清廷命两淮盐政伊龄阿于扬州设立词曲局，审查古今剧曲。

乾隆四十三年（1778）十一月四日　已故东台县举人徐述夔的《一柱楼诗集》著作案结，徐全部遗著均被列为禁书焚毁，徐父子被开棺戮尸。

乾隆四十四年（1779）　清代专贮《四库全书》的文宗阁在镇江金山寺建成。

乾隆四十五年（1780）　清代专贮《四库全书》的文汇阁在扬州天宁寺御花园内建成。

嘉庆三年（1798）　席世臣、顾果庭刻长洲顾嗣立编《元诗选》。兰陵孙氏沉州编辑孙星衍辑《岱南阁丛书》。

嘉庆十年（1805）　虞山张氏照旷阁刻张海鹏辑《学津讨原》20集173种1053卷。

嘉庆二十二年（1817）　海虞张氏刊张海鹏辑《墨海金壶》115种734卷。

嘉庆二十三年（1818）　两淮盐政阿克当阿奉旨在扬州刻成《全唐文》1000卷。黄丕烈辑刻《士礼居黄氏丛书》19种。

道光九年（1829）　阮元编成《皇清经解》。

道光十八年（1838）七月　江苏按察使发布告示，严禁苏州刻字铺、书铺等刊刻、出卖、出租以及与外来书商私相兑换销售淫词、小说，令将旧存淫书版本，概行送局销毁，并禁止民众购买、租阅。

道光二十三年（1843）十一月初八日　英国传教士麦都思在上海县城小北门外大境阁创办的墨海书馆，是上海最早有铅印设备的出版机构。

道光二十六年（1846）　墨海书馆在上海首先用铅铸活字印刷，用石印技术印刷书籍。

道光二十七年（1847）　耶稣会徐家汇光启社成立，出版中西教士著作。

道光三十年(1850)　青浦蔡家湾孤儿院开始木版印刷。六月二十六日,上海最早的英文报纸《北华捷报》创刊。

咸丰二年(1852)　太平天国在天京(今南京)设立天王府出经处。

咸丰三年(1853)　太平天国建都天京,设镌刻衙、刷书衙、删书衙,建立"旨准颁行诏书总目"制度。青浦蔡家湾孤儿院迁徐家汇土山湾,设印刷部对外称土山湾印书馆。

咸丰四年(1854)　金山钱培名辑刊《小万卷楼丛书》。

咸丰七年(1857)　居士张雪堂办翼化堂善书局。正月初一,由英国传教士伟烈亚力在上海创办《六合丛谈》月刊,为近代江苏创办最早的中文刊物。

咸丰十年(1860)　美国基督教长老会宁波花华圣经书房迁至上海北四川路,改美华书馆,出版图书最早使用电镀法制造汉字字模。

咸丰十一年(1861)十月十七日　第一种中文报纸《上海新报》创刊。

同治三年(1864)　两江总督曾国藩设金陵书局于南京,后改名江南官书局。上海同文馆出版第一部《万国公法》。

同治四年(1865)　李鸿章于苏州燕家巷内杨家园创建江苏官书局。官办江南制造厂在沪成立,用铅字印刷西方科技译本。

同治五年(1866)　杨仁山在南京创办金陵刻经处。

同治六年(1867)　江苏巡抚李鸿章署两江总督任内创设聚珍书局。江苏巡抚丁日昌扩充江苏官书局,编刊《资治通鉴汇刻》等。四月七日,江苏布政司重申禁令,严禁杂唱滩簧淫曲。

同治七年(1868)五月七日　江苏巡抚丁日昌下令查禁淫词小说,在苏州设销毁淫词小说局,严饬府县在规定期限内将各书铺已印陈本及未印版本一律交局销毁。

同治八年(1869)　两淮盐运史方俊颐在扬州琼花观街创设淮南书局。五省官书局开始据汲古阁本合刊《二十四史》,至光绪四年(1878)完成。

同治九年(1870)　受官府指使,由举人魏庚元、王锡畴募捐筹建的民间慈善机构兴善堂,查审南京城内书坊、画馆、广货店中的"淫书""淫画""小说""淫词""艳曲"等违禁品,禀告江宁知府后批示"严禁"。

同治十年(1871)　金陵刻经处编刊(唐)释玄奘译《解深密经》5卷。

同治十一年(1872)三月二十三日　英商美查于上海创办《申报》。当年出版《王洪绪先生外科证治全生集》,创办《瀛寰琐记》,每月出1册,为我国最早的文学期刊。开始编辑印行《申报馆丛书》。

同治十三年(1874)　恒山法师创办无锡万松院恒记经房。上海徐家汇土山湾印刷所设立石印印刷部。五月,中国最早官私合办的报纸《汇报》创办。

光绪元年(1875)　上海土山湾印书馆安相公率先引进珂罗版印书技术印制图片。

光绪二年(1876)　英国商人美查创办点石斋书局,又名点石斋石印局。申报馆出版《环瀛画报》。第一种使用标点符号的白话报纸《民报》创刊。上海最早的非营利性的"准官报"《新报》创办。土山湾印书馆采用石印。

光绪三年(1877)　吴县朱氏槐庐家塾开始编刊《槐庐丛书》,至光绪十四年(1888)完成。

光绪五年(1879)　江宁藩署编刊《御制数理精蕴》。3月16日,上海徐家汇天主堂创办《益闻录》半月刊。

光绪七年(1881)　常熟刻经处编刻《大方广佛华严经》60卷。江阴金武祥开始编印《粟香室丛书》。国人自办的"同文书局""拜石山房"两石印书局创立。

光绪八年(1882)　徐鸿复、徐润等于上海创办同文书局。江苏官书局刊印《唐宋十大家全集录》。四月,《字林沪报》创刊。

光绪九年(1883)　日本人在上海开办的修文堂率先采用纸型浇铸铅版印刷。点石斋印书局用石印技术照武英殿本缩印《康熙字典》。江阴缪荃孙开始编印《云自在龛丛书》。华人曹子挥在上海集资创办了中国历史上第一家机器造纸厂上海机器造纸厂。

光绪十年(1884)　潘祖荫辑《滂喜斋丛书》50种。四月,《点石斋画报》创办。

光绪十一年(1885)　江苏学政王先谦奏准在南菁书院中设刊书局

汇刊《皇清经解续编》。

光绪十三年(1887)九月　苏格兰传教士韦廉臣创办同文书会,光绪二十年改称广学会。

光绪十四年(1888)　江阴南菁书院刊印《南菁书院丛书》。

光绪十五年(1889)　苏州玛瑙经房刊行钱谦益述《大佛顶首楞严经疏解蒙钞》60卷。林乐知主编《万国公报》复刊。

光绪十九年(1893)　《新闻报》创刊。

光绪二十一年(1895)　第一种维新报纸《强学报》创办。武进盛氏开始编辑《常州先哲遗书》。

光绪二十二年(1896)　邹代钧创设地图公会,集资印行各国地图,先后出版676种。

光绪二十三年(1897)　消闲小报《游戏报》发刊。江宁傅春官晦斋开始编辑《金陵丛刻》。二月,夏粹芳、鲍咸昌、鲍咸恩、高凤池等于上海创设商务印书馆。

光绪二十四年(1898)　康有为著《孔子改制考》由大同译书局出版。梁启超设编译学室于上海。马建忠著《马氏文通》出版。上海印刷业始用日本仿制欧式一回转印刷机。五月十一日,《无锡白话报》创刊于无锡,为江苏第一份近代报纸,也是我国创办最早的白话报。九月,《无锡新闻》创刊,为江苏第二份近代报。

光绪二十五年(1899)　章炳麟著《訄书》出版。林纾译《巴黎茶花女遗事》刊行。朱芝轩绘第一部"回回图"《三国志》,文益书局石印出版。世界书局印行《西游记》,始定名连环图画。

光绪二十六年(1900)　商务印书馆收购上海日商修文印刷所,始用纸型。上海徐家汇土山湾印刷所试制照相铜锌版。三月,常熟黄人主编的《独立报》日刊创办。

光绪二十七年(1901)　两江总督刘坤一、湖广总督张之洞于江宁钟山书院奏设江楚编译书局。四月,包天笑主编的《励学译编》月刊创刊。10月,包天笑创办《苏州白话报》七日刊。

光绪二十八年(1902)　张謇创办南通翰墨林印书局。

光绪二十九年(1903)　邹容著《革命军》由上海大同书局出版。商务印书馆正式成立商务印书馆有限公司,吸收日本金港堂资本改进印刷技术,始用著作权印花,创办《绣像小说》半月刊。无锡浦江静寄东轩编辑《皇朝藩属舆地丛书》。如皋冒广生开始编辑《如皋冒氏丛书》。

光绪三十年(1904)　丁祖荫于上海创办《女子世界》月刊。商务印书馆设黄杨木版部,创刊《东方杂志》月刊,后改半月刊。狄楚青创办《时报》于上海,同时创办《画报》《民报》及有正书局。文明书局始设彩色石印部。一月,王薇伯等在苏州创办《吴郡白话报》。二月十六日,《南洋官报》创刊。十二月,《扬子江白话报》创办于镇江,为镇江第一份民办报纸。

光绪三十一年(1905)　商务印书馆始用雕刻铜版。八月一日,《南洋日日官报》创刊于江宁,为江苏最早的大型日报。

光绪三十二年(1906)　《民报》第二期刊载朱执信作《德意志社会革命家小传》,介绍马尔克(即马克思)的生平及学说,并介绍《共产党宣言》的十大纲领。《复报》月刊创刊。上海印刷业始用"大英机"单滚筒印刷机。八月初一日,《南洋商务报》创刊于南京,江南商务局主办,为江苏最早的专业报。

光绪三十三年(1907)　商务印书馆始用珂罗版印刷。于右任创办《神州日报》于上海。9月,张謇创办《星报》,为南通第一张报纸。

光绪三十四年(1908)　丁福保创办医学书局。江宁陈作霖可园编辑印行《金陵琐志》五种。

宣统元年(1909)　哈同夫人罗迦陵请常熟宗仰入爱俪园频伽精舍开始编印《频伽精舍大藏经》。十二月二十二日,南洋劝业会主办《劝业会旬报》。

宣统二年(1910)　清政府颁布《大清著作权律》。四月十日,《如皋白话报》创刊。四月二十九日,《劝业日报》创刊。

宣统三年(1910)　丹徒陈庆年开始编辑《横山草堂丛书》。徐寿山创办镇江大成书局印刷公司。

附录二　参考文献

《清世祖实录》,北京:中华书局 1985 年影印版。

《钦定大清会典则例》卷 70,影印文渊阁四库全书本。

〔清〕永瑢等:《影印文渊阁四库全书》,台北:台湾商务印书馆,1986 年。

〔清〕永瑢等:《四库全书总目》,北京:中华书局,1965 年。

中国第一历史档案馆:《纂修四库全书档案》,上海:上海古籍出版社,1997 年。

故宫博物院明清档案部:《关于江宁织造曹家档案史料》,北京:中华书局,1975 年。

中国第一历史档案馆、扬州市档案馆编:《清宫扬州御档选编》,扬州:广陵书社,2009 年。

南京太平天国历史博物馆编:《太平天国印书》,南京:江苏人民出版社,1961 年。

朱寿朋:《光绪朝东华录》,北京:中华书局,1958 年。

故宫博物院明清档案部:《李煦奏折》,北京:中华书局,1976 年。

江苏省博物馆编:《江苏省明清以来碑刻资料选集》,北京:生活·读书·新知三联书店,1959 年。

王国平、唐力行主编:《明清以来苏州社会史碑刻集》,苏州:苏州大学出版社,1998 年。

苏州历史博物馆、江苏师范学院历史系、南京大学明清史研究室编:《明清苏州工商业碑刻集》,南京:江苏人民出版社,1981 年。

［清］宋荦：《西陂类稿》，卷42《迎銮三纪》，清康熙刻本。

［清］查慎行：《敬业堂文集》，北京：中华书局，1936年。

［清］张玉书等：《佩文韵府》，上海：上海古籍书店，1983年。

陶湘：《清代殿版书目》，《武进陶氏书目丛刊》本。

于成龙、王新命等：《江南通志》，清康熙二十三年（1684）江南通志局刻本。

缪荃孙、冯煦、庄蕴宽、吴廷燮等纂修，江苏省地方志编纂委员会办公室点校整理：《江苏省志·文化志》，南京：江苏古籍出版社，2003年。

南京师范大学古文献整理研究所编著：《江苏艺文志·苏州卷》，南京：江苏人民出版社，1996年。

江庆柏主编：《江苏地方文献书目》，扬州：广陵书社，2013年。

江澄波、杜信孚、杜永康编著：《江苏刻书》，南京：江苏人民出版社，1993年。

俞洪帆、穆纬铭主编：《江苏出版人物志》，南京：江苏人民出版社，1995年。

江苏省地方志编纂委员会编：《江苏省志·大事记》，清朝，南京：江苏古籍出版社，2001年。

江苏省地方志编纂委员会编著：《江苏省志·出版志》，南京：江苏人民出版社，1996年。

江苏省地方志编纂委员会编著：《江苏省志·教育志》，南京：江苏古籍出版社，2000年。

江苏省地方志编纂委员会编著：《江苏省志·宗教志》，南京：江苏古籍出版社，2001年。

江苏省地方志编纂委员会编著：《江苏省志·文化艺术志》，南京：江苏古籍出版社，2003年。

江苏省地方志编纂委员会编著：《江苏省志·报业志》，南京：江苏古籍出版社，1999年。

潘群、周志斌主编：《江苏通史·明清卷》，南京：凤凰出版社2012年。

李铭皖修：《［同治］苏州府志》卷24，清光绪八年（1882）江苏书局刻本。

钱陆灿:《[康熙]常熟县志》,《中国地方志集成·江苏府县志辑》第21册,南京:江苏古籍出版社,1991年。

常熟市地方志编纂委员会办公室标校:《重修常昭合志》,上海:上海社会科学院出版社,2002年。

沈秋农、曹培根主编:《常熟乡镇旧志集成》,扬州:广陵书社,2007年。

常熟市地方志编纂委员会编:《常熟市志》,上海:上海人民出版社,1990年。

妙生主编:《常熟破山兴福寺志》,苏州:古吴轩出版社,1993年。

[清]姜顺蛟、叶长扬修,施谦纂:《吴县志》112卷首1卷,乾隆十年刻本。

莫祥芝等:《[同治]上江两县志》卷8,同治十三年刊本。

王昶等:《[嘉庆]直隶太仓州志》卷14,嘉庆七年刻本。

《[康熙]昆山县志稿》,南京:江苏科学技术出版社,1994年。

王学浩等:《[道光]崑新两县志》,道光六年(1826)刻本。

曹允源纂修:《吴县志》,民国二十二年(1933)苏州文新公司铅印本。

中国人民大学清史研究室:《清史编年》,北京:中国人民大学出版社,2000年。

张秀民著,韩琦增订:《中国印刷史》,杭州:浙江古籍出版社,2006年。

翁连溪:《清代内府刻书图录》,北京:北京出版社,2004年。

翁连溪:《清代内府刻书研究》,北京:故宫出版社,2013年。

翁连溪:《清内府刻书档案史料汇编》,扬州:广陵书社,2007年。

张静庐:《中国近代出版史料》,北京:中华书局,1957年。

王澄编著:《扬州刻书考》,扬州:广陵书社,2003年。

朱联保:《近现代上海出版业印象记》,上海:学林出版社,1993年。

杨扬:《商务印书馆:民间出版业的兴衰》,上海:上海教育出版社,2000年。

潘建国:《中国古代小说书目研究》,上海:上海古籍出版社,

2005 年。

　　钱仪吉:《碑传集》,北京:中华书局,1993 年。

　　徐乾学:《传是楼宋元版书目》,仪征吴炳湘校刊《传砚斋丛书》,光绪十一年(1885)屠守山庄刻本。

　　黄丕烈:《荛圃藏书题识》,民国八年(1919)上海商务印书馆刻本。

　　黄丕烈:《士礼居藏书题跋记》,北京:书目文献出版社,1989 年。

　　黄丕烈:《荛圃藏书题识》,上海:上海远东出版社,1999 年。

　　黄丕烈:《黄丕烈书目题跋》,《清人书目题跋丛刊》本,北京:中华书局,1993 年。

　　莫友芝:《宋元旧本书经眼录》,同治十二年(1873)独山莫氏刻本。

　　张钧衡编:《适园藏书志》,民国张氏刻本。

　　王士禛:《渔洋书籍跋尾》,《国家图书馆藏古籍题跋丛刊》本,北京:北京图书馆出版社,2002 年。

　　于敏中:《天禄琳琅书目》,《清人书目题跋丛刊》本,北京:中华书局,1995 年版。

　　彭元瑞:《天禄琳琅书目后编》,《清人书目题跋丛刊》本,北京:中华书局,1995 年。

　　杨绍和:《楹书偶录初编》《续编》,《清人书目题跋丛刊》本,北京:中华书局,1995 年。

　　潘祖荫:《滂喜斋藏书记》,《中国历代书目题跋丛书》本,上海:上海古籍出版社,2007 年。

　　陆心源:《仪顾堂续跋》,《续修四库全书》史部,上海:上海古籍出版社,1995 年。

　　缪荃孙:《艺风藏书记·续记·再续记》,《清人书目题跋丛刊》本,北京:中华书局,1995 年。

　　钱曾著,管庭芬、章钰校证:《读书敏求记校证》,上海:上海古籍出版社,2007 年。

　　张金吾:《爱日精庐藏书志》《续志》,《清人书目题跋丛刊》本,北京:中华书局,1995 年。

　　陈揆:《稽瑞楼书目》,《丛书集成初编》本据《滂喜斋丛书》本排印。

陈揆:《稽瑞楼文草》,常熟市图书馆藏光绪十年(1884)刻本。

瞿镛编纂,瞿果行标点,瞿凤起复校:《铁琴铜剑楼藏书目录》,上海:上海古籍出版社,2000年。

赵宗建:《旧山楼书目》,上海:古典文学出版社,1957年。

孙雄辑:《菰里瞿氏四世画卷题词》,铁琴铜剑楼民国十二年四月铅印(常熟市图书馆藏本)。

常熟图书馆编:《铁琴铜剑楼藏题咏》,北京:中华书局,2008年。

仲伟行、吴雍安、曾康编著:《铁琴铜剑楼研究文献集》,上海:上海古籍出版社,1997年。

曹培根:《瞿氏铁琴铜剑楼研究》,苏州:苏州大学出版社,2008年。

朱亚辉主编:《书香古里》,沈阳:春风文艺出版社,2011年。

常熟市碑刻博物馆编:《常熟碑刻集》,上海:上海辞书出版社,2007年。

吴寿旸:《拜经楼藏书题跋记》,上海:上海古籍出版社,2007年。

骆兆平编纂:《天一阁藏书史志》,上海:上海古籍出版社,2005年。

李希泌、张淑华编:《中国古代藏书与近代图书馆史料》,北京:中华书局,1982年。

徐雁、王燕均主编:《中国历史藏书论著读本》,成都:四川大学出版社,1990年。

祁承爜等:《藏书记》,扬州:广陵书社,2010年。

叶昌炽:《藏书纪事诗》附补正,上海:上海古籍出版社,1989年。

叶德辉:《书林清话》,北京:中华书局,1957年。

傅增湘撰:《藏园群书题记》,上海:上海古籍出版社,1989年。

傅增湘撰:《藏园群书经眼录》,北京:中华书局,1983年。

张元济:《丛书百部提要》,《丛书集成初编目录》,北京:商务印书馆,1935年。

陈登源:《古今典籍聚散考》,上海:华东师范大学出版社,2010年。

潘景郑:《著砚楼读书记》,沈阳:辽宁教育出版社,2002年。

顾廷龙:《顾廷龙文集》,北京:北京图书馆出版社、上海:上海科技文献出版社,2002年。

郑振铎：《西谛书话》，北京：生活·读书·新知三联书店，1983 年。

吴晗：《江苏藏书家史略》，北京：中华书局，1981 年。

王欣夫：《文献学讲义》，上海：上海古籍出版社，1986 年。

李致忠：《宋版书叙录》，北京：书目文献出版社，1994 年。

顾志兴：《浙江藏书家藏书楼》，杭州：浙江人民出版社，1987 年。

潘天祯：《潘天祯文集》，上海：上海科学技术文献出版社，2002 年。

郑伟章：《文献家通考》，北京：中华书局，1999 年。

郑伟章：《书林丛考（增订本）》，长沙：岳麓书社，2008 年。

严佐之：《近三百年古籍目录举要》，上海：华东师范大学出版社，1994 年。

范凤书：《中国私家藏书史》，郑州：大象出版社，2001 年。

范凤书：《中国私家藏书史（修订版）》，武汉：武汉大学出版社，2013 年。

李玉安、黄正雨：《中国藏书家通典》，北京：中国国际文化出版社，2005 年。

韦力：《书楼寻踪》，石家庄：河北教育出版社，2004 年。

王桂平：《清代江南藏书家刻书研究》，南京：凤凰出版社，2008 年。

姚伯岳：《黄丕烈评传》，南京：南京大学出版社，1998 年。

〔清〕江标撰，王大隆补：《黄丕烈年谱》，北京：中华书局，1988 年。

杨丽莹：《扫叶山房史研究》，上海：复旦大学出版社，2013 年。

黄仁生：《日本现藏稀见元明文集考证与提要》，长沙：岳麓书社2004 年。

虞浩旭主编：《天一阁论丛》，宁波：宁波出版社，1996 年。

叶庆元：《吴中叶氏族谱》，清宣统三年（1911）刻本。

潘遵祁等增辑：《大阜潘氏支谱》，咸丰四年（1854）松麟庄刻本。

毛海坼主编：《西河毛氏宗谱》，清砚谱社 2013 年 12 月印制。

毛国忠编：《西河毛氏宗谱卷之十八增订本汲古阁毛氏世系》，清砚谱社 2015 年印制。

顾廷龙：《中国古籍善本书目·丛部》，上海：上海古籍出版社，1990 年。

阳海清：《〈中国丛书综录〉补正》，扬州：广陵古籍刻印社，1984 年。

陈梦雷、蒋廷锡等编纂：《古今图书集成·选举典·学校部》，北京：中华书局、巴蜀书社，1984—1988 年。

赵所生、薛正兴：《历代书院志》，南京：江苏教育出版社，1995 年。

邓洪波：《中国书院史》，上海：东方出版中心，2004 年。

王炳照：《中国古代书院》，北京：商务印书馆，1998 年。

白新良：《中国古代书院发展史》，天津：天津大学出版社，1995 年。

朱汉民、李弘祺主编：《中国书院》第 1 辑，长沙：湖南教育出版社，1997 年。

汤椿年：《钟山书院志》，南京：南京出版社，2013 年。

戚福康：《中国古代书坊研究》，北京：商务印书馆，2007 年。

艾俊川：《文中象外》，杭州：浙江大学出版社，2012 年。

孙文杰：《中国图书发行史》，武汉：武汉大学出版社，2015 年。

严绍璗：《汉籍在日本的流布研究》，南京：江苏古籍出版社，1992 年。

［日］大庭脩著，徐世虹译：《江户时代日中秘话》，北京：中华书局，1997 年。

［日］大庭脩著，戚印平、王勇、王宝平译：《江户时代中国典籍流播日本之研究》，杭州：杭州大学出版社，1998 年。

张森材、马砾：《江苏区域文化研究》，南京：江苏古籍出版社，2002 年。

王继平等：《晚清人才地理分布研究（1840—1912）》，北京：中国社会科学出版社，2012 年。

徐锴：《说文解字系传》，北京：中华书局，1987。

顾炎武：《日知录》，上海：上海古籍出版社，2006 年。

徐乾学：《憺园文集》，《续修四库全书》集部，上海：上海古籍出版社，1995 年。

徐乾学编：《通志堂经解》，康熙间昆山徐乾学刻本。

徐元文：《含经堂集》，《续修四库全书》集部，上海：上海古籍出版社，1995 年。

张伯行:《正谊堂文集》卷 12,乾隆三年刻本。

李兆洛:《养一斋文集续编》,续修四库全书本。

刘熙载:《刘熙载文集》,南京:江苏古籍出版社,2001 年。

杨宾:《大瓢偶笔》,杭州:浙江人民美术出版社,2012 年。

朱彝尊:《静志居诗话》,北京:人民文学出版社,1990 年。

胡应麟:《少室山房笔丛》,上海:上海书店出版社,2009 年。

王士禛:《分甘余话》,影印文渊阁《四库全书》子部,台北:台湾商务
印书馆,1981 年。

韩菼:《有怀堂文稿》,康熙四十二年(1702)有怀堂刻本。

陈瑚:《确庵先生文钞》,同治九年合肥荆氏刻本。

文徵明著,周道振辑校:《文徵明集》,上海:上海古籍出版社,
1987 年。

翁心存著,张剑整理:《翁心存日记》,北京:中华书局,2011 年。

翁同龢纪念馆编:《翁同龢诗词集》,上海:上海古籍出版社,
1998 年。

马卫中、张修龄选注:《翁同龢选集》,北京:人民文学出版社,
2004 年。

北京图书馆善本组样辑录:《翁同龢书跋》,《文献》19 辑,北京:书目
文献出版社,1985 年。

中国嘉德国际拍卖有限公司编:《常熟翁氏藏书图录》,上海:上海科
学技术文献出版社,2000 年。

张金吾:《言旧录》,民国二年(1913 年)刘氏嘉业堂刻本。

孙原湘:《天真阁集》,嘉庆五年(1800)刻增修本。

邵渊耀:《小石城山房文集》,赵松年兰雪斋 1919 年铅印本。

钱陆灿:《调运斋集》,《四库未收书辑刊》第 7 辑第 23 册,北京:北京
出版社,2000 年。

钱谦益:《钱牧斋全集》,上海:上海古籍出版社,2003 年。

黄廷鉴:《第六弦溪文钞》,《丛书集成初编》本。

张金吾:《爱日精庐文稿》,瞿熙邦辑,稿本。

顾麟士:《过云楼续书画记》,南京:凤凰出版社,1999 年。

顾文彬:《过云楼书画记》,南京:凤凰出版社1999年。

顾文彬著,苏州市档案局(馆)苏州市过云楼文化研究会编:《过云楼日记》点校本,北京:文汇出版社,2015年。

潘曾沂撰,潘仪吉续修:《小浮山人年谱》,吴门汤晋苑局刊本。

万斯同:《石园文集》,《续修四库全书》集部,上海:上海古籍出版社,1995年。

姚元之:《竹叶亭杂记》,北京:中华书局,1982年。

杨椿:《孟邻堂文钞》,《续修四库全书》集部,上海:上海古籍出版社,1995年。

石韫玉:《独学庐四稿》,《续修四库全书》集部,上海:上海古籍出版社,1995年。

俞樾:《春在堂全书》,清光绪二十五年刻本。

彭士望:《耻躬堂文抄》,《四库禁毁书丛刊》集部,北京:北京出版社,2000年。

钱泳:《履园丛话》,同治九年(1870)钱氏刻本。

许仲元:《三异笔谈》,《笔记小说大观》本。

顾广圻著,王欣夫辑:《顾千里集》,北京:中华书局,2007年。

陆心源:《仪顾堂集》,光绪二十四年(1898)归安陆氏刻本。

阮元:《揅经室续集》,道光间阮氏文选楼刻本。

刘坤一:《刘忠诚公遗集》,《清代诗文集汇编》,上海:上海古籍出版社,2010年。

小横香室主人编:《清朝野史大观》,民国十七年(1928)中华书局铅印本。

陈寅恪:《金明馆丛稿初编》,上海:上海古籍出版社,1980年。

梁方仲:《梁方仲文集》,北京:中华书局,2008年。

周越然等:《蠹鱼篇》,沈阳:辽宁教育出版社1998年12月版。

高峻、邴振华、冯翔、朱红兵:《建设世界级旅游目的地 长三角区域旅游发展规划研究》,北京:中国旅游出版社,2013年。

苏州博物馆编著:《苏州博物馆藏虎丘云岩寺塔、瑞光寺塔文物》,北京:文物出版社,2006年。

江澄波等编:《苏州古旧书店志》上下册,1985 年油印本。

庞士龙:《常熟书画史汇传》,民国十九年(1930)兰石轩铅印本。

袁同礼:《明代私家藏书概略》,《图书馆学季刊》1927 年第 2 卷 1 期。

姜涛:《清代江南省分治问题——立足于〈清实录〉的考察》,《清史研究》2009 年第 2 期。

余福海:《康熙朝中晚期江南政策初探——以江苏巡抚宋荦的施政为中心》,《北京社会科学》2014 年第 8 期。

楚江:《清代举人额数的统计》,湖南大学历史学 2012 硕士论文。

梅新林:《中国文学地理形态与演变 》,上海:上海人民出版社,2014 年。

黄炎培:《清代各省人文统计之一斑》,《人文月刊》1931 年第 1 卷,第 1 册。

尚小明:《徐乾学幕府研究》,《史学月刊》1998 年第 3 期。

傅林祥:《复旦藏〈清一统志〉抄本的成书年代及价值》,《中国地方志》2014 年第 3 期。

曹红军:《曹寅与扬州诗局、扬州书局刻书活动考辨》,《南京师范大学学报》2005 年第 6 期。

陈尚君:《述〈全唐文〉成书经过》,《复旦学报》1995 年第 3 期。

李浩、赵阳阳:《清编〈全唐文〉整理研究的回顾与展望》,《文献》2014 年 4 期。

魏怡勤:《清代在扬州刊刻的三部古籍巨著》,《中国档案报》2010 年 12 月 10 日总第 2090 期,第 2 版。

王坤、王卫平:《清代苏州书院研究》,《中国地方志》2009 年第 5 期。

鲁小俊:《课艺总集:清代书院的"学报"和"集刊"》,《湖南大学学报》2015 年 2 期。

章宏伟:《〈汲古阁刻经考略〉指误》,《图书馆杂志》2010 年第 10 期。

朴现圭:《金陵刻经处与韩国人编著经版》,《法音》2006 年第 7 期。

陈建勤:《清代扬州藏书述略》,《江苏图书馆学报》1998 年第 2 期。

吴永胜:《季振宜藏书考》,暨南大学 2007 硕士论文。

杜怡顺:《上海清代中前期著述研究》,复旦大学 2012 年博士论文。

崔欣:《〈慈云楼藏书志〉小考》,《图书馆杂志》2006 年第 11 期。

陆林:《清初戏曲家叶奕苞生平新考》,《文学遗产》2007 年第 3 期。

李军:《文徵明及其子孙的藏书》,《中华书画家》2013 年第 10 期。

曹培根:《翁同龢与常熟藏书家》,《藏书家》第 7 辑,济南:齐鲁书社,2003 年。

郑伟章、张捷:《钱曾与柳如是之死》,《常熟历史文化研究》2009 年 7 月第 2 期。

王红蕾:《〈绛云楼书目〉各抄本互异原因略考》,《文献》2010 年 7 月第 3 期。

王爱亭:《徐乾学、纳兰成德与〈通志堂经解〉关系新探》,《图书情报知识》2011 年第 1 期。

徐学林:《传是楼主徐乾学的编书、藏书和刻书活动》,《出版科学》2007 年第 3 期。

严佐之:《黄丕烈版本学思想辨析(上)》,《图书馆杂志》1985 年第 1 期。

陈东辉:《黄丕烈与中朝文化交流——以黄跋本〈国语〉为中心》,《东北亚学刊》2012 年第 3 期。

仲威:《新获〈黄丕烈镜中影〉观后记》,《东方早报》2013 年 8 月 12 日艺术评论版。

陈加林:《徽州汪氏在都市的迁徙及其商业活动——以苏州吴趋汪氏为例》,《都市文化研究》2013 年第 7 期。

郑丽芬:《"贾而好儒"的苏州藏书家汪士钟》,《山东图书馆学刊》2013 年第 6 期。

徐忆农:《〈龙川略志〉六卷〈别志〉四卷》,《光明日报》2013 年 5 月 28 日 13 版。

沈慧瑛:《过眼烟云竞风雅》,《苏州日报》2015 年 5 月 22 日 B3 版。

沈慧瑛:《雁传书之中云楼的慢慢崛起》,《姑苏晚报》2014 年 1 月 12 日 B2 版。

刘蔷:《顾氏过云楼藏书考》,见铁琴铜剑楼纪念馆编:《琴剑文从——铁琴铜剑楼与中国藏书文化国际研讨会论文集》,铁琴铜剑楼纪念馆 2008 年 11 月版。

姑苏晚报记者:《揭秘过云楼藏书》,《姑苏晚报》2012 年 4 月 22 日。

南方周末记者石岩:《过云楼成了神话》,《南方周末》2012 年 6 月 28 日 26 版。

丁小明:《从三松堂到须静斋——清中期苏州贵潘书画鉴藏活动发微》,《收藏家》2011 年第 12 期。

朱恒夫:《毛晋和他的出版事业》,《中国典籍与文化》2000 年第 3 期。

徐耀良:《毛晋宅基地略考》,《常熟历史文化研究》2009 年 1 月第 1 期。

尚丽新:《汲古阁刊刻〈乐府诗集〉源流》,见蒋寅、张伯伟主编:《中国诗学》第九辑,北京:人民文学出版社,2004 年。

马学强:《洞庭席氏》,见张怀安、成卫东主编:《大户人家》,上海:上海社会科学院出版社,2007 年。

戚福康:《论明清苏州的坊刻》,《南昌师范学院学报》2014 年第 4 期。

叶瑞宝:《苏州书坊刻书考》,江苏省出版史志编辑部编:《江苏出版史志》1992 年第 3 期。

沈冬美:《17 世纪末—19 世纪初苏州书坊刻书》,复旦大学 2009 年硕士学位论文。

赵林平:《晚明坊刻戏曲研究》,扬州大学 2014 年博士学位论文。

宋原放辑注:《上海书业公会史》,《出版史料》2001 年第 1 辑。

潘建国:《档案所见 1906 年上海地区的书局与书庄》,《档案与史学》2001 年第 6 期。

徐苏:《清代镇江的官刻书和坊刻书》,《镇江日报》2010 年 11 月 22 日,第 3 页。

张祎琛:《清代善书的刊刻与传播》,复旦大学 2010 年博士学位论文。

艾俊川:《木版刊印的"铜板四书"》,《金融时报》2009 年 5 月 15 日。

艾俊川:《谈铜版》,国家图书馆古籍馆编:《文津学志》第五辑,国家图书馆出版社 2012 年 8 月版。

艾俊川:《再谈"铜版"一词义同"监本"》,国家图书馆古籍馆编:《文津学志》第八辑,北京:国家图书馆出版社,2015 年。

石龙子:《铜活字本〈文苑英华律赋选〉发现记》,《江苏图书馆学报》1992 年第 1 期。

吕道恩:《照相锌版印刷术和照相石印术的发明及传华时间新考》,《中国科技史杂志》2013 年第 1 期。

邹振环:《土山湾印书馆与上海印刷出版文化的发展》,《安徽大学学报》2010 年第 3 期。

王大忠:《清光绪朝石印本〈古今图书集成〉刊印述略》,《大观周刊》2012 年第 12 期。

孙文杰:《清代图书市场研究》,武汉大学 2010 年博士学位论文。

孙文杰:《清代图书流通传播渠道论略》,《图书与情报》2012 年第 6 期。

孙文杰:《论清代书业营销策略》,《中国出版》2012 年第 4 期。